舊唐書

後晉 劉 昫 等撰

第一〇册

卷一〇一至卷一一九（傳）

中華書局

舊唐書卷一百一

列傳第五十一

李乂　薛登　韋湊從子虛心　虛舟　韓思復曾孫佽　張廷珪
王求禮　辛替否

李乂，本名尙眞，趙州房子人也。少與兄尙一、尙貞俱以文章見稱，舉進士。景龍中，累遷中書舍人。時中宗遣使江南分道贖生，以所在官物充直。乂上疏曰：「江南水鄉，採捕爲業，魚鱉之利，黎元所資，土地使然，有自來矣。伏以聖慈含育，恩周動植，布天地之大德，及鱗介之微品。雖雲雨之私，有霑於末類；而生成之惠，未洽於平人。何則？江湖之饒，生育無限；府庫之用，支供易殫。費之若少，則所濟何成；用之倘多，則常支有闕。在於拯物，豈若憂人。且鬻生之徒，唯利斯視，錢刀日至，網罟年滋，施之一朝，營之百倍，未若迴救贖之錢物，減困貧之徭賦，活國愛人，其福勝彼。」

乂知制誥凡數載。景雲元年，遷吏部侍郎，與宋璟、盧從愿同時典選，銓敍平允，甚爲當時所稱。尋轉黃門侍郎。時睿宗令造金仙、玉眞二觀，乂頻上疏諫，帝每優容之。開元初，特令乂與中書侍郎蘇頲纂集起居注，錄其嘉謨昌言可體國經遠者，別編奏之。乂在門下，多所駁正。開元初，姚崇爲紫微令，薦乂爲紫微侍郎，外託薦賢，其實引在己下，去其糾駁之權也。俄拜刑部尚書。乂方雅有學識，朝廷稱其有宰相之望，會病卒。兄尚一，清源尉，早卒；尚貞，官至博州刺史。兄弟同爲一集，號曰李氏花萼集，總二十卷。

薛登本名謙光，常州義興人也。父士通，大業中爲鷹揚郎將。江都之亂，士通與鄉人聞人嗣安等同據本郡，以禦寇賊。武德二年，遣使歸國，高祖嘉之，降璽書勞勉，拜東武州刺史。俄而輔公祏於江都構逆，遣其將西門君儀等寇常州，士通率兵拒戰，大破之，君儀等僅以身免。及公祏平，累功封臨汾侯。貞觀初，歷遷泉州刺史，卒。

謙光博涉文史，每與人談論前代故事，必廣引證驗，有如目擊。少與徐堅、劉子玄齊名友善。文明中，解褐閬中主簿。天授中，爲左補闕，時選舉頗濫，謙光上疏曰：

臣聞國以得賢爲寶，臣以舉士爲忠。是以子皮之讓國僑，鮑叔之推管仲，燕昭委兵於樂毅，苻堅託政於王猛。子產受國人之謗，夷吾貪共賈之財，昭王錫輅馬以止讒，永固戮樊世以除譖。處猜嫌而益信，行間毀而無疑，此由默而識之，委而察之深也。至若宰我見愚於宣尼，逢萌被知於文叔，韓信無聞於項氏，毛遂不齒於平原，此失士之故也。是以人主受不肖之士則政乖，得賢良之佐則時泰，故堯資八元而庶績其理，周任十亂而天下和平。由是言之，則士不可不察，而官不可妄授也。何者？比來舉薦，多不以才，假譽馳聲，互相推奬，希潤身之小計，忘臣子之大猷，非所以報國求賢，副陛下翹翹之望者也。

臣竊窺古之取士，實異於今。先觀名行之源，考其鄉邑之譽，崇禮讓以勵己，明節義以標信，以敦朴爲先最，以雕蟲爲後科。故人崇勸讓之風，士去輕浮之行。希仕者必修貞確不拔之操，行難進易退之規。衆議以定其高下，郡將難誣於曲直。故計貢之賢愚，即州將之榮辱；穢行之彰露，亦鄉人之厚顏。是以李陵降而隴西慚，干木隱而西河美。故名勝於利，則小人之道消；利勝於名，則貪暴之風扇。是以化俗之本，須擯輕浮。昔冀缺以禮讓升朝，則晉人知禮；文翁以儒林奬俗，則蜀士多儒。燕昭好馬，則駿馬來庭；葉公好龍，則眞龍入室。由是言之，未有上之所好而下不從其化者也。

自七國之季，雖雜縱橫，而漢代求才，猶徵百行。是以禮節之士，敏德自修，閭里推高，然後爲府寺所辟。魏氏取人，尤愛放達；晉、宋之後，祇重門資。奬爲人求官之風，乖授職惟賢之義。有梁薦士，雅愛屬詞；陳氏簡賢，特珍賦詠。故其俗以詩酒爲重，不以修身爲務。逮至隋室，餘風尚在，開皇中李諤論之於文帝曰：「魏之三祖，更好文詞，忽君人之大道，好雕蟲之小藝。連篇累牘，不出月露之形；積案盈箱，唯是風雲之狀。代俗以此相高，朝廷以茲擢士，故文筆日煩，其政日亂。」帝納李諤之策，由是下制禁斷文筆浮詞。其年，泗州刺史司馬幼之以表不典實得罪。於是風俗改勵，政化大行。煬帝嗣興，又變前法，置進士等科。於是後生之徒，復相放效，因陋就寡，赴速邀時，緝綴小文，名之策學，不以指實爲本，而以浮虛爲貴。

有唐纂曆，雖漸革於故非；陛下君臨，思察才於共理。樹本崇化，惟在旌賢。今之舉人，有乖事實。鄉議決小人之筆，行修無長者之論。策第喧競於州府，祈恩不勝於拜伏。或明制纔出，試遣搜敭，驅馳府寺之門，出入王公之第。上啓陳詩，唯希欬唾之澤；摩頂至足，冀荷提攜之恩。故俗號舉人，皆稱覓舉。覓爲自求之稱，未是人知之辭。察其行而度其材，則人品於茲見矣。徇己之心切，則至公之理乖；貪仕之性彰，則廉潔之風薄。是知府命雖高，異叔度勤勤之讓；黃門已貴，無秦嘉耿耿之辭。縱不能抑己推賢，亦不肯待於三命。豈與夫白駒皎皎，不雜風塵，束帛戔戔，榮高物表，校量其廣狹也！是以耿介之士，羞自拔而致其辭；循常之人，捨其疏而取其附。故選司補署，諠然於禮闈；州貢賓王，爭訟於階闥。謗議紛合，浸以成風。夫競榮者必有競利之心，謙遜者亦無貪賄之累。自非上智，焉能不移；在於中人，理由習俗。若重謹厚之士，則懷祿者必崇德以修名；若開趨競之門，邀仕者皆戚施而附會。附會則百姓罹其弊，潔己則兆庶蒙其福。故風化之漸，靡不由茲。今訪鄉閭之談，唯祇歸於里正。縱使名虧禮則，罪挂刑章，或冒籍以偷資，或邀勳而竊級，假其不義之賂，則是無犯鄉閭。豈得比郭有道之銓量，茅容望重，裴逸人之賞拔，夏少名高〔二〕，語其優劣也！

祇如才應經邦之流，唯令試策；武能制敵之例，只驗彎弧。若其文擅清奇，便充甲第，藻思微減，便即告歸。以此收人，恐乖事實。何者？樂廣假筆於潘岳，靈運詞高於穆之，平津文劣於長卿，子建筆麗於荀彧。若以射策爲最，則潘、謝、曹、馬必居孫、樂之右；若使協贊機猷，則安仁、靈運亦無裨附之益。由此言之，不可一概而取也。至如武藝，則趙雲雖勇，資諸葛之指撝；周勃雖雄，乏陳平之計略。若使樊噲居蕭何之任，必失指縱之機；使蕭何入戲下之軍，亦無免主之効。關將長於摧鋒，謀將審於料事。是以文泉聚米，知隗囂之可圖；陳湯屈指，識烏孫之自解。八難之謀設，高祖追慚於酈生；九拒之計窮，公輸息心於伐宋。謀將不長於弓馬，良相寧資於射策。豈與夫元長自表，妄飾詞鋒，曹植題章，虛飛麗藻，校量其可否也！

伏願陛下降明制，頒峻科。千里一賢，尚不爲少，僥倖冒進，須立隄防。斷浮虛之飾詞，收實用之良策，不取無稽之說，必求忠告之言。文則試以効官，武則令其守禦，始旣察言觀行，終亦循名責實，自然僥倖濫吹之伍，無所藏其妄庸。故晏嬰云：「擧之以語，考之以事；寡其言而多其行，拙於文而工於事。」此取人得賢之道也。其有武藝超絕，文鋒挺秀，有効伎之偏用，無經國之大才，爲軍鋒之爪牙，作詞賦之標準。自可試凌雲之策，練穿札之工，承上命而賦甘泉，稟中軍而令赴敵，旣有隨才之任，必無負乘之憂。臣謹案吳起臨戰，左右進劍，吳子曰：「夫提鼓揮桴，臨難決疑，此將事也。一劍之任，非將事也。」謹案諸葛亮臨戎，不親戎服，頓蜀兵於渭南，宣王持劍，卒不敢當。此豈弓矢之用也！謹案楊得意誦長卿之文，武帝曰：「恨不得與此人同時。」及相如至，終於文園令，不以公卿之位處之者，蓋非其所任故也。

謹案漢法，所擧之主，終身保任。楊雄之坐田儀，責其冒薦；成子之居魏相，酬於得賢。賞罰之令行，則請謁之心絕；退讓之義著，則貪競之路消。自然朝廷無爭祿之人，選司有謙撝之士。仍請寬立年限，容其採訪簡汰，堪用者令其試守，以觀能否，參驗行事，以別是非。不實免王丹之官，得人加翟璜之賞，自然見賢不隱，食祿自專。苟彧進鍾繇、郭嘉，劉陶薦李膺、朱穆〔三〕，勢不云遠。有稱職者受薦賢之賞，濫舉者抵欺罔之罪，自然舉得賢行，則君子之道長矣。

尋轉水部員外郎，累遷給事中、檢校常州刺史。屬宣州狂寇朱大目作亂，百姓奔走，謙光嚴備安輯，闔境肅然。轉刑部侍郎，加銀青光祿大夫，再遷尙書左丞。景雲中，擢拜御史大夫。時僧惠範恃太平公主權勢，逼奪百姓店肆，州縣不能理。謙光將加彈奏，或請寢之，謙光曰：「憲臺理冤滯，何所迴避，朝彈暮黜，亦可矣。」遂與殿中慕容珣奏彈之，反爲太平公主所構，出爲岐州刺史。惠範既誅，遷太子賓客，轉刑部尙書，加金紫光祿大夫、昭文館學士。開元初，爲東都留守，又轉太子賓客。以與太子同名，表請行字，特敕賜名登。尋以孽子悅千牛爲憲司所劾，放歸田里。朝廷以其家貧，又特給致仕祿。七年卒，年七十三，贈晉州刺史。撰四時記二十卷。

韋湊，京兆萬年人。曾祖瓚，隋尙書右丞。祖叔諧，蒲州刺史。父玄，桂州都督府長史。湊，永淳二年，解褐授婺州參軍，累轉揚府法曹參軍。州人前仁壽令孟神爽豪縱，數犯法，交通貴戚，前後官吏莫敢繩按，湊白長史張濬，請因事除之。會神爽坐事推問，湊無所假借，神爽妄稱有密旨〔三〕，究問引虛，遂杖殺之，遠近稱伏。湊，景龍中歷遷將作少匠、司農少卿。嘗以公事忤宗楚客，出爲貝州刺史。

睿宗即位，拜鴻臚少卿，加銀青光祿大夫。景龍二年，轉太府少卿，又兼通事舍人。時改葬節愍太子，優詔加謚；又雪李多祚等罪，還其官爵，仍議更加贈官。湊上書曰：

臣聞王者發號施令，必法乎天道，使三綱攸敍〔四〕，十等咸若者，善善明，惡惡著也。善善者，懸爵賞以勸之也；惡惡者，設刑罰以懲之也。其賞罰所不加者，則考行立謚以褒貶之，所以勸誡將來也。斯並至公之大猷，非私情之可徇。故箕、微獲用，管、蔡爲戮。謚者，臣議其君，子議其父，而曰「靈」曰「厲」者，不敢以私而亂大猷也，則其餘安可失衷哉！

臣竊見節愍太子與李多祚等擁北軍禁旅，上犯宸居，破扉斬關，突禁而入，兵指黃屋，騎騰紫微。孝和皇帝移御玄武門，親降德音，諭以逆順，而太子據鞍自若，督衆不停。俄而其黨悔非，轉逆爲順，或迴兵討賊，或投狀自拘。多祚等伏誅，太子方事逃竄。向使同惡相濟，天道無徵，賊徒闕倒戈之人，侍臣虧陛戟之衞，其爲禍也，胡可忍言！于時臣任將作少匠，賜通事舍人內供奉。其明日，孝和皇帝引見供奉官等，雨淚謂曰：「幾不與卿等相見！」其爲危懼，不亦甚乎！而今聖朝雪罪禮葬，諡爲節愍，以臣愚識，竊所惑焉。

夫臣子之禮，嚴敬斯極，故過位必趨，蹙路馬芻有誅。昔漢成之爲太子也，行不敢絕馳道。當周室之衰微也，秦師過周北門，左右免胄而下，王孫滿猶以其不卷甲束兵，譏其無禮，知其必敗。由是言之，則太子稱兵宮內，跨馬御前，悖禮已甚矣，況將更甚乎。而可褒諡，此臣所未諭也。以其斬武三思父子而嘉之乎？然弄兵討逆以安君父，則可嘉也，而乃因欲自取之，是競爲逆，可褒諡乎？此又臣所未諭也。將廢韋氏而嘉之乎？然韋氏逆彰義絕，雖誅之亦可也。當此時也，韋氏未有逆彰，未有義絕，於太子爲母，豈有廢母之理乎！且既非中宗之命而廢之，是劫父廢母，亦悖逆也，可褒諡乎？此又臣所未諭也。夫君或不君，臣安可不臣；父或不父，子安可不子。借如君父有桀、紂之行，臣子無廢殺之理。況先帝功格宇宙，德被生靈，廟號中宗，諡曰孝和皇帝，而逆命之子，可褒諡乎？此又臣所未諭也。

昔獻公惑驪姬之譖，將殺其太子申生，公子重耳謂之曰：「子盍言子之志於公乎？」太子曰：「不可，君安驪姬，是我傷君之心也。」曰：「然則盍行乎？」曰：「不可，君謂我欲弑君也，天下豈有無父之國哉！吾何行之！」使人辭於狐突曰：「申生不敢愛其死。雖然，吾君老矣，子少，國家多難。伯氏苟出而圖吾君，申生受賜而死。」再拜稽首，乃自縊。其行如是，其謚僅可爲恭。今太子之行反是，可謚爲節愍乎？此又臣所未諭也。

昔漢武帝末年，江充與太子有隙，恐帝晏駕後爲太子所誅。會巫蠱事起，充典理其事，因此爲姦，遂至太子宮掘蠱，得桐木以誣太子。時武帝避暑甘泉宮，獨皇后、太子在，太子不能自明，納其少傅石德謀，遂矯節斬充，因敗逃匿。非稱兵詣闕，無逆謀於父，然身死於湖，不葬無謚。至昭帝時，有男子詣北闕自稱衞太子，制使公卿識視，至者莫敢發言。京兆尹雋不疑後至，叱從吏收縛之。或曰：「是非未可知，且安之。」不疑曰：「諸君何患於衞太子。昔蒯聵出奔，輒拒而不納，春秋是之。衞太子得罪先帝，亡不卽死，今來自詣，此罪人也。」遂送制獄。天子聞而嘉之曰：「公卿大臣，當用經術明於大義者。」及後太子孫立爲天子，是曰孝宣皇帝，太子方獲禮葬，而謚曰戾。今節愍太子之行比之，豈可同年而語。其於陛下，又猶子也，而謚爲節愍乎？此又臣所未諭也。

昔項羽之臣丁公，常將危漢高祖，高祖謂之曰：「二賢豈相厄哉！」丁公乃止。及高祖滅項氏，遂戮丁公以徇，曰：「使項王失天下者，丁公也。」夫戮之，大義至公也，不私德之，所以誠其後之事君者。今節愍太子之爲逆，復非欲保護陛下，其可褒謚乎？此又臣之所未諭也。

陛下天縱聖哲，所任賢明，以臣至愚，寧可干議？然臣又惟堯、舜，聖君也，八凱、五臣，良佐也，猶廣聽芻蕘之言者，蓋爲智者千慮，或有一失，愚者千慮，或有一得也。故曰：「狂夫之言，聖人擇焉。」臣輒緣斯義，敢以陳聞，願得與議謚者對議於御前。若臣言非也，甘受謗聖政之罪，赴鼎鑊之誅。仍請申明義以示天下，使臣輩愚惑者咸蒙冰釋，則無復異議矣。若所謚未當，奈何施之聖朝，垂之史册，使後代逆臣賊子因而引譬，資以爲辭，是開悖亂之門，豈示將來之法！伏望改定其謚，務合禮經。其李多祚等罪，請從宥免，不謂爲雪，以順天下之心，則盡善盡美矣。

書奏，睿宗引湊謂曰：「誠如卿言。事已如此，如何改動？」湊曰：「太子實行悖逆，不可褒美，請稱其行，改謚以一字。多祚等以兵犯君，非曰無罪，祇可云放，不可稱雪。」帝然其言。當時執政以制令已行，難於改易，唯多祚等停贈官而已。

明年春，起金仙、玉眞兩觀，用工巨億。湊進諫曰：「陛下去夏，以妨農停兩觀作，今正農月，翻欲興功。雖知用公主錢，不出庫物，但土木作起，高價雇人，三輔農人，趨目前之利，捨農受雇，棄本逐末。臣聞一夫不耕，天下有受其飢者，臣竊恐不可。」帝不應。湊又奏曰：「且陽和布氣，萬物生育，土木之間，昆蟲無數。此時興造，傷殺甚多，臣亦恐非仁聖本旨。」睿宗方納其言，令在外詳議。中書令崔湜、侍中岑羲謂湊曰：「公敢言此，大是難事。」湊曰：「叨食厚祿，死且不辭，況在明時，必知不死。」尋出爲陝州刺史，無幾，轉汝州刺史。開元二年夏，敕靖陵建碑，徵料夫匠。湊以自古園陵無建碑之禮，又時正旱儉，不可興功，飛表極諫，工役乃止。尋遷岐州刺史。

四年，入爲將作大匠。時有敕復孝敬廟爲義宗，湊上書曰：

臣聞王者制禮，是曰規模，規模之興，實由師古。師古之道，必也正名，名之與實，故當相副。其在宗廟，禮之大者，豈可失哉！禮，祖有功而宗有德，祖宗之廟，百代不毀。故殷太甲爲太宗，太戊曰中宗，武丁曰高宗；周宗文王、武王；漢則文帝爲太宗，武帝爲世宗。其後代有稱宗者，皆以方制海內，德澤可宗，列於昭穆，期於不毀。稱宗之義，不亦大乎！伏惟孝敬皇帝位止東宮，未嘗南面，聖道誠冠於儲副，德教不被於寰瀛，立廟稱宗，恐非合禮。況別起寢廟，不入昭穆，稽諸祀典，何義稱宗？而廟號義宗，稱之萬代，以臣庸識，竊謂不可。陛下率循典禮，以闡大猷，有司所議，以致此失，或虧盡善，豈不惜哉！望更詳議，務合於禮。

於是敕太常議，遂停義宗之號。

湊前後上書論時政得失，多見採納。再遷河南尹，累封彭城郡公。以公事左授杭州刺史，轉汾州刺史。十年，拜太原尹兼節度支度營田大使。其年卒官，年六十五。贈幽州都督，謚曰文。子見素，自有傳。湊從子虛心。

虛心父維，少習儒業，博涉文史，舉進士。自大理丞累至戶部郎中，善於剖判，時員外郎宋之問工於詩，時人以爲戶部有二妙。終於左庶子。虛心舉孝廉，爲官嚴整，累至大理丞、侍御史。神龍年，推按大獄，時僕射竇懷貞、侍中劉幽求意欲寬假，虛心堅執法令，有不可奪之志。景龍中，西域羌胡背叛，時並擒獲，有敕盡欲誅之。虛心論奏，但罪元首，其所全者千餘人。虛心有孝行，及丁父憂，哀毀過禮，鬚鬢盡白，朝廷深所嗟尙。後遷御史中丞、左右丞、兵部侍郎、荆揚潞長史兼採訪使，所在官吏振肅，威令甚舉，中外以爲標準。歷戶部尙書、東京留守，卒，年六十七。

季弟虛舟，亦以舉孝廉，自御史累至戶部、司勳、左司郎中，歷荆州長史，洪、魏州刺史兼採訪使，多著能政。入爲刑部侍郎，終大理卿。家有禮則，父子兄弟更踐郎署，時稱「郎官家」。

韓思復，京兆長安人也。祖倫，貞觀中爲左衞率，賜爵長山縣男。思復少襲祖爵。初爲汴州司戶參軍，爲政寬恕，不行杖罰。在任丁憂，家貧，鬻薪終喪制。時姚崇爲夏官侍郎，知政事，深嘉歎之，擢授司禮博士。

景龍中，累遷給事中。時左散騎常侍嚴善思坐譙王重福事下制獄，有司言：「善思昔嘗任汝州刺史，素與重福交遊，召至京師，竟不言其謀逆，唯奏云『東都有兵氣』。據狀正當匿反，請從絞刑。」思復駁奏曰：「議獄緩死，列聖明規；刑疑從輕，有國常典。嚴善思往在先朝，屬韋氏擅內，恃寵宮掖，謀危宗社。善思此時遂能先覺，因詣相府有所發明，進論聖躬必登宸極。雖交遊重福，蓋謀陷韋氏。及其謁見，猶不奏聞，將此行藏，卽從極法。且敕追善思，書至便發，向懷逆節，寧卽奔命？一面疏網，誠合順生；三驅取禽，來而可宥。惟刑是恤，事合昭詳。請付刑部集羣官議定奏裁，以符慎獄。」是時議者多云善思合從原宥，有司仍執前議請誅之。思復又駁曰：「臣聞刑人於市，爵人於朝，必僉謀攸同，始行之無惑。謹按諸司所議，嚴善思十纔一入，抵罪惟輕。夫帝閽九重，塗遠千里。故借天下之耳以聽，聽無不聰；借天下之目以視，視無不接。今羣言上聞，採擇宜審，若棄多就少，臣實懼焉。輿誦一乖，下情不達，雖欲從衆，其可及乎！凡百京司，逢時之泰，列官分職，有賢有親。親則列藩諸王，陛下愛子；賢則胙茅開國，陛下名臣。見無禮於君，寧肯雷同不異？今措詞多出，法合從輕。」上納其奏，竟免善思死，配流靜州。思復尋轉中書舍人，數上疏陳得失，多見納用。

開元初，爲諫議大夫。時山東蝗蟲大起，姚崇爲中書令，奏遣使分往河南、河北諸道殺蝗蟲而埋之。思復以爲蝗蟲是天災，當修德以禳之，恐非人力所能翦滅。上疏曰：「臣聞河南、河北蝗蟲，頃日更益繁熾，經歷之處，苗稼都損。今漸翾飛向西，游食至洛，使命來往，不敢昌言，山東數州，甚爲惶懼。且天災流行，埋瘞難盡。望陛下悔過責躬，發使宣慰，損不急之務，召至公之人，上下同心，君臣一德，持此誠實，以答休咎。前後驅蝗使等，伏望總停。書云：『皇天無親，惟德是輔；人心無親，惟惠是懷。』不可不收攬人心也。」上深然之，出思復疏以付崇。崇乃請遣思復往山東檢蝗蟲所損之處，及還，具以實奏。崇又請令監察御史劉沼重加詳覆，沼希崇旨意，遂箠撻百姓，迴改舊狀以奏之。由是河南數州，竟不得免。思復遂爲崇所擠，出爲德州刺史，轉絳州刺史。入爲黃門侍郎，加銀青光祿大夫，代裴漼爲御史大夫。思復性恬澹，好玄言，安仁體道，非紀綱之任。無幾，轉太子賓客。十三年卒，年七十餘。

子朝宗，天寶初爲京兆尹。

曾孫佽，字相之，少有文學，性尚簡澹。舉進士，累辟藩方。自襄州從事徵拜殿中侍御史，遷刑部員外。求爲澧州刺史。歲滿受代，宰相牛僧孺鎮鄂渚，辟爲從事，徵拜刑部郎中，轉京兆少尹，遷給事中。出爲桂州觀察使。桂管二十餘郡，州掾而下至邑長三百員，由吏部而補者什一，他皆廉吏量其才而補之。佽既至桂，吏以常所爲官者數百人引謁，一吏執籍而前曰：「具員請補其闕。」佽戒曰：「在任有政者，不奪所理；有過者，必繩以法。缺者當俟稽諸故籍，取其可者，然後補之。」會春衣使內官至，求賄於郵吏，二豪家因厚其資以求邑宰，佽悉諾之。使去，坐以撓法，各笞其背。自是豪猾斂跡，皆得淸廉吏以蘇活其人。未幾，詔置五管都監，計所費盡一境地征，不足飽其意，佽特用儉約處之，遂爲定制，君子以爲難。開成二年，卒於官，贈工部侍郎。

張廷珪，河南濟源人，其先自常州徙焉。廷珪少以文學知名，性慷慨，有志尚。弱冠應制舉。長安中，累遷監察御史。則天稅天下僧尼出錢，欲於白司馬坂營建大像。廷珪上疏諫曰：

夫佛者，以覺知爲義，因心而成，不可以諸相見也。經云：「若以色見我，以音聲求我，是人行邪道，不能見如來。」此眞如之果不外求也。陛下信心歸依，發宏誓願，壯其塔廟，廣其尊容，已徧於天下久矣。蓋有住於相而行布施，非最上第一希有之法。何以言之？經云：「若人滿三千大千世界七寶以用布施，及恆河沙等身命布施，其福甚多。若人於此經中受持及四句偈等爲人演說，其福勝彼。」如佛所言，則陛下傾四海之財，殫萬人之力，窮山之木以爲塔，極冶之金以爲像，雖勞則甚矣，費則多矣，而所獲福不愈於一禪房之匹夫。

菩薩作福德，不應貪著，蓋有爲之法不足高也。況此營建，事殷木土，或開發盤礴，峻築基階，或塞穴洞，通轉採斫，輾壓蟲蟻，動盈巨億。豈佛標坐夏之義，愍蠢動而不忍害其生哉！又役鬼不可，唯人是營，通計工匠，率多貧窶，朝驅暮役，勞筋苦骨，簞食瓢飲，晨炊星飯，飢渴所致，疾疹交集。豈佛標徒行之義，愍畜獸而不忍殘其力哉！又營築之資，僧尼是稅，雖乞丐所致，而貧闕猶多。州縣徵輸，星火逼迫，或謀計靡所，或鬻賣以充，怨聲載路，和氣未洽。豈佛標隨喜之義，愍愚蒙而不忍奪其產哉！且邊朔未寧，軍裝日給，天下虛竭，海內勞弊。伏惟陛下愼之重之，思菩薩之行爲利益一切衆生，應如是布施，則其福德若南西北方四維上下虛空不可思量矣。何必勤於住相，凋蒼生之業，崇不急之務乎！臣以時政論之，則宜先邊境，蓄府庫，養人力；臣以釋教論之，則宜救苦厄，滅諸相，崇無爲。伏願陛下察臣之愚，行佛之意，務以理爲上，不以人廢言，幸甚幸甚。

則天從其言，卽停所作，仍於長生殿召見，深賞慰之。景龍末，爲中書舍人，再轉洪州都督，仍爲江南西道按察使。

開元初，入爲禮部侍郎。時久旱，關中饑儉，下制求直諫昌言、弘益政理者。廷珪上疏曰：

臣聞古有多難興王、殷憂啓聖者，皆以事危則志銳，情迫則思深，故能自下登高，轉禍爲福者也。伏見景龍之末，中宗遇禍，先天之際，兇黨構謀，社稷有危於綴旒，國朝將均於絕綖。陛下神武超代，精誠動天，再掃氛沴，六合清朗。而後上順皇旨，俯念黔黎，高運璿衡，光膺寶籙。日月所燭之地，書軌未通之鄉，無不霑濡渥恩，被服淳化。十堯、九舜，未足稱也。明明上帝，照臨下土，宜錫介祉，以答鴻休。

然屬頃歲已來，陰陽愆候，九穀失稔，萬姓阻飢，關輔之間，更爲尤劇。至有樵蘇莫爨，糧糗靡資，不復聊生，方憂轉死。偶會昌運，遘茲難否者，臣竊思之，皇天之意，將恐陛下春秋鼎盛，神聖在躬，不崇朝而建大功，自藩邸而陟元后，或簡下濟之道，獨滿雄圖之志，輕虞舜而不法，思漢武以自高。是故昭見咎徵，載加善誘，將欲大君日愼一日，雖休勿休，永保太和，以固邦本也。斯皇天於陛下睠顧深矣，陛下焉可不奉若休旨而寅畏哉！

臣愚誠願陛下約心削志，澄思勵精，考羲、農之書，敦素朴之道。登庸端士，放黜佞人，屏退後宮，減徹外廐，場無蹴踘之翫，野絕從禽之賞。休石田之遠境，罷金甲之懸軍，矜恤惸嫠，蠲薄徭賦。去奇伎淫巧，捐和璧隋珠，不見可欲，使心不亂。自然波清四海，塵銷九域，農夫樂其業，餘糧棲於畝。則和氣上通於天，雖五星連珠，兩曜合璧，未足多也；珍祥下降於地，雖鳳皇巢閣，麒麟在郊，未足奇也。或謂天之炯戒不足畏者，則將上帝憑怒，風雨迷錯，荒饉日甚，無以濟下矣。或謂人之窮乏不足恤者，則將齊甿沮志，億兆攜離，愁苦勢極，無以奉上矣。斯蓋安危所繫，禍福之源，奈何朝廷曾不是察！況今陛下受命伊始，敷政惟新，卿士百僚，華夷萬族，莫不清耳以聽，刮目而視，延頸企踵，冀有所聞見，顒顒如也。何可怠棄典則，坐辜其望哉！

再遷黃門侍郎。時監察御史蔣挺以監決杖刑稍輕，敕朝堂杖之，廷珪奏曰：「御史憲司，清望耳目之官，有犯當殺卽殺，當流卽流，不可決杖。士可殺，不可辱也。」時制命已行，然議者以廷珪之言爲是。俄坐泄禁中語，出爲沔州刺史，又歷蘇、宋、魏三州刺史。入爲少府監，加金紫光祿大夫，封范陽男。四遷太子詹事，以老疾致仕。二十二年卒，年七十餘，贈工部尚書，謚曰貞穆。廷珪素與陳州刺史李邕親善，屢上表薦之，邕所撰碑碣之文，必請廷珪八分書之。廷珪既善楷隸，甚爲時人所重。

王求禮，許州長社人。則天朝爲左拾遺，遷監察御史。性忠謇敢言，每上封彈事，無所畏避。時契丹李盡忠反叛，其將孫萬榮寇陷河北數州，河內王武懿宗擁兵討之，畏懦不敢進。既而賊大掠而去，懿宗條奏滄、瀛百姓爲賊詿誤者數百家，請誅之。求禮執而劾之曰：「此詿誤之人，比無良吏教習，城池又不完固，爲賊驅逼，苟徇圖全，豈素有背叛之心哉！懿宗擁強兵數十萬，聞賊將至，走保城邑，罪當誅戮。今乃移禍於詿誤之人，豈是爲臣之道？請斬懿宗以謝河北百姓。」懿宗大懼，則天竟降制赦之。

契丹陷幽州，饋輓不給，左相豆盧欽望請輟京官兩月俸料以助軍，求禮謂欽望曰：「公祿厚俸優，輟之可也。國家富有四海，足以儲軍國之用，何藉貧官薄俸。公此舉豈宰相法邪？」欽望作色拒之，乃奏曰：「秦、漢皆有稅算以贍軍，求禮不識大體，妄有訟辭。」求禮對曰：「秦皇、漢武稅天下，虛中以事邊，奈何使聖朝則效？不知欽望此言是大體耶！」事遂不行。

時三月雪，鳳閣侍郎蘇味道等以爲瑞，草表將賀，求禮止之曰：「宰相調燮陰陽，而致雪降暮春，災也，安得爲瑞？如三月雪爲瑞雪，則臘月雷亦瑞雷也。」舉朝嗤笑，以爲口實。求禮竟以剛正，名位不達而卒。

辛替否，京兆人也。景龍年爲左拾遺。時中宗置公主府官屬，安樂公主府所補尤多猥濫。又駙馬武崇訓死後，棄舊宅別造一宅，侈麗過甚。時又盛興佛寺，百姓勞弊，帑藏爲之空竭。替否上疏諫曰：

臣聞古之建官，員不必備，九卿以下，皆有其位而闕其選。賞一人謀乎三事，職一人訪乎羣司，負寵者畏權勢之在躬，知榮者避權門而不入。故稱賞不僭，官不濫，士皆完行，家有廉節，朝廷有餘俸，百姓有餘食。下忠於上，上禮於下，委裘而無倉卒之危，垂拱而無顚沛之患。夫事有惕耳目，動心慮，作不師古，以行於今者，蓋有之矣。伏惟陛下百倍行賞，十倍增官，金銀不供其印，束帛無充於錫，何愧於無用之臣，何慚於無力之士！至於公府補授，罕存推擇，遂使富商豪賈，盡居纓冕之流，鬻伎行巫，咸涉膏腴之地。

臣聞古人曰：「福生有基，禍生有胎。」伏惟公主陛下之愛女，選賢良以嫁之，設官職以輔之，傾府庫以賜之，壯第觀以居之，廣池籞以嬉之，可謂之至重也，可謂之至憐也。然而用不合於古義，行不根於人心，將恐變愛成憎，轉福爲禍。何者？竭人之力，人怨也；費人之財，人怨也；奪人之家，人怨也。愛數子而取三怨於天下，使邊疆之士不盡力，朝廷之士不盡忠，人之散矣，獨持所愛，何所恃乎？向者魯王賞同諸壻，禮等朝臣，則亦有今日之福，無曩時之禍。人徒見其禍，不知禍之所來。所以禍者，寵愛過於臣子也。去年七月五日，已見其徵矣。而今事無改，更尙因循，棄一宅而造一宅，忘前禍而忽後禍。臣竊謂陛下憎之矣，非愛之也。

臣聞君以人爲本，本固則邦寧。邦寧則陛下夫婦、母子長相保也。伏惟外謀宰臣，爲久安之計以存之，不使姦臣賊子以伺之。臣聞微不可不防，遠不可不慮。當今疆埸危駭，倉廩空虛，揭竿守禦之士賞不及，肝腦塗地之卒輸不充。而方大起寺舍，廣造第宅，伐木空山，不足充梁棟，運土塞路，不足充牆壁。誇古耀今，踰章越制，百僚鉗口，四海傷心。夫釋教者，以清淨爲基，慈悲爲主，故當體道以濟物，不欲利己以損人，故常去已以全眞，不爲榮身以害教。三時之月，掘山穿池，損命也；殫府虛帑，損人也；

廣殿長廊，榮身也。損命則不慈悲，損人則不濟物，榮身則不淸淨，豈大聖大神之心乎！臣以爲非眞教，非佛意，違時行，違人欲。自像王西下，佛教東傳，靑螺不入於周前，白馬方行於漢後。風流雨散，千帝百王，飾彌盛而國彌空，役彌重而禍彌大。覆車繼軌，曾不改途，晉臣以佞佛取譏，梁主以捨身構隙。若以造寺必爲其理體，養人不足以經邦，則殷、周已往皆暗亂，漢、魏已降皆聖明；殷、周已往爲不長，漢、魏已降爲不短。臣聞夏爲天子二十餘代而殷受之，殷爲天子二十餘代而周受之，周爲天子三十餘代而秦受之，自漢已後歷代可知也。何者？有道之長，無道之短，豈因其窮金玉、修塔廟，方得久長之祚乎！

臣聞於經曰：「菩薩心住於法而行布施，如人入暗，卽無所見。」又曰：「一切有爲法，如夢幻泡影，如露亦如電。」臣以減雕琢之費以賑貧下，是有如來之德；息穿掘之苦以全昆蟲，是有如來之仁；罷營構之直以給邊陲，是有湯、武之功；迴不急之祿以購廉淸，是有唐、虞之理。陛下緩其所急，急其所緩，親未來而疏見在，失眞實而冀虛無，重俗人之所爲而輕天子之功業，臣竊痛之矣。當今出財依勢者盡度爲沙門，避役姦訛者盡度爲沙門；其所未度，唯貧窮與善人。將何以作範乎？將何以役力乎？臣以爲出家者，捨塵俗，離朋黨，無私愛。今殖貨營生，非捨塵俗；拔親樹知，非離朋黨；畜妻養孥，非無私愛。是致人以毁道，非廣道以求人。伏見今之宫觀臺榭，京師之與洛陽，不增修飾，猶恐奢麗。陛下尚欲塡池塹，捐苑囿，以賑貧人無產業者。今天下之寺蓋無其數，一寺當陛下一宫，壯麗之甚矣！用度過之矣！是十分天下之財而佛有七八，陛下何有之矣！百姓何食之矣！雖以陰陽爲炭，萬物爲銅，役不食之人，使不衣之士，猶尙不給。況資於天生地養，風動雨潤，而後得之乎！臣聞國無九年之儲，國非其國。伏計倉廩，度府庫，百僚供給，百事用度，臣恐卒歲不充，況九年之積乎！一旦風塵再擾，霜雹薦臻，沙門不可擐干戈，寺塔不足攘饑饉，臣竊痛之矣！

疏奏不納。歲餘，安樂公主被誅。

睿宗卽位，又爲金仙、玉眞公主廣營二觀。先是，中宗時斜封受官人一切停任，凡數百千人，又有敕放令却上。替否時爲左補闕，又上疏陳時政曰：

臣嘗以爲古之用度不時，爵賞不當，破家亡國者，口說不如身逢，耳聞不如眼見。臣請以有唐已來理國之得失，陛下之所眼見者以言之。惟陛下審之聽之，擇善而從之，則萬歲之業，自可致矣，何憂乎黎庶之不康，福祚之不永！

伏以太宗文武聖皇帝，陛下之祖，撥亂反正，開階立極，得至理之體，設簡要之方。省其官，淸其吏，舉天下職司無一虛授，用天下財帛無一枉費。賞必俟功，官必得俊，所爲無不成，所征無不伏。不多造寺觀而福德自至，不多度僧尼而殃咎自滅。道合乎天地，德通乎神明。故天地憐之，神明祐之，使陰陽不愆，風雨合度。四人樂其業，五穀遂其成，腐粟爛帛，塡街委巷。千里萬里，貢賦於郊；九夷百蠻，歸款於闕。自有帝皇已來，未有若斯之神聖者也，故得享國久長，多歷年所，陛下何不取而則之？

中宗孝和皇帝，陛下之兄，居先人之業，忽先人之化，不取賢良之言，而恣子女之意。官爵非擇，虛食祿者數千人；封建無功，妄食士者百餘戶。造寺不止，枉費財者數百億；度人不休，免租庸者數十萬。是使國家所出加數倍，所入減數倍。倉不停卒歲之儲，庫不貯一時之帛。所惡者逐，逐多忠良；所愛者賞，賞多讒慝。朋佞喋喋，交相傾動。容身不爲於朝廷，保位皆由於黨附。奪百姓之食，以養殘兇；剝萬人之衣，以塗土木。於是人怨神怒，親忿衆離，水旱不調，疾疫屢起。遠近殊論，公私罄然。五六年間，再三禍變，享國不永，受終於兇婦人。寺舍不能保其身，僧尼不能護妻子，取譏萬代，見笑四夷。此陛下之所眼見也，何不除而改之？

依太宗之理國，則百官以理，百姓無憂，故太山之安立可致矣；依中宗之理國，則萬人以怨，百事不寧，故累卵之危立可致矣。頃自夏已來，霪雨不解，穀荒於壟，麥爛於場。入秋已來，亢旱成災，苗而不實，霜損蟲暴，草葉枯黃。下人咨嗟，未知賙賑；

而營寺造觀，日繼於時，檢校試官，充臺溢署。伏惟陛下愛兩女，爲造兩觀，燒瓦運木，載土塡坑，道路流言，皆云計用錢百餘萬貫。惟陛下，聖人也，無所不知；陛下，明君也，無所不見。既知且見，知倉有幾年之儲，庫有幾年之帛？知百姓之間可存活乎？三邊之上可轉輸乎？當今發一卒以禦邊陲，遣一兵以衞社稷，多無衣食，皆帶飢寒。賞賜之間，迴無所出，軍旅驟敗，莫不由斯。而乃以百萬貫錢造無用之觀，以受六合之怨乎！以違萬人之心乎！伏惟陛下續阿韋之醜跡，而不改阿韋之亂政。忍棄太宗之理本，不忍棄中宗之亂階；忍棄太宗久長之謀，不忍棄中宗短促之計。陛下又何以繼祖宗、觀萬國？

昔陛下爲皇太子，在阿韋之時，危亡是懼，常切齒於羣兇。今貴爲天子，富有海內，而不改羣兇之事，臣恐復有切齒於陛下者也。陛下又何以非羣兇而誅之？臣往見明敕，自今已後，一依貞觀故事。且貞觀之時，豈有今日之造寺營觀，加僧尼道士，益無用之官，行不急之務，而亂政者也！臣以爲棄其言而不行其信，慕其善而不遷其惡，陛下又何以刑於四海？往者，和帝之憐悖逆也，爲姦人之所誤，宗晉卿勸爲第宅，趙履温勸爲園亭，損數百家之居，侵數百家之地。工徒斲而未息，義兵紛以交馳，卒使亭不得遊，宅不得坐。信邪佞之說，成骨肉之刑，此陛下之所眼見也。今茲造觀，臣必知非陛下、公主之本意，得無趙履温之徒將勸爲之，冀誤其骨肉，不可不明察也。

臣聞出家修道者，不預人事，專清其身心，以虚泊爲高，以無爲爲妙，依兩卷老子，視一軀天尊，無欲無營，不損不害。何必璇臺玉榭，寶像珍龕，使人困窮，然後爲道哉！且舊觀足可歸依，無造無營，以取窮竭。若此行之三年，國不富，人不安，朝廷不清，陛下不樂，則臣請殺身於朝，以令天下言事者。伏惟陛下行非常之惠，權停兩觀，以俟豐年。以兩觀之財，爲公主施貧窮，填府庫，則公主福德無窮矣。不然，臣恐下人怨望，不減於前朝之時。前朝之時，賢愚知敗，人雖有口而不敢言，言未發聲，禍將及矣。韋月將受誅於丹徼，燕欽融見殺於紫庭，此人皆不惜其身而納忠於主，身既死矣，朝亦危矣。故先朝誅之，陛下賞之，是陛下知直言之士有裨於國。臣今直言，亦先代之直，惟陛下察之。

疏奏，睿宗嘉其公直。稍遷爲右臺殿中侍御史。開元中，累轉潁王府長史。天寶初卒，年八十餘。

史臣曰：夫好聞其善，惡聞其過，君人者之常情也；寧諂媚以取容，不逆耳以招禍，臣人者之常情也。能反此者，不亦善乎！李、薛等六君，吐忠讜之言，補朝廷之失，有犯無隱，不愧古人，有唐之良臣也。

贊曰：臣之事君，有邪有正。君之使臣，從諫則聖。李、薛輸忠，救人之命。韋、韓讜言，醫國之病。辛、王章疏，犯顏竦聽。張子法言，實裨時政。

校勘記

〔一〕夏少　英華卷六九六作「夏統」。

〔二〕劉陶　各本原作「劉隱」。按薦李膺、朱穆者當爲劉陶，事見後漢書卷五七劉陶傳。英華卷六九六正作「劉陶」，據改。

〔三〕密旨　「旨」字各本原無，據葉校本補。

〔四〕使三綱攸敍　「攸」字各本原無，據唐會要卷八〇補。

舊唐書卷一百二

列傳第五十二

馬懷素　褚无量　劉子玄兄知柔　子貺　餗　彙　秩　迅　迥　徐堅
元行沖　吳兢　韋述弟逌　迪　蕭直　蕭穎士　毋煚　殷踐猷附

馬懷素，潤州丹徒人也。寓居江都，少師事李善。家貧無燈燭，晝採薪蘇，夜燃讀書，遂博覽經史，善屬文。舉進士，又應制舉，登文學優贍科，拜鄠尉，四遷左臺監察御史。

長安中，御史大夫魏元忠爲張易之所構，配徙嶺表，太子僕崔貞慎、東宮率獨孤禕之餞于郊外。易之怒，使人誣告貞慎等與元忠同謀，則天令懷素按鞫，遣中使促迫，諷令構成其事，懷素執正不受命。則天怒，召懷素親加詰問，懷素奏曰：「元忠犯罪配流，貞慎等以親故相送，誠爲可責，若以爲謀反，臣豈誣罔神明？昔彭越以反伏誅，欒布奏事於其屍下，漢朝不坐，況元忠罪非彭越，陛下豈加追送之罪。陛下當生殺之柄，欲加之罪，取決聖衷可矣。若付臣推鞫，臣敢不守陛下之法？」則天意解，貞愼等由是獲免。時夏官侍郎李迥秀恃張易之之勢，受納貨賄，懷素奏劾之，迥秀遂罷知政事。懷素累轉禮部員外郎，與源乾曜、盧懷愼、李傑等充十道黜陟使。懷素處事平恕，當時稱之。使還，遷考功員外郎。時貴戚縱恣，請託公行，懷素無所阿順，典舉平允，擢拜中書舍人。開元初，爲戶部侍郎，加銀青光祿大夫，累封常山縣公，三遷祕書監，兼昭文館學士。

懷素雖居吏職，而篤學，手不釋卷，謙恭謹愼，深爲玄宗所禮，令與左散騎常侍褚无量同爲侍讀。每次閤門，則令乘肩輿以進。上居別館，以路遠，則命宮中乘馬，或親自送迎，以申師資之禮。是時祕書省典籍散落，條流無敍，懷素上疏曰：「南齊已前墳籍，舊編王儉七志。已後著述，其數盈多，隋志所書，亦未詳悉。或古書近出，前志闕而未編；或近人相傳，浮詞鄙而猶記。若無編錄，難辯淄、澠。望括檢近書篇目，并前志所遺者，續王儉七志，藏之祕府。」上於是召學涉之士國子博士尹知章等，分部撰錄，并刊正經史，粗創首尾。會懷素病卒，年六十，上特爲之舉哀，廢朝一日，贈潤州刺史，謚曰文。

褚无量，字弘度，杭州鹽官人也。幼孤貧，勵志好學。家近臨平湖，時湖中有龍鬭，傾里閉就觀之，无量時年十二，讀書晏然不動。及長，尤精三禮及史記，舉明經，累除國子博士。景龍三年，遷國子司業，兼修文館學士。是歲，中宗將親祀南郊，詔禮官學士修定儀注。國子祭酒祝欽明、司業郭山惲皆希旨，請以皇后爲亞獻，无量獨與太常博士唐紹、蔣欽緒固爭，以爲不可。无量建議曰：

夫郊祀者，明王之盛事，國家之大禮。行其禮者，不可以臆斷，不可以情求，皆上順天心，下符人事，欽若稽古，率由舊章，然後可以交神明，可以膺福祐。然禮文雖衆，莫如周禮。周禮者，周公致太平之書，先聖極由衷之典，法天地而行教化，辯方位而敍人倫。其義可以幽贊神明，其文可以經緯邦國，備物致用，其可忽乎！至如冬至圜丘，祭中最大，皇后內主，禮位甚尊。若合郊天助祭，則當具著禮典。今偏檢周官，無此儀制。蓋由祭天南郊，不以地配，唯將始祖爲主，不以祖妣配天，故唯皇帝親行其禮，皇后不合預也。

謹按大宗伯職云：「若王不與祭祀〔一〕，則攝位。」注云：「王有故，代行其祭事。」下文云：「凡大祭祀，王后不與，則攝而薦豆籩，徹。」若皇后合助祭，承此下文，卽當云「若不祭祀，則攝而薦豆籩」。今於文上更起凡，則是別生餘事。夫事與上異，則別起凡。凡者，生上起下之名，不專繫於本職。周禮一部之內，此例極多，備在文中，不可具錄。

又王后助祭，親薦豆籩而不徹。案九嬪職云：「凡祭，贊后薦，徹豆籩。」注云：「后進之而不徹。」則知中徹者，爲宗伯生文。若宗伯攝祭，則宗伯親徹，不別使人。又案「外宗掌宗廟之祀，王后不與，則贊宗伯」。此之一文，與上相證。何以明之？案外宗唯掌宗廟祭祀，不掌郊天，足明此文是宗廟祭也。案王后行事，總在內宰職中。檢其職文，唯云「大祭祀，后祼獻則贊，瑤爵亦如之」。鄭注云：「謂祭宗廟也。」注所以知者，以文云「祼獻」，祭天無祼，以此得知。又祭天之器，則用陶匏，亦無瑤爵，注以此得知是宗廟也。又內司服掌王后六服，無祭天之服；而巾車職掌王后之五輅，亦無后祭天之輅；祭天七獻，無后亞獻。以此諸文參之，故知后不合助祭天也。

唯漢書郊祀志則有天地合祭，皇后預享之事，此則西漢末代，強臣擅朝，悖亂彝倫，黷神諂祭，不經之典，事涉誣神。故易傳曰：「誣神者，殃及三代。」太誓曰：「正稽古立功立事，可以永年，承天之大律。」斯史策之良誡，豈可不知。今南郊禮儀，事不稽古，忝守經術，不敢默然。請旁詢碩儒，俯摭舊典，採曲臺之故事，行圓丘之正儀，使聖朝叶昭曠之塗，天下知文物之盛，豈不幸甚。

時左僕射韋巨源等阿旨，叶同欽明之議，竟不從无量所奏。

尋以母老請停官歸侍。景雲初，玄宗在春宮，召拜國子司業，兼皇太子侍讀，嘗撰翼善記以進之，皇太子降書嘉勞，賚絹四十匹。太極元年，皇太子國學親釋奠，令无量講孝經、禮記，各隨端立義，博而且辯，觀者歎服焉。旣畢，進授銀青光祿大夫，兼賜以章服，并綵絹百段。玄宗卽位，遷郯王傅，兼國子祭酒。尋以師傅恩遷左散騎常侍，仍兼國子祭酒，封舒國公，實封二百戶。未幾，丁憂解職，廬於墓側。其所植松柏，時有鹿犯之，无量泣而言曰：「山中衆草不少，何忍犯吾先塋樹哉！」因通夕守護。俄有羣鹿馴狎，不復侵害，无量因此終身不食鹿肉。服闋，召拜左散騎常侍，復爲侍讀。以其年老，每隨仗出入，特許緩行，又爲造腰輿，令內給使輿於內殿。无量頻上書陳時政得失，多見納用。又嘗手敕褒美，賜物二百段。

无量以內庫舊書，自高宗代卽藏在宮中，漸致遺逸，奏請繕寫刊校，以弘經籍之道。玄宗令於東都乾元殿前施架排次，大加搜寫，廣采天下異本。數年間，四部充備，仍引公卿已下入殿前，令縱觀焉。開元六年駕還，又敕无量於麗正殿以續前功。皇太子及郯王嗣直等五人，年近十歲，尚未就學，无量繕寫論語、孝經各五本以獻。上覽之曰：「吾知无量意无量。」遽令選經明篤行之士國子博士郄恆通郭謙光、左拾遺潘元祚等，爲太子及郯王已下侍讀。七年，詔太子就國子監行齒胄之禮，无量登座說經，百僚集觀，禮畢，賞賜甚厚。明年，无量病卒，年七十五。臨終遺言以麗正寫書未畢爲恨。上爲舉哀，廢朝兩日，贈禮部尚書，謚曰文。

初，无量與馬懷素俱爲侍讀，顧待甚厚；及无量等卒後，祕書少監康子元、國子博士侯行果等又入侍講，雖屢加賞賜，而禮遇不逮褚焉。

劉子玄，本名知幾，楚州刺史胤之族孫也。少與兄知柔俱以詞學知名，弱冠舉進士，授獲嘉主簿。證聖年，有制文武九品已上各言時政得失，知幾上表陳四事，詞甚切直。是時官爵僭濫而法網嚴密，士類競爲趨進而多陷刑戮，知幾乃著思慎賦以刺時，且以見意。鳳閣侍郎蘇味道、李嶠見而歎曰：「陸機豪士所不及也。」

知幾長安中累遷左史，兼修國史。擢拜鳳閣舍人，修史如故。景龍初，再轉太子中允，依舊修國史。時侍中韋巨源紀處訥、中書令楊再思、兵部尚書宗楚客、中書侍郎蕭至忠並監修國史，知幾以監修者多，甚爲國史之弊。蕭至忠又嘗責知幾著述無課，知幾於是求罷史任，奏記於至忠曰：

僕自策名士伍，待罪朝列，三爲史臣，再入東觀，竟不能勒成國典，貽彼後來者，何哉？靜言思之，其不可者五也。何者？古之國史，皆出自一家，如魯、漢之丘明、子長，晉、齊之董狐、南史，咸能立言不朽，藏諸名山，未聞藉以衆功，方云絕筆。唯後漢東觀，大集羣儒，而著述無主，條章靡立。由是伯度譏其不實，公理以爲可焚，張、蔡二子糾之於當代，傅、范兩家嗤之於後葉。今史司取士，有倍東京，人自以爲荀、袁，家自稱爲政、駿。每欲記一事，載一言，皆閣筆相視，含毫不斷。故首白可期，而汗青無日。其不可一也。

前漢郡國計書，先上太史，副上丞相；後漢公卿所撰，始集公府，乃上蘭臺。由是史官所修，載事爲博。原自近古，此道不行，史臣編錄，唯自詢採。而左右二史，闕注起居；衣冠百家，罕通行狀。求風俗於州郡，視聽不該；討沿革於臺閣，簿籍難見。雖使尼父再出，猶且成其管窺，況限以中才，安能遂其博物。其不可二也。

昔董狐之書法也，以示於朝；南史之書弒也，執簡以往。而近代史局，皆通籍禁門，幽居九重，欲人不見。尋其義者，由杜彼顏面，防諸請謁故也。然今館中作者，多士如林，皆願長喙，無聞齰舌。倘有五始初成，一字加貶，言未絕口而朝野具知，筆未棲毫而搢紳咸誦。夫孫盛實錄，取嫉權門；王韶直書，見讎貴族。人之情也，能無畏乎！其不可三也。

古者刊定一史，纂成一家，體統各殊，指歸咸別。夫尚書之敎也，以疏通知遠爲主；春秋之義也，以懲惡勸善爲先。史記則退處士而進姦雄，漢書則抑忠臣而飾主闕。斯並曩賢得失之例，良史是非之準，作者言之詳矣。頃史官注記，多取稟監修，楊令公則云「必須直詞」，宗尚書則云「宜多隱惡」。十羊九牧，其事難行；一國三公，適從焉在？其不可四也。

竊以史置監修，雖無古式，尋其名號，可得而言。夫言監者，蓋總領之義耳。如創紀編年，則年有斷限；草傳敍事，則事有豐約。或可略而不略，或應書而不書，此失刊削之例也。屬詞比事，勞逸宜均；揮鉛奮墨，勤惰須等。某帙某篇，付之此職；某紀某傳，歸之此官。此銓配之理也。斯並宜明立科條，審定區域，倘人思自勉，則書可立成。今監之者既不指授，修之者又無遵奉。用使爭學苟且，務相推避，坐變炎涼，徒延歲月。其不可五也。

凡此不可，其流實多，一言以蔽，三隅自反。而時談物議，焉得笑僕編次無聞者哉！比者伏見明公每汲汲於勸誘，勤勤於課責。或云墳籍事重，努力用心；或云歲序已淹，何時輟手？竊以綱維不舉，而督課徒勤，雖威以次骨之刑，勗以懸金之賞，終不可得也。語曰：「陳力就列，不能則止。」僕所以比者布懷知己，歷抵羣公〔三〕，屢辭載筆之官，願罷記言之職者，正爲此耳。當今朝號得人，國稱多士。蓬山之下，良直差肩；芸閣之中，英奇接武。僕既功虧刻鵠，筆未獲麟，徒殫太官之膳，虛索長安之米。乞以本職，還其舊居，多謝簡書，請避賢路。惟明公足下哀而許之。」

至忠惜其才，不許解史任。宗楚客嫉其正直，謂諸史官曰：「此人作書如是，欲置我何地！」

時知幾又著史通子二十卷，備論史策之體。太子右庶子徐堅深重其書，嘗云：「居史職者，宜置此書於座右。」知幾自負史才，常慨時無知己，乃委國史於著作郎吳兢，別撰劉氏家史十五卷、譜考三卷。推漢氏爲陸終苗裔，非堯之後。彭城叢亭里諸劉，出自宣帝子楚孝王囂曾孫司徒居巢侯劉愷之後，不承楚元王交。皆按據明白，正前代所誤，雖爲流俗所譏，學者服其該博。初，知幾每云若得受封，必以居巢爲名，以紹司徒舊邑；後以修則天實錄功，果封居巢縣子。又鄉人以知幾兄弟六人進士及第，文學知名，改其鄉里爲高陽鄉居巢里。

景雲中，累遷太子左庶子，兼崇文館學士，仍依舊修國史，加銀青光祿大夫。時玄宗在東宮，知幾以名音類上名，乃改子玄。二年，皇太子將親釋奠於國學，有司草儀注，令從臣皆乘馬著衣冠。子玄進議曰：

古者自大夫已上，皆乘車而以馬爲騑服。魏、晉已降，迄乎隋代，朝士又駕牛車。歷代經史，具有其事，不可一二言也。至如李廣北征，解鞍憩息；馬援南伐，據鞍顧盼。斯則鞍馬之設，行於軍旅；戎服所乘，貴於便習者也。按江左官至尙書郎而輒輕乘馬，則爲御史所彈。又顏延之罷官後，好騎馬出入閭里，當代稱其放誕。此則專車憑軾，可擐朝衣；單馬御鞍，宜從褻服。求之近古，灼然之明驗也。

自皇家撫運，沿革隨時。至如陵廟巡謁，王公册命，則盛服冠履，乘彼輅車。其士庶有衣冠親迎者，亦時以服箱充馭。在於他事，無復乘車，貴賤所行，通用鞍馬而已。臣伏見比者鑾輿出幸，法駕首途，左右侍臣，皆以朝服乘馬。夫冠履而出，只可配車而行，今乘車既停，而冠履不易，可謂唯知其一而未知其二也。何者？褒衣博帶，革履高冠，本非馬上所施，自是車中之服。必也襪而升鐙，跣以乘鞍，非唯不師古道，亦自取驚今俗。求諸折中，進退無可。且長裾廣袖，襜如翼如，鳴珮行組，鏘鏘奕奕，馳驟於風塵之內，出入於旌棨之間，倘馬有驚逸，人從顚墜，遂使屬車之右，遺履不收，淸道之傍，絓驂相續，固以受嗤行路，有損威儀。

今議者皆云祕閣有梁武帝南郊圖，多有危冠乘馬者，此則近代故事，不得謂無其文。臣案此圖是後人所爲，非當時所撰。且觀代間有古今圖畫者多矣，如張僧繇畫羣公祖二疏，而兵士有著芒屩者；閻立本畫明君入匈奴，而婦人有著帷帽者。夫芒屩出於水鄉，非京華所有；帷帽創於隋代，非漢宮所作。議者豈可徵此二畫，以爲故實者乎？由斯而言，則梁氏南郊之圖，義同於此。又傳稱因俗，禮貴緣情。殷輅周冕，規模不一；秦冠漢佩，用捨無常。況我國家道軼百王，功高萬古，事有不便，理資變通，其乘馬衣冠，竊謂宜從省廢。臣懷此異議，其來自久，日不暇給，未及摧揚。今屬殿下親從齒胄，將臨國學，凡有衣冠乘馬，皆憚此行，所以輒進狂言，用申鄙見。

皇太子手令付外宣行，仍編入令，以爲常式。

開元初，遷左散騎常侍，修史如故。九年，長子貺爲太樂令，犯事配流。子玄詣執政訴理，上聞而怒之，由是貶授安州都督府別駕。子玄掌知國史，首尾二十餘年，多所撰述，甚爲當時所稱。禮部尙書鄭惟忠嘗問子玄曰：「自古已來，文士多而史才少，何也？」對曰：「史才須有三長，世無其人，故史才少也。三長：謂才也，學也，識也。夫有學而無才，亦猶有良田百頃，黃金滿籯，而使愚者營生，終不能致於貨殖者矣。如有才而無學，亦猶思兼匠石，巧若公輸，而家無楩柟斧斤，終不果成其宮室者矣。猶須好是正直，善惡必書，使驕主賊臣，所以知懼，此則爲虎傅翼，善無可加，所向無敵者矣。脫苟非其才，不可叨居史任。自敻古已來，能應斯目者，罕見其人。」時人以爲知言。子玄至安州，無幾而卒，年六十一。自幼及長，述作不倦，朝有論著，必居其職。預修三教珠英、文館詞林、姓族系錄，論孝經非鄭玄注、老子無河上公注，修唐書實錄，皆行於代，有集三十卷。後數年，玄宗勑河南府就家寫史通以進，讀而善之，追贈汲郡太守；尋又贈工部尚書，謚曰文。

兄知柔，少以文學政事，歷荆揚曹益宋海唐等州長史刺史、戶部侍郎、國子司業、鴻臚卿、尚書右丞、工部尚書、東都留守。卒，贈太子少保，謚曰文。代傳儒學之業，時人以述作名其家。

子玄子貺、餗、彙、秩、迅、迥，皆知名於時。

貺，博通經史，明天文、律曆、音樂、醫算之術，終於起居郎、修國史。撰六經外傳三十七卷、續說苑十卷、太樂令壁記三卷、眞人肘後方三卷、天官舊事一卷。

餗，右補闕、集賢殿學士、修國史。著史例三卷、傳記三卷、樂府古題解一卷。

彙，給事中、尚書右丞、左散騎常侍、荆南長沙節度，有集三卷。

秩，給事中、尚書右丞、國子祭酒。撰政典三十五卷、止戈記七卷、至德新議十二卷、指要三卷。論喪紀制度加籩豆，許私鑄錢，改制國學，事各在本志。

迅，右補闕，撰六說五卷。

迥，諫議大夫、給事中，有集五卷。

貺子浹、滋，彙子贊。滋，貞元中位至宰輔。贊，觀察使，自有傳。

徐堅，西臺舍人齊聃子也。少好學，徧覽經史，性寬厚長者。進士舉，累授太子文學〔三〕。聖曆中，車駕在三陽宮，御史大夫楊再思、太子左庶子王方慶爲東都留守，引堅爲判官，表奏專以委之。方慶善三禮之學，每有疑滯，常就堅質問，堅必能徵舊說，訓釋詳明，方慶深善之。又賞其文章典實，常稱曰：「掌綸誥之選也。」再思亦曰：「此鳳閣舍人樣，如此才識，走避不得。」堅又與給事中徐彥伯、定王府倉曹劉知幾、右補闕張說同修三教珠英。時麟臺監張昌宗及成均祭酒李嶠總領其事，廣引文詞之士，日夕談論，賦詩聚會，歷年未能下筆。堅獨與說構意撰錄，以文思博要爲本，更加姓氏、親族二部，漸有條流。諸人依堅等規制，俄而書成，遷司封員外郎。則天又令堅刪改唐史，會則天遜位而止。

神龍初，再遷給事中。時雍州人韋月將上書告武三思不臣之跡，反爲三思所陷，中宗卽令殺之。時方盛夏，堅上表曰：「月將誣構良善，故違制命，準其情狀，誠合嚴誅。但今朱夏在辰，天道生長，卽從明戮，有乖時令。謹按月令：『夏行秋令，則丘隰水潦，禾稼不熟。』陛下誕膺靈命，中興聖圖，將弘義、軒之風，以光史策之美，豈可非時行戮，致傷和氣哉！君舉必書，將何以訓？伏願詳依國典，許至秋分，則知恤刑之規，冠於千載；哀矜之惠，洽乎四海。」中宗納堅所奏，遂令決杖，配流嶺表。

睿宗即位，堅自刑部侍郎加銀青光祿大夫，拜左散騎常侍，俄轉黄門侍郎。時監察御史李知古請兵以擊姚州西貳河蠻，既降附，又請築城，重征税之。堅以蠻夷生梗，可以羈縻屬之，未得同華夏之制，勞師涉遠，所損不補所獲，獨建議以爲不便。睿宗不從，令知古發劍南兵往築城，將以列置州縣。知古因是欲誅其豪傑，沒子女以爲奴婢。蠻衆恐懼，乃殺知古，相率反叛，役徒奔潰，姚、嶲路由是歷年不通。

堅妻即侍中岑羲之妹，堅以與羲近親，固辭機密，乃轉太子詹事，謂人曰：「非敢求高，蓋避難也。」及羲誅，堅竟免深累。出爲絳州刺史，五轉復入爲祕書監。開元十三年，再遷左散騎常侍。其年，玄宗改麗正書院爲集賢院，以堅爲學士，副張說知院事，累封東海郡公。以修東封儀注及從升太山之功，特加光祿大夫。堅多識典故，前後修撰格式、氏族及國史等，凡七入書府，時論美之。十七年卒，年七十餘。上深悼惜之，遣中使就家弔，內出絹布以賵之，贈太子少保，謚曰文。堅長姑爲太宗充容，次姑爲高宗婕妤，並有文藻。堅父子以詞學著聞，議者方之漢世班氏。

元行沖，河南人，後魏常山王素連之後也。少孤，爲外祖司農卿韋機所養。博學多通，尤善音律及詁訓之書。舉進士，累轉通事舍人，納言狄仁傑甚重之。行沖性不阿順，多進規誡，嘗謂仁傑曰：「下之事上，亦猶蓄聚以自資也。譬貴家儲積，則脯腊膎胰以供滋膳，參朮芝桂以防痾疾。伏想門下賓客，堪充旨味者多，願以小人備一藥物。」仁傑笑而謂人曰：「此吾藥籠中物，何可一日無也！」九遷至陝州刺史，兼隴右、關內兩道按察使，未行，拜太常少卿。

行沖以本族出於後魏，而未有編年之史，乃撰魏典三十卷，事詳文簡，爲學者所稱。初魏明帝時，河西柳谷瑞石有牛繼馬後之象，魏收舊史以爲晉元帝是牛氏之子，冒姓司馬，以應石文。行沖推尋事跡，以後魏昭成帝名犍，繼晉受命，考校謠讖，特著論以明之。

開元初，自太子詹事出爲岐州刺史，又充關內道按察使。行沖自以書生不堪搏擊之任，固辭按察，乃以寧州刺史崔琬代焉。俄復入爲右散騎常侍、東都副留守。時嗣彭王志暕庶兄志謙被人誣告謀反，考訊自誣，繫獄待報，連坐十數人，行沖察其冤濫，並奏原之。四遷大理卿。時揚州長史李傑爲侍御史王旭所陷，詔下大理結罪，行沖以傑歷政清貞，不宜枉爲讒邪所構，又奏請從輕條出之。當時雖不見從，深爲時論所美。俄又固辭刑獄之官，求爲散職。七年，復轉左散騎常侍。九遷國子祭酒，月餘，拜太子賓客、弘文館學士。累封常山郡公。

先是，祕書監馬懷素集學者續王儉今書七志，左散騎常侍褚无量於麗正殿校寫四部書，事未就而懷素、无量卒，詔行沖總代其職。於是行沖表請通撰古今書目，名爲羣書四錄，命學士鄠縣尉毋煚、櫟陽尉韋述、曹州司法參軍殷踐猷、太學助教余欽等分部修檢，歲餘書成，奏上之。上又特令行沖撰御所注孝經疏義，列於學官。尋以衰老罷知麗正殿校寫書事。

初，有左衞率府長史魏光乘奏請行用魏徵所注類禮，上遽令行沖集學者撰義疏，將立學官。行沖於是引國子博士范行恭、四門助教施敬本檢討刊削，勒成五十卷，十四年八月奏上之。尚書左丞相張說駁奏曰：「今之禮記，是前漢戴德、戴聖所編錄，歷代傳習，已向千年，著爲經教，不可刊削。至魏孫炎始改舊本，以類相比，有同抄書，先儒所非，竟不行用。貞觀中，魏徵因孫炎所修，更加整比，兼爲之注，先朝雖厚加賞錫，其書竟亦不行。今行沖等解徵所注，勒成一家，然與先儒第乖，章句隔絕，若欲行用，竊恐未可。」上然其奏，於是賜行沖等絹二百匹，留其書貯於內府，竟不得立於學官。行沖恚諸儒排已，退而著論以自釋，名曰釋疑。其詞曰：

客問主人曰：「小戴之學，行之已久；康成銓注，見列學官。傳聞魏公，乃有刊易；又承制旨，造疏將頒。未悉二經，孰爲優劣？」主人答曰：「小戴之禮，行於漢末，馬融注之，時所未覩。盧植分合二十九篇而爲說解，代不傳習。鄭因子幹，師於季長。屬黨錮獄起，師門道喪，康成於竄伏之中，理紛拏之典，志存探究，靡所咨謀。而猶緝述忘疲，聞義能徙，具於鄭志，向有百科。章句之徒，曾不窺覽，猶遵覆轍，頗類刻舟。王肅因之，重茲開釋，或多改駁，仍按本篇。又鄭學之徒，有孫炎者，雖扶玄義，乃易前編。自後條例支分，箴石間起。馬伷增革，向踰百篇；葉遵刪修，僅全十二。魏公病羣言之錯雜，紬衆說之精深。經文不同，未敢刊正；注理睽誤，寧不芟礱。成畢上聞，太宗嘉賞，賚縑千匹，錄賜儲藩。將期頒宣，未有疏義。聖皇纂業，耽古崇儒，高曾規矩，宜所修襲，乃制昏愚，甄分舊義。其有注移往說，理變新文，務加搜窮，積稔方畢。具錄呈進，敕付羣儒，庶能斟詳，以課疏密。豈悟章句之士，堅持昔言，特嫌知新，欲仍舊貫，沉疑多月，擯壓不申。優劣短長，定於通識，手成口答，安敢銓量。」

客曰：「當局稱迷，傍觀見審，累朝銓定，故是周詳，何所爲疑，不爲申列？」答曰：「是何言歟？談豈容易！昔孔安國注壁中書，會巫蠱事，經籍道息。族兄臧與之書曰：『相如常忿俗儒淫詞冒義，欲撥亂反正而未能果。然雅達通博，不代而生；浮學守株，比肩皆是。衆非難正，自古而然。誠恐此道未申，而以獨智爲議也。』則知變易章句，其難一矣。

「漢有孔季產者，專於古學；有孔扶者，隨俗浮沉。扶謂產云：『今朝廷皆爲章句內學，而君獨修古義，修古義則非章句內學，非章句內學則危身之道也。獨善不容於代，必將貽患禍乎！』則知變易章句，其難二矣。

「劉歆以通書屬文，待詔官署，見左氏傳而大好之，後蒙親近，欲建斯業。哀帝欣納，令其討論，各遷延推辭，不肯置對。劉歆移書責讓，其言甚切，諸博士等皆忿恨之。名儒龔勝，時爲光祿，見歆此議，乃乞骸骨；司空師丹，因大發怒，奏歆改亂前志，非毁先朝所立。帝曰：『此廣道術，何爲毁耶？』由是犯忤大臣，懼誅，求出爲河南太守，宗室不典三河，又徙五原太守。以君賓之著名好學，仲公之深博守道〔四〕，猶迫同門朋黨之議，卒令子駿負謗於時。則知變易章句，其難三矣。

「子雍規玄數十百件，守鄭學者，時有中郎馬昭，上書以爲肅繆。詔王學之輩，占答以聞。又遣博士張融案經論詰，融登召集，分別推處，理之是非，具聖證論。王肅酬對，疲於歲時。則知變易章句，其難四矣。

「卜商疑聖，納誚於曾輿；木賜近賢，貽嗤於武叔。自此之後，唯推鄭公。王粲稱伊、洛已東，淮、漢之北，一人而已，莫不宗焉。咸云先儒多闕，鄭氏道備，粲竊嗟怪，因求其學。得尙書注，退而思之，以盡其意，意皆盡矣。所疑之者，猶未喻焉。凡有兩卷，列於其集。又王肅改鄭六十八條，張融覈之，將定臧否。融稱玄注泉深廣博，兩漢四百餘年，未有偉於玄者。然二郊之祭，殊天之祀，此玄誤也。其如皇天祖所自出之帝，亦玄慮之失也。及服虔釋傳，未免差違，後代言之，思弘聖意，非謂揚己之善，掩人之名也。何者？君子用心，願聞其過，故仲尼曰『過也人皆見之，更也人皆仰之』是也。而專門之徒，恕己及物，或攻先師之誤，如聞父母之名，將謂亡者之德言而見壓於重壤也。故王劭史論曰：『魏、晉浮華，古道夷替，洎王肅、杜預，更開門戶。歷載三百，士大夫恥爲章句。唯草野生以專經自許，不能究覽異義，擇從其善。徒欲父康成，兄子愼，寧道孔聖誤，諱聞鄭、服非。然於鄭、服甚憒憒，鄭、服之外皆讎也。』則知變易章句，其難五也。

「伏以安國尙書，劉歆左傳，悉遭擯於曩葉，咸見重於來今。故知二人之鑒，高於漢廷遠矣。孔季產云：『物極則變。比及百年外，當有明直君子，恨不與吾同代者。』於戲！道之行廢，必有其時者歟！僕非專經，罕習章句，高名不著，易受輕誣。頃者修撰，殆淹年月，賴諸賢輩能左右之，免致愆尤，仍叨賞賚，內省昏朽，其榮已多。何遽持一己之區區，抗羣情之噂喈，捨勿矜之美，成自我之私，觸近名之誠，興犯衆之禍？一舉四失，中材不爲，是用韜聲，甘此沉默也。」

行沖俄又累表請致仕，制許之。十七年卒，年七十七，贈禮部尙書，謚曰獻。

吳兢，汴州浚儀人也。勵志勤學，博通經史。宋州人魏元忠、亳州人朱敬則深器重之，及居相輔，薦兢有史才，堪居近侍，因令直史館，修國史。累月，拜右拾遺內供奉。神龍中，遷右補闕，與韋承慶、崔融、劉子玄撰則天實錄成，轉起居郎。俄遷水部郎中，丁憂還鄉里。開元三年服闋，抗疏言曰：「臣修史已成數十卷，自停職還家，匪忘紙札，乞終餘功。」乃拜諫議大夫，依前修史。俄兼修文館學士，歷衞尉少卿、左庶子。居職殆三十年，敍事簡要，人用稱之。末年傷於太簡。國史未成，十七年，出爲荆州司馬，制許以史稿自隨。中書令蕭嵩監修國史，奏取兢所撰國史，得六十五卷。累遷台、洪、饒、蘄四州刺史，加銀靑光祿大夫，遷相州長史，封襄垣縣子。天寶初改官名，爲鄴郡太守，入爲恆王傅。

兢嘗以梁、陳、齊、周、隋五代史繁雜，乃別撰梁、齊、周史各十卷、陳史五卷、隋史二十卷，又傷疏略。兢雖衰耗，猶希史職，而行步傴僂，李林甫以其年老不用。天寶八年，卒於家，時年八十餘。兢卒後，其子進兢所撰唐史八十餘卷，事多紕繆，不逮於壯年。兢家聚書頗多，嘗目錄其卷第，號吳氏西齋書目。

韋述，司農卿弘機曾孫也。父景駿，房州刺史。述少聰敏，篤志文學。家有書二千卷，述爲兒童時，記覽皆徧，人駭異之。景龍中，景駿爲肥鄉令，述從父至任。洛州刺史元行沖，景駿之姑子，爲時大儒，常載書數車自隨。述入其書齋，忘寢與食。行沖異之，引與之談，貫穿經史，事如指掌，探賾奧旨，如遇師資。又試以綴文，操牘便就。行沖大悅，引之同榻曰：「此吾外家之寶也。」舉進士，西入關，時述甚少，儀形眇小。考功員外郎宋之問曰：「韋學士童年有何事業？」述對曰：「性好著書。述有所撰唐春秋三十卷，恨未終篇。至如詞策，仰待明試。」之問曰：「本求異才，果得遷、固。」是歲登科。

開元五年，爲櫟陽尉。祕書監馬懷素受詔編次圖書，乃奏用左散騎常侍元行沖、左庶子齊澣、祕書少監王珣、衞尉少卿吳兢并述等二十六人，同於祕閣詳錄四部書。懷素尋卒，行沖代掌其事，五年而成，其總目二百卷。述好譜學，祕閣中見常侍柳沖先撰姓族系錄二百卷，述於分課之外手自抄錄，暮則懷歸。如是周歲，寫錄皆畢，百氏源流，轉益詳悉。乃於柳錄之中，別撰成開元譜二十卷。其篤志忘倦，皆此類也。

轉右補闕，中書令張說專集賢院事，引述爲直學士，遷起居舍人。說重詞學之士，述與張九齡、許景先、袁暉、趙冬曦、孫逖、王翰常遊其門。趙冬曦兄冬日，弟和璧、居貞、安貞、頤貞等六人，述弟迪、逌、迥、迿、巡亦六人，並詞學登科。說曰：「趙、韋昆季，今之杞梓也。」十八年，兼知史官事，轉屯田員外郎、職方吏部二郎中，學士、知史官事如故。及張九齡爲中書令，郎集賢之同職，裴耀卿爲侍中，郎述之舅，皆相推重，語必移晷。二十七年，轉國子司業，停知史事。俄而復兼史職，充集賢學士。天寶初，歷左右庶子，加銀青光祿大夫。九載，兼充禮儀使。其載遷尚書工部侍郎，封方城縣侯。

述在書府四十年，居史職二十年，嗜學著書，手不釋卷。國史自令狐德棻至於吳兢，雖累有修撰，竟未成一家之言。至述始定類例，補遺續闕，勒成國史一百一十三卷，并史例一卷，事簡而記詳，雅有良史之才，蘭陵蕭穎士以爲譙周、陳壽之流。述早以儒術進，當代宗仰，而純厚長者，澹於勢利，道之同者，無間貴賤，皆禮接之。家聚書二萬卷，皆自校定鉛槧，雖御府不逮也。兼古今朝臣圖，歷代知名人畫，魏、晉已來草隸眞跡數百卷，古碑、古器、藥方、格式、錢譜、璽譜之類，當代名公尺題，無不畢備。及祿山之亂，兩京陷賊，玄宗幸蜀，述抱國史藏於南山，經籍資產，焚剽殆盡。述亦陷於賊庭，授僞官。至德二年，收兩京，三司議罪，流於渝州，爲刺史薛舒困辱，不食而卒。其甥蕭直爲太尉李光弼判官，廣德二年，直因入奏言事稱旨，乃上疏理述於蒼黃之際，能存國史，致聖朝大典，得無遺逸，以功補過，合霑恩宥。乃贈右散騎常侍。

議者云自唐已來，氏族之盛，無踰於韋氏。其孝友詞學，承慶、嗣立爲最；明於音律，則萬石爲最；達於禮儀，則叔夏爲最；史才博識，以述爲最。所撰唐職儀三十卷、高宗實錄三十卷、御史臺記十卷、兩京新記五卷，凡著書二百餘卷，皆行於代。

逌，學業亦亞於述，尤精三禮，與述對爲學士，迪同爲禮官，時人榮之。累遷考功員外郎、國子司業，以風疾卒。

蕭穎士者，聰儁過人，富詞學，有名於時，賈曾、席豫、張垍及述皆引爲談客。開元二十三年登進士第，考功員外郎孫逖稱之於朝。褊躁無威儀，與時不偶，前後五授官，旋即駁落。乾元初，終於揚府功曹。

述在祕閣時，與鄠縣尉毋煚、曹州司法殷踐猷並友善，二人相次卒。踐猷，中州刺史仲容從子，明班史，通於族姓。子寅，有至性，早孤，事母以孝聞。應宏詞舉，爲永寧尉。

史臣曰：前代文學之士，氣壹矣，然以道義偶乖，遭遇斯難。馬懷素、褚无量好古嗜學，博識多聞，遇好文之君，隆師資之禮，儒者之榮，可謂際會矣。劉、徐等五公，學際天人，才兼文史，俾西垣、東觀，一代粲然，蓋諸公之用心也。然而子玄鬱結於當年，行沖彷徨於極筆，官不過俗吏，寵不逮常才，非過使然，蓋此道非趨時之具也，其窮也宜哉！

贊曰：學者如市，博通甚難；文士措翰，典麗惟艱。馬、褚、兢、遮，徐、元、子玄，文學之書，胡寧比焉！

校勘記

〔一〕若王不與祭祀　「與」字各本原無，據英華卷七六一、周禮卷一八大宗伯補。

〔二〕靂抵羣公　「抵」，各本原作「詆」，據史通通釋卷二〇忤時篇改。

〔三〕太子文學　各本原作「太學」，據册府卷七二八補「子文」二字。

〔四〕仲公　各本原作「公仲」。按師丹字仲公，作公仲誤，今據漢書卷八六師丹傳改。

舊唐書卷一百三

列傳第五十三

郭虔瓘 張嵩 郭知運 子英傑 王君㚟 賈師順附 張守珪

牛仙客 王忠嗣

郭虔瓘，齊州歷城人也。開元初，累遷右驍衞將軍，兼北庭都護。二年春，突厥默啜遣其子移涅可汗及同俄特勤率精騎圍逼北庭〔一〕，虔瓘率衆固守。同俄特勤單騎親逼城下，虔瓘使勇士伏於路左，突起斬之。賊衆既至，失同俄，相率於城下乞降，請盡軍中衣資器仗以贖同俄。及聞其死，三軍慟哭，便引退。默啜女壻火拔頡利發石阿失畢時與同俄特勤同領兵，以同俄之死，懼不敢歸，遂將其妻歸降。虔瓘以破賊之功，拜冠軍大將軍，行右驍衞大將軍。又下制曰：

朕聞賞有功、報有德者，政之急也。若功不賞，德不報，則人何謂哉。雲麾將軍、檢校右驍衞將軍，兼北庭都護、瀚海軍經略使、金山道副大總管、招慰營田等使、上柱國、太原縣開國子郭虔瓘，宣威將軍、守右驍衞翊府中郎將、檢校伊州刺史兼伊吾軍使、借紫金魚袋、上柱國郭知運等，早負名節，見稱義勇。頃者柳中、金滿，偏師禦敵，蕭條窮漠之外，奔迫孤城之下。強寇益侵，援兵不至，旣守而戰，自秋涉冬，櫪馬長嘶，戍人遠望。謀以十勝，成其九拒。遂能摧日逐之遺種，斬天驕之愛息。豈耿恭、班超，獨高前史；將廉頗、李牧，與朕同時。眷言茂勳，是所嘉歎。信可以疇其井邑，昭示遐邇，俾勞臣勸而懦夫立焉。虔瓘可進封太原郡開國公，知運可封介休縣開國公。

虔瓘俄轉安西副大都護、攝御史大夫、四鎭經略安撫使，進封潞國公，賜實封一百戶。虔瓘乃奏請募關中兵一萬人往安西討擊，皆給公乘，兼供熟食，敕許之。將作大匠韋湊上疏曰：

臣聞兵者凶器，不獲已而用之。今西域諸蕃，莫不順軌。縱鼠竊狗盜，有戍卒鎭兵，足宣式遏之威，非降赫斯之怒。此師之出，未見其名。臣又聞安不忘危，理必資備。自近及遠，強幹弱枝，是以漢實關中，徙諸豪族。今關輔戶口，積久逋逃，承前先虛，見猶未實。屬北虜犯塞，西戎駭邊，凡在丁壯，征行略盡。豈宜更募驍勇，遠資荒服。又一萬行人，詣六千餘里，咸給遞馱，並供熟食，道次州縣，將何以供？秦、隴之西，人戶漸少，涼州已去，沙磧悠然。遣彼居人，如何得濟？又萬人賞賜，費用極多；萬里資粮，破損尤廣。縱令必克，其獲幾何？儻稽天誅，無乃甚損！請令計議所用所得，校其多少，卽知利害。況用者必賞，獲者未量，何要此行，頓空畿甸。且上古之時，大同之化，不獨子子，不獨親親，何隔華戎，務均安靖。洎皇道謝古，帝德慚皇，猶尙綏懷，不崇征伐，有占風覘雨之客，無越海踰山之師。其後漢武膺圖，志恢土宇，西通絕域，北擊匈奴。雖廣獲珍奇，多斬首級，而中國疲耗，殆至危亡。是以俗號昇平、君稱盛德者，咸指唐堯之代，不歸漢武之年。其要功不成者，復焉足比議？惟陛下圖之。」

虔瓘竟無克獲之功。尋遷右威衞大將軍，以疾卒。其後，又以張嵩爲安西都護以代虔瓘。嵩身長七尺，偉姿儀。初進士舉，常以邊任自許。及在安西，務農重戰，安西府庫，遂爲充實。十年，轉太原尹，卒官。俄又以黃門侍郞杜暹代嵩爲安西都護。

郭知運字逢時，瓜州常樂人。壯勇善射，頗有膽略。初爲秦州三度府果毅，以戰功累除左驍衛中郎將、瀚海軍經略使，又轉檢校伊州刺史，兼伊吾軍使。開元二年春，副郭虔瓘破突厥於北庭，以功封介休縣公，加雲麾將軍，擢拜右武衛將軍。其秋，吐蕃入寇隴右，掠監牧馬而去，詔知運率衆擊之。知運與薛訥、王晙等掎角擊敗之〔二〕，拜知運鄯州都督、隴右諸軍節度大使。四年冬，突厥降戶阿悉爛、䟫跌思太等率衆反叛，單于副都護張知運爲賊所執，詔薛訥領兵討之。叛賊至綏州界，詔知運領朔方兵募橫擊之，大破賊衆於黑山呼延谷，賊捨甲仗幷棄張知運走。六年，知運又率兵入討吐蕃，賊徒無備，遂掩至九曲，獲鎖甲及馬犛牛等數萬計〔三〕。知運獻捷，遂分賜京文武五品已上淸官及朝集使，拜知運爲兼鴻臚卿，攝御史中丞，加封太原郡公。八年，六州胡康待賓等反，詔知運與王晙討平之，拜左武衛大將軍，授一子官，賜金銀器百事，雜綵千段。九年，卒於軍，贈涼州都督，錫米粟五百斛，絹帛五百段，仍令中書令張說爲其碑文。知運自居西陲，甚爲蕃夷所憚，其後王君㚟亦號勇將，時人稱王、郭焉。子英傑、英乂。

英傑官至左衛將軍。開元二十一年，幽州長史薛楚玉遣英傑及裨將吳克勤、烏知義、羅守忠等率精騎萬人及降奚之衆以討契丹，屯兵於榆關之外；契丹首領可突干引突厥之衆拒戰於都山之下〔四〕。官軍不利，知義、守忠率麾下便道遁歸。英傑與克勤逢賊力戰，皆沒于陣。其下精銳六千餘人仍與賊苦戰，賊以英傑之首示之，竟不降，盡爲賊所殺。英乂，劍南西川節度使，自有傳。

王君㚟，瓜州常樂人也。初，爲郭知運別奏，驍勇善騎射，以戰功累除右衞副率。及知運卒，遂代知運爲河西、隴右節度使，遷右羽林軍將軍，判涼州都督事。開元十六年冬，吐蕃大將悉諾邏率衆入寇大斗谷，又移攻甘州，焚燒市里而去。君㚟以其兵疲，整士馬以掩其後。會大雪，賊徒凍死者甚衆，賊遂取積石軍西路而還。君㚟令副使馬元慶、裨將車蒙追之，不及。君㚟先令人潛入賊境，於歸路燒草。悉諾邏還至大非川，將息甲牧馬，而野草皆盡，馬死過半。君㚟襲其後，入至青海之西，時海水冰合，君㚟與秦州都督張景順等率將士並乘冰而渡。會悉諾邏已度大非山，輜重及疲兵尚在青海之側，君㚟縱兵盡俘獲之，及羊馬萬數。君㚟以功遷右羽林軍大將軍，攝御史中丞，依舊判涼州都督，封晉昌伯。拜其父壽爲少府監，仍聽致仕。上又嘗於廣達樓引君㚟及妻夏氏設宴，賜以金帛。夏氏亦有戰功，故特賞之，封爲武威郡夫人。其冬，吐蕃寇陷瓜州，執刺史田仁獻及君㚟父壽，殺掠人戶，并取軍資及倉糧。又進攻玉門軍及常樂縣。仍縱僧徒使歸涼州，謂君㚟曰：「將軍常欲以忠勇報國，今日何不一戰？」君㚟聞父被執，登陴西向而哭，竟不敢出兵。

初，涼州界有迴紇、契苾、思結、渾四部落，代爲酋長，君㚟微時往來涼府，爲迴紇等所輕。及君㚟爲河西節度使，迴紇等怏怏，恥在其麾下。君㚟以法繩之，迴紇等積怨，密使人詣東都自陳枉狀。君㚟遽發驛奏「迴紇部落難制，潛有叛謀」。上使中使往按問之，迴紇等竟不得理。由是瀚海大都督迴紇承宗長流瀼州，渾大德長流吉州，賀蘭都督契苾承明長流藤州，盧山都督思結歸國長流瓊州。右散騎常侍李令問、特進契苾嵩以與迴紇等結婚，貶令問爲撫州別駕，嵩爲連州別駕。於是承宗之黨瀚海州司馬護輸糾合黨與，謀殺君㚟，以復其怨。會吐蕃使間道往突厥，君㚟率精騎往肅州掩之，還至甘州南鞏筆驛，護輸伏兵突起，奪君㚟旌節，先殺其左右宋貞，剖其心，云是其始謀也。君㚟從數十人與賊力戰，自朝至晡，左右盡死。遂殺君㚟，馱其屍以奔吐蕃。追及之，護輸遂棄君㚟屍而走。上甚痛惜之，制贈特進、荆州大都督，給靈輿遞歸京師，葬於京城之東，官供喪事。仍令張說爲其碑文，上自書石以寵異之。

吐蕃之寇瓜州也，分遣副將莽布支攻常樂縣，縣令賈師順嬰城固守。及瓜州城陷，大將悉諾邏又盡引其衆乘勢以攻之，數日不陷。賊中有分得漢口爲妻者，其妻弟在常樂城中，悉諾邏使夜就城下詐爲私見，謂師順曰：「瓜州已破，吐蕃盡衆來此，豈有拒守之理？小人妻弟在城，情有所念，明府何不早降，以全城中之衆。」師順答曰：「漢法，降賊者九族爲戮，吾受國官爵，祇可以死拒寇，豈得背恩降賊！」悉諾邏知師順不降，又攻城八日，復令前使謂師順曰：「明府既不肯降，吾衆欲還，城中豈無財物以相贈耶？」師順請脫士卒衣裳以爲賂。悉諾邏知城中無財帛，夜燒死人，收營而去，引衆毀瓜州城。師順遽開門收器械，更修守備。吐蕃果使精騎迴襲，而巡城知有備，始去。

賈師順者，岐州人也。以守城之功，累遷鄯州都督、隴右節度使。入爲左領軍將軍，病卒。

張守珪，陝州河北人也。初以戰功授平樂府別將，從郭虔瓘於北庭鎭〔五〕，遣守珪率衆救援，在路逢賊甚衆，守珪身先士卒，與之苦戰，斬首千餘級，生擒賊率頡斤一人。開元初，突厥又寇北庭，虔瓘令守珪間道入京奏事，守珪因上書陳利害，請引兵自蒲昌、輪臺翼而擊之。及賊敗，守珪以功特加游擊將軍，再轉幽州良社府果毅。守珪儀形瓌壯，善騎射，性慷慨，有節義。時盧齊卿爲幽州刺史，深禮遇之，常共榻而坐，謂曰：「足下數年外必節度幽、涼，爲國之良將，方以子孫相託，豈得以僚屬常禮相期耶！」守珪後累轉左金吾員外將軍，爲建康軍使。

十五年，吐蕃寇陷瓜州，王君㚟死，河西恟懼。以守珪爲瓜州刺史、墨離軍使，領餘衆修築州城。板堞纔立，賊又暴至城下，城中人相顧失色，雖相率登陴，略無守禦之意。守珪曰：「彼衆我寡，又創痍之後，不可以矢石相持，須以權道制之也。」乃於城上置酒作樂，以會將士。賊疑城中有備，竟不敢攻城而退。守珪縱兵擊敗之。於是修復廨宇，收合流亡，皆復舊業。守珪以戰功加銀青光祿大夫，仍以瓜州爲都督府，以守珪爲都督。瓜州地多沙磧，不宜稼穡，每年少雨，以雪水溉田。至是渠堰盡爲賊所毀，既地少林木，難爲修葺。守珪設祭祈禱，經宿而山水暴至，大漂材木，塞澗而流，直至城下。守珪使取充堰，於是水道復舊，州人刻石以紀其事。明年，遷鄯州都督，仍充隴右節度。

二十一年，轉幽州長史、兼御史中丞、營州都督、河北節度副大使，俄又加河北採訪處置使。先是，契丹及奚連年爲邊患，契丹衙官可突干驍勇有謀略，頗爲夷人所伏。趙含章、薛楚玉等前後爲幽州長史，竟不能拒。及守珪到官，頻出擊之，每戰皆捷。契丹首領屈剌與可突干恐懼，遣使詐降。守珪察知其僞，遣管記右衞騎曹王悔詣其部落就謀之。悔至屈剌帳，賊徒初無降意，乃移其營帳漸向西北，密遣使引突厥，將殺悔以叛。會契丹別帥李過折與可突干爭權不叶，悔潛誘之，夜斬屈剌及可突干，盡誅其黨，率餘燼以降。守珪因出師次于紫蒙川，大閱軍實，讌賞將士，傳屈剌、可突干等首于東都，梟於天津橋之南。詔封李過折爲北平王，使統其衆，尋爲可突干餘黨所殺。二十三年春，守珪詣東都獻捷，會籍田禮畢酺宴，便爲守珪飲至之禮，上賦詩以褒美之。廷拜守珪爲輔國大將軍、右羽林大將軍、兼御史大夫，餘官並如故。仍賜雜綵一千匹及金銀器物等，與二子官，仍詔於幽州立碑以紀功賞。

二十六年，守珪裨將趙堪、白眞陀羅等假以守珪之命，逼平盧軍使烏知義令率騎邀叛奚餘燼於湟水之北，將踐其禾稼。知義初猶固辭，眞陀羅又詐稱詔命以迫之，知義不得已而行。及逢賊，初勝後敗，守珪隱其敗狀而妄奏克獲之功。事頗泄，上令謁者牛仙童往按之。守珪厚賂仙童，遂附會其事，但歸罪於白眞陀羅，逼令自縊而死。二十七年，仙童事露伏法，守珪以舊功減罪，左遷括州刺史，到官無幾，疽發背而卒。

弟守琦，左驍衞將軍；守瑜，金吾將軍。守珪子獻誠、守瑜子獻恭、守琦子獻甫，三人皆爲興元節度使，各自有傳。

牛仙客，涇州鶉觚人也。初爲縣小吏，縣令傅文靜甚重之。文靜後爲隴右營田使，引仙客參預其事，遂以軍功累轉洮州司馬。開元初，王君㚟爲河西節度使，以仙客爲判官，甚委信之。時又有判官宋貞，與仙客俱爲腹心之任。及君㚟死，宋貞亦爲迴紇所殺，仙客以不從獲免。俄而蕭嵩代君㚟爲河西節度，又以軍政委於仙客。仙客清勤不倦，接待上下，必以誠信。及嵩入知政事，數稱薦之。稍遷太僕少卿，判涼州別駕事，仍知節度留後事。竟代嵩爲河西節度使，判涼州事。歷太僕卿、殿中監，軍使如故。

開元二十四年秋，代信安王禕爲朔方行軍大總管，右散騎常侍崔希逸代仙客知河西節度事。初，仙客在河西節度時，省用所積鉅萬，希逸以其事奏聞，上令刑部員外郎張利貞馳傳往覆視之。仙客所積倉庫盈滿，器械精勁，皆如希逸之狀。上大悅，以仙客爲尚書。中書令張九齡執奏以爲不可，乃加實封二百戶。其年十一月，九齡等罷知政事，遂以仙客爲工部尚書、同中書門下三品，仍知門下事。時有監察御史周子諒竊言于御史大夫李適之曰：「牛仙客不才，濫登相位，大夫國之懿親，豈得坐觀其事？」適之遽奏子諒之言，上大怒，廷詰之，子諒辭窮，於朝堂決配流瀼州，行至藍田而死。

仙客既居相位，獨善其身，唯諾而已。所有錫賚，皆緘封不啓。百司有所諮決，仙客曰：「但依令式可也」，不敢措手裁決。明年，特封豳國公，贈其父意爲禮部尚書，祖會爲涇州刺史。俄又進拜侍中，兼兵部尚書。天寶年，改易官名，拜左相，尚書如故。其年七月卒，年六十八。內出絹一千四、布五百端，遣中使送至宅以賻之，贈尚書左丞，謚曰貞簡。

初，仙客爲朔方軍使，以姚崇孫閎爲判官。及知政事，閎累遷侍御史，自云能通鬼道，預知休咎。仙客頗信惑之。及疾甚，閎請爲仙客祈禱，在其門下，遂逼仙客令作遺表薦閎叔尚書右丞弈及兵部侍郎盧奐堪代己，閎爲起草。仙客時既危殆，署字不成，其妻因中使來弔，以其表上。玄宗覺而怒之，左遷弈爲永陽太守，盧奐爲臨淄太守，賜閎死。

王忠嗣，太原祁人也，家于華州之鄭縣。父海賓，太子右衞率、豐安軍使、太谷男，以驍勇聞隴上。開元二年七月，吐蕃入寇，朝廷起薛訥攝左羽林將軍，爲隴右防禦使，率杜賓客、郭知運、王晙、安思順以禦之，以海賓爲先鋒。及賊于渭州西界武階驛，苦戰勝之，殺獲甚衆。諸將嫉其功，按兵不救，海賓以衆寡不敵，歿于陣。大軍乘其勢擊之，斬首一萬七千級，獲馬七萬五千匹、羊牛十四萬頭。玄宗聞而憐之，詔贈左金吾大將軍。

忠嗣初名訓，年九歲，以父死王事，起復拜朝散大夫、尚輦奉御，賜名忠嗣，養於禁中累年。肅宗在忠邸，與之游處。及長，雄毅寡言，嚴重有武略。玄宗以其兵家子，與之論兵，應對縱橫，皆出意表。玄宗謂之曰：「爾後必爲良將。」十八年，又贈其父安西大都護。

其後，遂從河西節度、兵部尚書蕭嵩，河東副元帥、信安王禕，並引爲兵馬使。二十一年再轉左領軍衞郎將、河西討擊副使、左威衞將軍、賜紫金魚袋、清源男，兼檢校代州都督。嘗短皇甫惟明義弟王昱，憾焉，遂爲所陷，貶東陽府左果毅。屬河西節度使杜希望謀拔新城，或言忠嗣之材足以輯事，必欲取勝，非其人不可。希望卽奏聞，詔追忠嗣赴河西。旣下新城，忠嗣之功居多，因授左威衞郎將，專知行軍兵馬。是秋，吐蕃大下，報新城之役，晨壓官軍，衆寡不敵，師人皆懼焉。忠嗣乃以所部策馬而前，左右馳突，當者無不辟易，出而復合，殺數百人，賊衆遂亂。三軍翼而擊之，吐蕃大敗。以功最，詔拜左金吾衞將軍同正員，尋又兼左羽林軍上將軍、河東節度副使，兼大同軍使。二十八年，以本官兼代州都督，攝御史大夫，兼充河東節度，又加雲麾將軍。二十九年，代韋光乘爲朔方節度使，仍加權知河東節度事。其月，以田仁琬充河東節度使，忠嗣依舊朔方節度。

天寶元年，兼靈州都督。是歲北伐，與奚怒皆戰于桑乾河，三敗之，大虜其衆，耀武漠北，高會而旋。時突厥葉護新有內難，忠嗣盛兵磧口以威振之。烏蘇米施可汗懼而請降，竟遷延不至。忠嗣乃縱反間於拔悉密與葛邏祿、迴紇三部落，攻米施可汗走之。忠嗣因出兵伐之，取其右廂而歸，其西葉護及毗伽可敦、男西殺葛臘哆率其部落千餘帳入朝〔六〕，因加左武衞大將軍。明年，又再破怒皆及突厥之衆。自是塞外晏然，虜不敢入。天寶三載，突厥九姓拔悉密葉護等竟攻殺烏蘇米施可汗〔七〕，傳首京師。四載，加攝御史大夫，充河東節度採訪使。五月，進封淸源縣公。

忠嗣少以勇敢自負，及居節將，以持重安邊爲務。嘗謂人云：「國家昇平之時，爲將者在撫其衆而已。吾不欲疲中國之力，以徼功名耳。」但訓練士馬，缺則補之。有漆弓百五十斤，嘗貯之袋中，示無所用。軍中皆日夜思戰，因多縱間諜以伺虜之隙，時以奇兵襲之，故士樂爲用，師出必勝。每軍出，卽各召本將付其兵器，令給士卒，雖一弓一箭，必書其名姓於上以記之，軍罷却納。若遺失，卽驗其名罪之。故人人自勸，甲仗充牣矣。

四載，又兼河東節度採訪使。自朔方至雲中，緣邊數千里，當要害地開拓舊城，或自創制，斥地各數百里。自張仁亶之後四十餘年，忠嗣繼之，北塞之人，復罷戰矣。五年正月，河、隴以皇甫惟明敗衂之後，因忠嗣以持節充西平郡太守，判武威郡事，充河西、隴右節度使。其月，又權知朔方、河東節度使事。忠嗣佩四將印，控制萬里，勁兵重鎭，皆歸掌握，自國初已來，未之有也。尋遷鴻臚卿，餘如故，又加金紫光祿大夫，仍授一子五品官。後頻戰青海、積石，皆大克捷。尋又伐吐谷渾於墨離，虜其全國而歸。初，忠嗣在河東、朔方日久，備諳邊事，得士卒心。及至河、隴，頗不習其物情，又以功名富貴自處，望減於往日矣。其載四月，固讓朔方、河東節度，許之。

玄宗方事石堡城，詔問以攻取之略，忠嗣奏云：「石堡險固，吐蕃舉國而守之。若頓兵堅城之下，必死者數萬，然後事可圖也。臣恐所得不如所失，請休兵秣馬，觀釁而取之，計之上者。」玄宗因不快。李林甫尤忌忠嗣，日求其過。六載，會董延光獻策請下石堡城，詔忠嗣分兵應接之。忠嗣僶俛而從，延光不悅。河西兵馬使李光弼危之，遽而入告。將及於庭，忠嗣曰：「李將軍有何事乎？」光弼進而言曰：「請議軍。」忠嗣曰：「何也？」對曰：「向者大夫以士卒爲心，有拒董延光之色，雖曰受詔，實奪其謀。何者？大夫以數萬衆付之，而不懸重賞，則何以賈三軍之勇乎？大夫財帛盈庫，何惜數萬段之賞以杜其讒口乎！彼如不捷，歸罪於大夫矣。」忠嗣曰：「李將軍，忠嗣計已決矣。平生始望，豈及貴乎？今爭一城，得之未制於敵，不得之未害於國，忠嗣豈以數萬人之命易一官哉？假如明主見責，豈失一金吾羽林將軍，歸朝宿衞乎！其次，豈失一黔中上佐乎？此所甘心也。雖然，公實愛我。」光弼謝曰：「向者恐累大夫，敢以衷告。大夫能行古人之事，非光弼所及也。」遂趨而出。及延光過期不克，訴忠嗣緩師，故師出無功。李林甫又令濟陽別駕魏林告忠嗣，稱往任朔州刺史，忠嗣爲河東節度，云「早與忠王同養宮中，我欲尊奉太子」。玄宗大怒，因徵入朝，令三司推訊之，幾陷極刑。會哥舒翰代忠嗣爲隴右節度，特承恩顧，因奏忠嗣之枉，詞甚懇切，請以己官爵贖罪。玄宗怒稍解。十一月，貶漢陽太守。七載，量移漢東郡太守。明年，暴卒，年四十五。子震，天寶中秘書丞。

其後哥舒翰大舉兵伐石堡城，拔之，死者大半，竟如忠嗣之言，當代稱爲名將。先是，忠嗣之在朔方也，每至互市時，卽高估馬價以誘之，諸蕃聞之，競來求市，來輒買之。故蕃馬益少，而漢軍益壯。及至河、隴，又奏請徙朔方、河東戎馬九千匹以實之，其軍又壯。迄于天寶末，戰馬蕃息。寶應元年，追贈兵部尚書。

史臣曰：郭虔瓘、郭知運、王君㚟、張守珪、牛仙客、王忠嗣，立功邊域，爲世虎臣，班超、傅介子之流也。然虔瓘以萬人征西，請給公乘、熟食，可謂謀之不臧矣。君㚟以父執登陴，兵竟不出，此則不知門外之事，義斷恩也。守珪以至誠感神，取材成堰，與夫耿恭拜井，有何異焉？仙客爰自方隅，驟登廊廟，顯招物議，獨善其身，蓋才有不周，昧於陳力就列。忠嗣因青蠅之點，幾危其身，讒人之言，誠可畏也！

贊曰：隴山之西，幽陵之北，爰有戎夷，世爲殘賊。二郭、二王，守珪、仙客，禦寇之功，存乎方策。

校勘記

〔一〕移涅可汗　「涅」字各本原作「江」，據新書卷二一五上突厥傳改。

〔二〕王晙　各本原作「王皎」，據本卷王忠嗣傳、本書卷九三王晙傳、冊府卷三五八改。下同。

〔三〕獲鎖甲及馬犛牛等數萬計　「甲」字各本原在「及」字下，據冊府卷三五八改。

〔四〕可突干　「干」字各本原作「于」，據本書卷八玄宗紀、通鑑卷二一三改。

〔五〕從郭虔瓘於北庭鎮　此句下疑有脫文。新書卷一三三張守珪傳作：「從郭虔瓘守北庭，突厥侵輪臺，遣守珪往援。」

〔六〕西殺　「西」字各本原無，據冊府卷四一一補。

〔七〕九姓拔悉密葉護　「九」字各本原作「十」，「護」字各本原無，據本書卷九玄宗紀改補。

舊唐書卷一百四

列傳第五十四

高仙芝　封常清　哥舒翰

高仙芝，本高麗人也。父舍鷄，初從河西軍，累勞至四鎮十將、諸衛將軍。仙芝美姿容，善騎射，勇決驍果。少隨父至安西，以父有功授游擊將軍。年二十餘卽拜將軍，與父同班秩。事節度使田仁琬、蓋嘉運，未甚任用，後夫蒙靈詧累拔擢之。開元末，爲安西副都護、四鎮都知兵馬使。

小勃律國王爲吐蕃所招，妻以公主，西北二十餘國皆爲吐蕃所制，貢獻不通。後節度使田仁琬、蓋嘉運并靈詧累討之，不捷，玄宗特敕仙芝以馬步萬人爲行營節度使往討之。時步軍皆有私馬，自安西行十五日至撥換城，又十餘日至握瑟德，又十餘日至疏勒，又二十餘日至葱嶺守捉，又行二十餘日至播密川，又二十餘日至特勒滿川，卽五識匿國也。仙芝乃分爲三軍：使疏勒守捉使趙崇玼統三千騎趣吐蕃連雲堡，自北谷入；使撥換守捉使賈崇瓘自赤佛堂路入；仙芝與中使邊令誠自護密國入，約七月十三日辰時會于吐蕃連雲堡。堡中有兵千人，又城南十五里因山爲柵，有兵八九千人。城下有婆勒川，水漲不可渡。仙芝以三牲祭河，命諸將選兵馬，人齎三日乾糧，早集河次。水旣難渡，將士皆以爲狂。旣至，人不濕旗，馬不濕韉，已濟而成列矣。仙芝喜謂令誠曰：「向吾半渡賊來，吾屬敗矣，今旣濟成列，是天以此賊賜我也。」遂登山挑擊，從辰至巳，大破之。至夜奔逐，殺五千人，生擒千人，餘並走散。得馬千餘匹，軍資器械不可勝數。

玄宗使術士韓履冰往視日，懼不欲行，邊令誠亦懼。仙芝留令誠等以羸病尫弱三千餘人守其城，仙芝遂進。三日，至坦駒嶺，直下峭峻四十餘里，仙芝料之曰：「阿弩越胡若速迎，卽是好心。」又恐兵士不下，乃先令二十餘騎詐作阿弩越城胡服上嶺來迎。旣至坦駒嶺，兵士果不肯下，云：「大使將我欲何處去？」言未畢，其先使二十人來迎，云：「阿弩越城胡並好心奉迎，娑夷河藤橋已斫訖。」仙芝陽喜以號令，兵士盡下。娑夷河，卽古之弱水也，不勝草芥毛髮。下嶺三日，越胡果來迎。明日，至阿弩越城，當日令將軍席元慶、賀婁餘潤先修橋路。仙芝明日進軍，又令元慶以一千騎先謂小勃律王曰：「不取汝城〔二〕，亦不斫汝橋，但借汝路過，向大勃律去。」城中有首領五六人，皆赤心爲吐蕃。仙芝先約元慶云：「軍到，首領百姓必走入山谷，招呼取以敕命賜綵物等，首領至，齊縛之以待我。」元慶既至，一如仙芝之所教，縛諸首領。王及公主走入石窟，取不可得。仙芝至，斬其爲吐蕃者五六人。急令元慶斫藤橋，去勃律猶六十里，及暮，纔斫了，吐蕃兵馬大至，已無及矣。藤橋闊一箭道，修之一年方成。勃律先爲吐蕃所詐借路，遂成此橋。至是，仙芝徐自招諭勃律及公主出降，幷平其國。

天寶六載八月，仙芝虜勃律王及公主趣赤佛堂路班師。九月，復至娑勒川連雲堡，與邊令誠等相見。其月末，還播密川，令劉單草告捷書，遣中使判官王廷芳告捷。仙芝軍還至河西，夫蒙靈詧都不使人迎勞，駡仙芝曰：「噉狗腸高麗奴！噉狗屎高麗奴！于闐使誰與汝奏得？」仙芝曰：「中丞。」「焉耆鎮守使誰邊得？」曰：「中丞。」「安西副都護使誰邊得？」曰：「中丞。」「安西都知兵馬使誰邊得？」曰：「中丞。」靈詧曰：「此既皆我所奏，安得不待我處分懸奏捷書！據高麗奴此罪，合當斬，但緣新立大功，不欲處置。」又謂劉單曰：「聞爾能作捷書。」單恐懼請罪。令誠具奏其狀曰：「仙芝立奇功，今將憂死。」其年六月〔三〕，制授仙芝鴻臚卿、攝御史中丞，代夫蒙靈詧爲四鎮節度使，徵靈詧入朝。靈詧大懼，仙芝每日見之，趨走如故，靈詧益不自安。將軍程千里時爲副都護，大將軍畢思琛爲靈詧押衙，幷行官王滔、康懷順、陳奉忠等，嘗構譖仙芝於靈詧。仙芝既領節度事，謂程千里曰：「公面似男兒，心如婦人，何也？」又謂思琛曰：「此胡敢來！我城東一千石種子莊被汝將去，憶之乎？」對曰：「此是中丞知思琛辛苦見乞。」仙芝曰：「吾此時懼汝作威福，豈是憐汝與之！我欲不言，恐汝懷憂，言了無事矣。」又呼王滔等至，捽下將笞，良久皆釋之，由是軍情不懼。

八載，入朝，加特進，兼左金吾衞大將軍同正員，仍與一子五品官。九載，將兵討石國，平之，獲其國王以歸。仙芝性貪，獲石國大塊瑟瑟十餘石、眞金五六馲駝、名馬寶玉稱是。初，舍鷄以仙芝爲懦緩，恐其不能自存，至是立功。家財鉅萬，頗能散施，人有所求，言無不應。其載，入朝，拜開府儀同三司，尋除武威太守、河西節度使，代安思順。思順諷羣胡割耳剺面請留，監察御史裴周南奏之，制復留思順，以仙芝爲右羽林大將軍。十四載，進封密雲郡公。

十一月，安祿山據范陽叛。是日，以京兆牧、榮王琬爲討賊元帥，仙芝爲副。命仙芝領飛騎、彍騎及朔方、河西、隴右應赴京兵馬，幷召募關輔五萬人，繼封常淸出潼關進討，仍以仙芝兼御史大夫。十二月，師發，玄宗御望春亭慰勞遣之，仍令監門將軍邊令誠監其軍，屯於陝州。是月十一日，封常淸兵敗於汜水。十三日，祿山陷東京，常淸以餘衆奔陝州，謂仙芝曰：「累日血戰，賊鋒不可當。且潼關無兵，若狂寇奔突，則京師危矣。宜棄此守，急保潼關。」常淸、仙芝乃率見兵取太原倉錢絹，分給將士，餘皆焚之。俄而賊騎繼至，諸軍惶蹶，棄甲而走，無復隊伍。仙芝至關，繕修守具，又令索承光守善和戍。賊騎至關，已有備矣，不能攻而去，仙芝之力也。

封常清，蒲州猗氏人也。外祖犯罪流安西効力，守胡城南門，頗讀書，每坐常清於城門樓上，教其讀書，多所歷覽。外祖死，常清孤貧，年三十餘，屬夫蒙靈詧爲四鎭節度使，將軍高仙芝爲都知兵馬使，頗有材能，每出軍，奏傔從三十餘人，衣服鮮明。常清慨然發憤，投牒請預一傔。常清細瘦目纇，脚短而跛，仙芝見其貌寢，不納。明日又投牒，仙芝謂曰：「吾奏傔已足，何煩復來！」常清怒，倨謂仙芝曰：「常清慕公高義，願事鞭轡，所以無媒而前，何見拒之深乎？公若方圓取人，則士大夫所望；若以貌取人，恐失之子羽矣！」仙芝猶未納。常清自爾候仙芝出入，晨夕不離其門，凡數十日，仙芝不得已，補爲傔。

開元末，會達奚部落背叛，自黑山北向，西趣碎葉，玄宗敕靈詧邀擊之。靈詧使仙芝以二千騎自副城向北至綾嶺下，遇賊擊之。達奚行遠，人馬皆疲，斬殺略盡。常清於幕中潛作捷書，具言次舍井泉，遇賊形勢，克獲謀略，事頗精審。仙芝所欲言，無不周悉，仙芝大駭異之。仙芝軍迴，靈詧賞勞，仙芝去奴袜帶刀見。判官劉眺、獨孤峻等逆問之曰：「前者捷書，誰之所作？副大使幕下何得有如此人？」仙芝曰：「卽仙芝傔人封常清也。」眺等揖仙芝，命常清進坐，與語如舊相識，衆人方異之。以破達奚功，授疊州地下戍主，便以爲判官。累以軍功授鎭將、果毅、折衝。

天寶六年，從仙芝破小勃律。十二月，仙芝代夫蒙靈詧爲安西節度使，便奏常清爲慶王府錄事參軍，充節度判官，賜紫金魚袋。尋加朝散大夫，專知四鎭倉庫、屯田、甲仗、支度、營田事。仙芝每出征討，常令常清知留後事。常清有才學，果決。知留後時，仙芝乳母子鄭德詮已爲郎將，德詮母在宅內，仙芝視之如兄弟，家事皆令知之，威望動三軍。常清出迴，諸將皆引前，德詮見常清出其門，素易之，自後走馬突常清而去。常清至使院，命左右密引至，廳連節度使宅院，凡經數重門，德詮旣過，命隨後閉之。德詮至，常清離席謂之曰：「常清起自細微，預中丞兵馬使傔，中丞再不納，郎將豈不知乎？今中丞過聽，以常清爲留後使，郎將何得無禮，對中使相凌！」因叱之曰：「郎將須暫死以肅軍容。」因令勒迴，杖六十，面仆地，曳出。仙芝妻及乳母於門外號哭救之，不得，因以其狀上仙芝。仙芝覽之，驚曰：「已死矣！」及見常清，遂無一言，常清亦不之謝。諸大將有罪者，擊殺二人，於是軍中股慄。

十載，仙芝改河西節度使，奏常清爲判官。王正見爲安西節度，奏常清爲四鎭支度營田副使、行軍司馬。十一載，正見死，乃以常清爲安西副大都護，攝御史中丞，持節充安西四鎮節度、經略、支度、營田副大使，知節度事。十三載入朝，攝御史大夫，仍與一子五品官，賜第一區，亡父母皆贈封爵。俄而北庭都護程千里入爲右金吾大將軍，仍令常清權知北庭都護，持節充伊西節度等使。常清性勤儉，每出征或乘驛，私馬不過一兩匹，賞罰嚴明。

十四載，入朝，十一月，謁玄宗於華清宮。時祿山已叛，玄宗言兇胡負恩之狀，何方誅討？常清奏曰：「祿山領兇徒十萬，徑犯中原，太平斯久，人不知戰。然事有逆順，勢有奇變，臣請走馬赴東京，開府庫，募驍勇，挑馬箠渡河，計日取逆胡之首懸於闕下。」玄宗方憂，壯其言。翌日，以常清爲范陽節度，俾募兵東討。其日，常清乘驛赴東京召募，旬日得兵六萬，皆傭保市井之流。乃斫斷河陽橋，於東京爲固守之備。十二月，祿山渡河，陷陳留，入罌子谷，兇威轉熾，先鋒至葵園。常清使驍騎與柘羯逆戰，殺賊數十百人。賊大軍繼至，常清退入上東門，又戰不利，賊鼓譟於四城門入，殺掠人吏。常清又戰於都亭驛，不勝。退守宣仁門，又敗。乃從提象門入，倒樹以礙之。至穀水，西奔至陜郡，遇高仙芝，具以賊勢告之，恐賊難與爭鋒，仙芝遂退守潼關。

玄宗聞常清敗，削其官爵，令白衣於仙芝軍効力。仙芝令常清監巡左右廂諸軍，常清衣皂衣以從事。監軍邊令誠每事干之，仙芝多不從。令誠入奏事，具言仙芝、常清逗撓奔敗之狀。玄宗怒，遣令誠齎敕至軍並誅之。

令誠至潼關，引常清於驛南西街，宣敕示之。常清曰：「常清所以不死者，不忍汚國家旌麾，受戮賊手，討逆無効，死乃甘心。」初，常清兵敗入關，欲馳赴闕庭，至渭南，有敕令却赴潼關，自草表待罪。是日臨刑，託令誠上之。其表曰：

中使駱奉仙至，奉宣口敕，恕臣萬死之罪，收臣一朝之効，令臣却赴陝州，隨高仙芝行營。負斧縲囚，忽焉解縛，敗軍之將，更許增修。臣常清誠懽誠喜，頓首頓首。臣自城陷已來，前後三度遣使奉表，具述赤心，竟不蒙引對。臣之此來，非求苟活，實欲陳社稷之計，破虎狼之謀。冀拜首闕庭，吐心陛下，論逆胡之兵勢，陳討捍之別謀。將酬萬死之恩，以報一生之寵。豈料長安日遠，謁見無由；函谷關遙，陳情不暇！臣讀春秋，見狼瞫稱未獲死所，臣今獲矣。

昨者與羯胡接戰，自今月七日交兵，至于十三日不已。臣所將之兵，皆是烏合之徒，素未訓習。率周南市人之衆，當漁陽突騎之師，尙猶殺敵塞路，血流滿野。臣欲挺身刃下，死節軍前，恐長逆胡之威，以挫王師之勢。是以馳御就日，將命歸天。一期陛下斬臣於都市之下，以誡諸將；二期陛下問臣以逆賊之勢，將誡諸軍；三期陛下知臣非惜死之徒，許臣竭露。臣今將死抗表，陛下或以臣失律之後，誑妄爲辭；陛下或以臣欲盡所忠，肝膽見察。臣死之後，望陛下不輕此賊，無忘臣言，則冀社稷復安，逆胡敗覆，臣之所願畢矣。仰天飲鴆，向日封章，即爲屍諫之臣，死作聖朝之鬼。若使歿而有知，必結草軍前，迴風陣上，引王師之旗鼓，平寇賊之戈鋋。生死酬恩，不任感激，臣常清無任永辭聖代悲戀之至。

常清既刑，陳其尸於蘧蒢上。仙芝歸至廳，令誠索陌刀手百餘人隨而從之，曰：「大夫亦有恩命。」仙芝遽下，遂至常清所刑處。仙芝曰：「我退，罪也，死不辭；然以我爲減截兵糧及賜物等，則誣我也。」謂令誠曰：「上是天，下是地，兵士皆在，足下豈不知乎！」其召募兵排列在外，素愛仙芝，仙芝呼謂之曰：「我於京中召兒郎輩，雖得少許物，裝束亦未能足，方與君輩破賊，然後取高官重賞。不謂賊勢憑陵，引軍至此，亦欲固守潼關故也。我若實有此，君輩即言實；我若實無之，君輩當言枉。」兵齊呼曰「枉」，其聲殷地。仙芝又目常清之尸，謂之曰：「封二，子從微至著，我則引拔子爲我判官，俄又代我爲節度使，今日又與子同死於此，豈命也夫！」遂斬之。

哥舒翰，突騎施首領哥舒部落之裔也。蕃人多以部落稱姓，因以爲氏。祖沮，左淸道率。父道元，安西副都護，世居安西。翰家富於財，倜儻任俠，好然諾，縱蒱酒。年四十，遭父喪，三年客居京師，爲長安尉不禮，慨然發憤折節，仗劍之河西。初事節度使王倕，倕攻新城，使翰經略，三軍無不震慴。後節度使王忠嗣補爲衙將。翰好讀左氏春秋傳及漢書，疏財重氣，士多歸之。忠嗣以爲大斗軍副使，嘗使翰討吐蕃于新城，有同列爲副者，見翰禮倨，不爲用，翰怒，撾殺之，軍中股慄。遷左衞郎將。後吐蕃寇邊，翰拒之于苦拔海，其衆三行，從山差池而下，翰持半段槍當其鋒擊之，三行皆敗，無不摧靡，由是知名。

天寶六載，擢授右武衞員外將軍，充隴右節度副使、都知關西兵馬使、河源軍使。先是，吐蕃每至麥熟時，卽率部衆至積石軍穫取之，共呼爲「吐蕃麥莊」，前後無敢拒之者。至是，翰使王難得、楊景暉等潛引兵至積石軍，設伏以待之。吐蕃以五千騎至，翰於城中率驍勇馳擊，殺之略盡，餘或挺走，伏兵邀擊，匹馬不還。翰有家奴曰左車，年十五六，亦有膂力。翰善使槍，追賊及之，以槍搭其肩而喝之，賊驚顧，翰從而刺其喉，皆剔高三五尺而墮，無不死者。左車輒下馬斬首，率以爲常。

其冬，玄宗在華清宮，王忠嗣被劾。敕召翰至，與語悅之，遂以爲鴻臚卿，兼西平郡太守，攝御史中丞，代忠嗣爲隴右節度支度營田副大使，知節度事。仍極言救忠嗣，上起入禁中，翰叩頭隨之而前，言詞慷慨，聲淚俱下，帝感而寬之，貶忠嗣爲漢陽太守，朝廷義而壯之。

明年，築神威軍於青海上，吐蕃至，攻破之；又築城於青海中龍駒島，有白龍見，遂名爲應龍城，吐蕃屏跡不敢近靑海。吐蕃保石堡城，路遠而險，久不拔。八載，以朔方、河東羣牧十萬衆委翰總統攻石堡城。翰使麾下將高秀巖、張守瑜進攻，不旬日而拔之，上錄其功，拜特進、鴻臚員外卿，與一子五品官，賜物千匹、莊宅各一所，加攝御史大夫。十一載，加開府儀同三司。

翰素與祿山、思順不協，上每和解之爲兄弟。其冬，祿山、思順、翰並來朝，上使內侍高力士及中貴人於京城東駙馬崔惠童池亭宴會。翰母尉遲氏，于闐之族也。祿山以思順惡翰，嘗銜之，至是忽謂翰曰：「我父是胡，母是突厥；公父是突厥，母是胡。與公族類同，何不相親乎？」翰應之曰：「古人云，野狐向窟嗥，不祥，以其忘本也。敢不盡心焉！」祿山以爲譏其胡也，大怒，罵翰曰：「突厥敢如此耶！」翰欲應之，高力士目翰，翰遂止。

十二載，進封涼國公，食實封三百戶，加河西節度使，尋封西平郡王。時楊國忠有隙於祿山，頻奏其反狀，故厚賞翰以親結之。十三載，拜太子太保，更加實封三百戶，又兼御史大夫。

翰好飮酒，頗恣聲色。至土門軍，入浴室，遘風疾，絕倒良久乃蘇。因入京，廢疾于家。及安祿山反，上以封常淸、高仙芝喪敗，召翰入，拜爲皇太子先鋒兵馬元帥，以田良丘爲御史中丞，充行軍司馬，以王思禮、鉗耳大福、李承光、蘇法鼎、管崇嗣及蕃將火拔歸仁、李武定、渾萼、契苾寧等爲裨將，河隴、朔方兵及蕃兵與高仙芝舊卒共二十萬，拒賊於潼闕。上御勤政樓勞遣之，百僚出餞于郊。十五載，加翰尚書左僕射、同中書門下平章事。翰至潼關，或勸翰曰：「祿山阻兵，以誅楊國忠爲名，公若留兵三萬守關，悉以精銳迴誅國忠，此漢挫七國之計也，公以爲何如？」翰心許之，未發。有客泄其謀於國忠，國忠大懼，乃奏曰：「兵法『安不忘危』，今潼關兵衆雖盛，而無後殿，萬一不利，京師得無恐乎！請選監牧小兒三千人訓練於苑中。」詔從之，遂遣劍南軍將李福、劉光庭分統焉。又奏召募一萬人，屯於灞上，令其腹心杜乾運將之。翰慮爲所圖，乃上表請乾運兵隸於潼關，遂召乾運赴潼關計事，因斬之。自是，翰心不自安。又素有風疾，至是頗甚，軍中之務，不復躬親，委政於行軍司馬田良丘。良丘復不敢專斷，教令不一，頗無部伍。其將王思禮、李承光又爭長不叶，人無鬬志。

先是，翰數奏祿山雖竊河朔，而不得人心，請持重以弊之，彼自離心，因而翦滅之，可不傷兵擒茲寇矣。賊將崔乾祐於陝郡潛鋒蓄銳，而覘者奏云「賊殊無備」，上然之，命悉衆速討之。翰奏曰：「賊既始爲兇逆，祿山久習用兵，必不肯無備，是陰計也。且賊兵遠來，利在速戰。今王師自戰其地，利在堅守，不利輕出；若輕出關，是入其算。乞更觀事勢。」楊國忠恐其謀己，屢奏使出兵。上久處太平，不練軍事，既爲國忠眩惑，中使相繼督責。翰不得已，引師出關。

六月四日，次于靈寶縣之西原。八日，與賊交戰，官軍南迫險峭，北臨黄河；崔乾祐以數千人先據險要。翰及良丘等浮船中流以觀進退，謂乾祐兵少，輕之，遂促將士令進，爭路擁塞，無復隊伍。午後，東風急，乾祐以草車數十乘縱火焚之，煙焰亙天。將士掩面，開目不得，因爲兇徒所乘，王師自相排擠，墜于河。其後者見前軍陷敗，悉潰，塡委于河，死者數萬人，號叫之聲振天地，縛器械，以槍爲楫，投北岸，十不存一二。軍既敗，翰與數百騎馳而西歸，爲火拔歸仁執降於賊。祿山謂之曰：「汝常輕我，今日如何？」翰懼，俯伏稱：「肉眼不識陛下，遂至於此。陛下爲撥亂主，今天下未平，李光弼在土門，來瑱在河南，魯炅在南陽，但留臣，臣以尺書招之，不日平矣。」祿山大喜，遂僞署翰司空。作書招光弼等，諸將報書皆讓翰不死節。祿山知事不諧，遂閉翰於苑中，潛殺之。

翰之守潼關也，主天下兵權，肆志報怨，誣奏戶部尚書安思順與祿山潛通，僞令人爲祿山遺思順書，於關門擒之以獻。其年三月，思順及弟太僕卿元貞並坐誅，徙其家屬于嶺外，天下冤之。

史臣曰：大盜作梗，祿山亂常，詞雖欲誅國忠，志則謀危社稷。于時承平日久，金革道消，封常清、高仙芝相次率不教之兵，募市人之衆，以抗兇寇，失律喪師。哥舒翰廢疾于家，起專兵柄，二十萬衆拒賊關門，軍中之務不親，委任又非其所。及遇羯賊，旋致敗亡，天子以之播遷，自身以之拘執，此皆命帥而不得其人也。禮曰：「大夫死衆。」又曰：「謀人之軍師敗則死之。」翰受署賊庭，苟延視息，忠義之道，卽可知也，豈不愧於顏杲卿乎！抑又聞之，古之命將者，推轂而謂之曰：「閫外之事，將軍裁之。」觀楊國忠之奏事，邊令誠之護戎，又掣肘於軍政者也，未可偏責三帥，不尤伊人。後之君子，得不深鑑！

贊曰：羯賊犯順，戎車啓行。委任失所，封、高敗亡。虔劉圻甸，僭竊衣裳。醜哉舒翰，不能死王。

校勘記

〔一〕不取汝城　「不」字各本原作「吾」。校勘記卷四一引閣本考證云：「刊本『不』訛『吾』。」新書卷一三五高仙芝傳作「不闕若城」。據改。

〔二〕其年六月　按本卷下文封常清傳載仙芝於天寶六載十二月代夫蒙靈詧爲安西節度使，通鑑卷二一六亦作十二月。

舊唐書卷一百五

列傳第五十五

宇文融　韋堅　楊慎矜　王鉷

宇文融，京兆萬年人，隋禮部尚書平昌公弼之玄孫也。祖節，貞觀中爲尚書右丞，明習法令，以幹局見稱。時江夏王道宗嘗以私事託於節，節遂奏之，太宗大悅，賜絹二百匹，仍勞之曰：「朕所以不置左右僕射者，正以卿在省耳。」永徽初，累遷黃門侍郎、同中書門下三品，代于志寧爲侍中。坐房遺愛事配流桂州而卒。父嶠，萊州長史。

融，開元初累轉富平主簿，明辯有吏幹，源乾曜、孟溫相次爲京兆尹，皆厚禮之，俄拜監察御史。時天下戶口逃亡，免役多僞濫，朝廷深以爲患。融乃陳便宜，奏請檢察僞濫，搜括逃戶。玄宗納其言，因令融充使推勾。無幾，獲僞濫及諸免役甚衆，特加朝散大夫，再遷兵部員外郎，兼侍御史。融於是奏置勸農判官十人，並攝御史，分往天下，所在檢括田疇，招攜戶口。其新附客戶，則免其六年賦調，但輕稅入官。議者頗以爲擾人不便，陽翟尉皇甫憬上疏曰：

臣聞智者千慮，或有一失；愚夫千計，亦有一得。且無益之事繁，則不急之務衆；不急之務衆，則數役；數役，則人疲；人疲，則無聊生矣。是以太上務德，以靜爲本；其次化之，以安爲上。但責其疆界，嚴之隄防，山水之餘，即爲見地。何必聚人阡陌，親遣括量，故奪農時，遂令受弊。又應出使之輩，未識大體，所由殊不知陛下愛人至深，務以勾剝爲計。州縣懼罪，據牒即徵。逃亡之家，鄰保代出；鄰保不濟，又便更輸。急之則都不謀生，緩之則慮法交及。臣恐逃逸從此更深。至如澄流在源，止沸由火，不可不慎。今之具僚，向踰萬數，蠶食府庫，侵害黎人。國絕數載之儲，家無經月之畜，雖其厚稅，亦不可供。戶口逃亡，莫不由此。縱使伊、皐申術，管、晏陳謀，豈息茲弊？若以此給，將何以堪！雖東海、南山盡爲粟帛，亦恐不足，豈括田稅客能周給也！

左拾遺楊相如上書，咸陳括客爲不便。上方委任融，侍中源乾曜及中書舍人陸堅皆贊成其事，乃貶憬爲盈川尉。於是諸道括得客戶凡八十餘萬，田亦稱是。州縣希融旨意，務於獲多，皆虛張其數，亦有以實戶爲客者。歲終徵得客戶錢數百萬，融由是擢拜御史中丞。

言事者猶稱括客損居人，上令集百僚於尙書省議。公卿已下懼融恩勢，皆雷同不敢有異詞，唯戶部侍郎楊瑒獨建議以括客不利居人，徵籍外田稅，使百姓困弊，所得不補所失。無幾，瑒出爲外職。

融乃馳傳巡歷天下，事無大小，先牒上勸農使而後申中書，省司亦待融指撝而後決斷。融之所至，必招集老幼宣上恩命，百姓感其心，至有流淚稱父母者。融使還具奏，乃下制曰：

人惟邦本，本固邦寧，必在安人，方能固本。永言理道，實獲朕心。思所以康濟黎庶，寵綏華夏，上副宗廟乾坤之寄，下答宇縣貢獻之勤，何嘗不夜分輟寢，日旰忘食。然後以眇眇之身，當四海之貴。雖則長想遐邇，不可家至日見。至于宣布政教，安輯逋亡，言念再三，其勤至矣。莫副朕命，實用恧焉，當扆永懷，靜言厥緒。豈人流自久，招諭不還，上情靡通于下，衆心罔達於上。求之明發，想見其人。當屬括地使宇文融謁見于延英殿，朕以人必土著，因議逃亡，嘉其忠讜，堪任以事，乃授其田戶紀綱，兼委之郡縣釐革，便令充使，奉以安人。遂能恤我黎元，克將朕命，發自夏首，來於歲終，巡按所及，歸首百萬。仍聞宣制之日，老幼欣躍，惟令是從，多流淚以感朕心，咸吐誠以荷王命。猶恐朕之薄德，未孚于人，撫字安存，更冀良算。遂命百司長吏，方州岳牧，僉議都堂，廣徵異見。羣詞盈於札翰，環省彌于旬日，庶廣朕意，豈以爲勞，稽衆考言，謂斯折衷。欲人必信，期於令行，凡爾司存，勉以遵守。

夫食爲人天，富而後教，經教彝體，前哲至言。故平糴行於昔王，義倉加於近代，所以存九年之蓄，收上中之斂。穰賤則農不傷財，災饉則時無菜色，救人活國，其利博哉！今流戶大來，王田載理，敹庾之務，痌瘝所懷。其客戶所稅錢，宜均充所在常平倉用，仍許預付價直，任粟麥兼貯。幷舊常平錢粟，並委本道判官勾當處置，使斂散及時，務以矜恤。且分災恤患，州黨之常情；損餘濟闕，親隣之善貸。故木鐸云徇，里胥均功，夜績相從，齊俗以贍。今陽和布澤，丁壯就田，言念鰥惸，事資拯助。宜委使司與州縣商量，勸作農社，貧富相恤，耕耘以時。仍每至雨澤之後，種穫忙月，州縣常務，一切停減。使趨時急於備寇，尺璧賤於寸陰，是則天無虛施，人無遺力。

又政在經遠，功惟久著，今逃亡初復，居業未康，循逃戶及籍外剩田，猶宜勞徠，理資存撫。其十道分判官，三五年內，使就厥功，令有終始。當道覆屯，及須推劾，並以委之，不須廣差餘使，示專其事，不擾于人。政術有能，必行賞罰。其已奏復業歸首，勾當州縣，每季一申，不須挾名，致有勞擾。其歸首戶，各令新首處與本貫計會年戶色役，勿欺隱及其兩處徵科。宣布天下，使明知朕意。

中書令張說素惡融之爲人，又患其權重，融之所奏，多建議爭之。融揣其意，先事圖之。中書舍人張九齡言於說曰：「宇文融承恩用事，辯給多詞，不可不備也。」說曰：「此狗鼠輩，焉能爲事！」融尋兼戶部侍郎。從東封還，又密陳意見，分吏部爲十銓典選事，所奏又爲說所抑。融乃與御史大夫崔隱甫連名劾說，廷奏其狀，說由是罷知政事。融恐說復用爲己患，數譖毀之。上惡其朋黨，尋出融爲魏州刺史。俄轉汴州刺史，又上表請用禹貢九河舊道，開稻田以利人，并迴易陸運本錢，官收其利。雖興役不息，而事多不就。

十六年，復入爲鴻臚卿，兼戶部侍郎。明年，拜黃門侍郎，與裴光庭並兼同中書門下平章事。融既居相位，欲以天下爲己任，謂人曰：「使吾居此數月，庶令海內無事矣。」於是薦宋璟爲右丞相，裴耀卿爲戶部侍郎，許景先爲工部侍郎，甚允朝廷之望。然性躁急多言，又引賓客故人，晨夕飲謔，由是爲時論所譏。時禮部尚書、信安王禕爲朔方節度使，殿中侍御史李宙劾之〔二〕，驛召將下獄。禕既申訴得理，融坐阿黨李宙，出爲汝州刺史，在相凡百日而罷。

裴光庭時兼御史大夫，又彈融交遊朋黨及男受贓等事，貶昭州平樂尉。在嶺外歲餘，司農少卿蔣岑舉奏融在汴州迴造船脚，隱沒鉅萬，給事中馮紹烈又深文案其事實，融於是配流巖州。地既瘴毒，憂恚發疾，遂詣廣府，將停留未還。都督耿仁忠謂融曰：「明公負朝廷深譴，以至於此，更欲故犯嚴命，淹留他境，仁忠見累，誠所甘心，亦恐朝廷知明公在此，必不相容也。」融遽還，卒于路。上聞之，思其舊功，贈台州刺史。

韋堅，京兆萬年人。父元珪，先天中，銀青光祿大夫，開元初，兗州刺史。堅姊爲贈惠宣太子妃，堅妻又楚國公姜皎女，堅妹又爲皇太子妃，中外榮盛，故早從官敍。二十五年，爲長安令，以幹濟聞。與中貴人善，探候主意。見宇文融、楊愼矜父子以勾剝財物爭行進奉而致恩顧，堅乃以轉運江淮租賦，所在置吏督察，以裨國之倉廩，歲益鉅萬。玄宗以爲能。

天寶元年三月，擢爲陝郡太守、水陸轉運使。自西漢及隋，有運渠自關門西抵長安，以通山東租賦。奏請於咸陽擁渭水作興成堰，截灞、滻水傍渭東注，至關西永豐倉下與渭合。於長安城東九里長樂坡下、滻水之上架苑牆，東面有望春樓，樓下穿廣運潭以通舟楫，二年而成。堅預於東京、汴、宋取小斛底船三二百隻置於潭側，其船皆署牌表之。若廣陵郡船，卽於栿背上堆積廣陵所出錦、鏡、銅器、海味；丹陽郡船，卽京口綾衫段；晉陵郡船，卽折造官端綾繡；會稽郡船，卽銅器、羅、吳綾、絳紗；南海郡船，卽瑇瑁、眞珠、象牙、沉香；豫章郡船，即名瓷、酒器、茶釜、茶鐺、茶椀；宣城郡船，即空青石〔二〕、紙筆、黃連；始安郡船，即蕉葛、蚺蛇膽、翡翠。船中皆有米，吳郡即三破糯米、方文綾。凡數十郡。駕船人皆大笠子、寬袖衫、芒屨，如吳、楚之制。先是，人間戲唱歌詞云：「得丁紇反体都董反紇那也，紇囊得体耶？潭裏船車鬧，揚州銅器多。三郎當殿坐，看唱得体歌。」至開元二十九年，田同秀上言「見玄元皇帝，云有寶符在陝州桃林縣古關令尹喜宅」，發中使求而得之，以爲殊祥，改桃林爲靈寶縣。及此潭成，陝縣尉崔成甫以堅爲陝郡太守鑿成新潭，又致揚州銅器，翻出此詞，廣集兩縣官，使婦人唱之，言：「得寶弘農野，弘農得寶耶！潭裏船車鬧，揚州銅器多。三郎當殿坐，看唱得寶歌。」成甫又作歌詞十首，自衣缺胯綠衫，錦半臂，偏袒膊，紅羅抹額，於第一船作號頭唱之。和者婦人一百人，皆鮮服靚妝，齊聲接影，鼓笛胡部以應之。餘船洽進，至樓下，連檣彌亙數里，觀者山積。京城百姓多不識驛馬船檣竿，人人駭視。

堅跪上諸郡輕貨，又上百牙盤食，府縣進奏，教坊出樂迭奏。玄宗歡悅，下詔敕曰：

古之善政者，貴於足食，欲求富國者，必先利人。朕關輔之間，尤資殷贍，比來轉輸，未免艱辛，故置此潭，以通漕運。萬代之利，一朝而成，將允叶於永圖，豈苟求於縱觀。其陝郡太守韋堅，始終檢校，夙夜勤勞，賞以懋功，則惟常典。宜特與三品，仍改授一三品京官兼太守〔三〕，判官等並即量與改轉。其專知檢校始末不離潭所者并孔目官，及至典選日，優與處分，仍委韋堅具名錄奏。應役人夫等，雖各酬傭直，終使役日多，並放今年地稅。且啓鑿功畢，舟楫已通，既涉遠途，又能先至，永言勸勵，稍宜甄獎。其押運綱各賜一中上考，準前錄奏。船夫等宜共賜錢二千貫，以充宴樂。外郡進土物，賜貴戚朝官。賜名廣運潭。

時堅姊故惠宣太子妃亦出寶物供樓上鋪設，進食竟日而罷。

李林甫以堅姜氏壻，甚狎之。至是懼其詭計求進，承恩日深，堅又與李適之善，益怒之，恐入爲相，乃與腹心構成其罪。四月，進銀青光祿大夫、左散騎常侍、陝郡太守、水陸轉運使，勾當緣河及江淮南租庸轉運處置使並如故；又以判官元撝、豆盧友除監察御史。三年正月，堅又加兼御史中丞，封韋城男。九月，拜守刑部尚書，奪諸使，以楊愼矜代之。

五載正月望夜，堅與河西節度、鴻臚卿皇甫惟明夜遊，同過景龍觀道士房，爲林甫所發，以堅戚里，不合與節將狎暱，是構謀規立太子。玄宗惑其言，遽貶堅爲縉雲太守，惟明爲播川太守。尋發使殺惟明於黔中，籍其資財。六月，又貶堅爲江夏員外別駕。又構堅與李適之善，貶適之爲宜春太守。七月，堅又長流嶺南臨封郡，堅弟將作少匠蘭、鄠縣令冰、兵部員外郎芝、堅男河南府戶曹諒並遠貶。至十月，使監察御史羅希奭逐而殺之，諸弟及男諒並死。堅妻姜氏，林甫以其久遭輕賤，特放還本宗。倉部員外郎鄭章貶南豐丞，殿中侍御史鄭欽說貶夜郎尉，監察御史豆盧友貶富水尉，監察御史楊惠貶巴東尉，連累者數十人。又敕嗣薛王琄夷陵郡員外別駕長任，其母隨男任；女婿新貶巴陵太守盧幼林長流合浦郡。肅宗時爲皇太子，恐懼上表，稱與新婦離絕。七載，嗣薛王琄停，仍於夜郎郡安置，其母亦勒隨男。堅貶黜後，林甫諷所司發使於江淮、東京緣河轉運使，恣求堅之罪以聞，因之綱典船夫溢於牢獄，郡縣徵剝不止，隣伍盡成裸形，死於公府，林甫死乃停。

楊愼矜，隋煬帝玄孫也。曾祖隋齊王暕。祖正道，大業末，隨宇文化及至河北，爲竇建德所破，因與其祖母蕭皇后入于建德軍，建德送于突厥處羅可汗牙。貞觀初，李靖擊破頡利可汗，胡酋康蘇密以蕭后及正道歸，授尚衣奉御。父隆禮，長安中天官郎中，神龍後，歷洛、梁、滑、汾、懷五州刺史，皆以淸嚴能檢察人吏絕於欺隱聞。景雲中，以名犯玄宗上字，改爲崇禮。開元初，擢爲太府少卿，雖錢帛充牣，丈尺間皆躬自省閱，時議以爲前後爲太府者無與爲比。擢拜太府卿，加銀青光祿大夫，進封弘農郡公。在職二十年，公淸如一。年九十餘，授戶部尙書致仕。時太平且久，御府財物山積，以爲經楊卿者無不精好，每歲勾剝省便出錢數百萬貫。

愼矜沉毅有材幹，任氣尚朋執。初，爲汝陽令，有能名。崇禮罷太府，玄宗訪其子堪委其父任者。宰臣以愼餘、愼矜、愼名三人皆勤恪淸白有父風，而愼矜爲其最，因拜監察御史，知太府出納。愼餘先爲司農丞，除太子舍人，監京倉。尋丁父憂。二十六年服闋，累遷侍御史，仍知太府出納。愼名授大理評事，攝監察御史，充都含嘉倉出納使，甚承恩顧。愼矜於諸州納物者有水漬傷破及色下者，皆令本州徵折估錢，轉市輕貨，州縣徵調，不絕於歲月矣。在臺數年，又專知雜事，風格甚高。

天寶二年，遷權判御史中丞，充京畿採訪使，知太府出納使並如故。時右相李林甫握權，愼矜以遷拜不由其門，懼不敢居其任，固讓之，因除諫議大夫，兼侍御史，仍依舊知太府出納。以鴻臚少卿蕭諒爲御史中丞，諒至臺，無所撝讓，頗不相能，竟出爲陝郡太守。林甫以愼矜屈於己，復擢爲御史中丞，仍充諸道鑄錢使，餘如故。

時散騎常侍、陝郡太守韋堅兼御史中丞，爲水陸漕運使，權傾宰相。侍御史王鉷推堅獄，愼矜引身中立以候望，鉷恨之，林甫亦憾焉。愼矜與鉷父瑨中外兄弟，鉷卽表姪，少相狎，鉷入臺，愼矜爲臺端，亦有推引。及鉷遷中丞，雖與鉷同列，每呼爲王鉷，鉷恃與林甫善，漸不平之。五載，愼矜遷戶部侍郎，中丞、使如故。林甫見愼矜受主恩，心嫉之，又知王鉷於愼矜有間，又誘而啗之，鉷乃伺其隙以陷之。愼矜奪鉷職田，背詈鉷，詆其母氏，鉷不堪其辱。愼矜性疏快，素昵於鉷，嘗話讖書於鉷，又與還俗僧史敬忠游處，敬忠有學業。鉷於林甫構成其罪，云愼矜是隋家子孫，心規克復隋室，故蓄異書，與凶人來往，而說國家休咎。

時天寶六載十一月，玄宗在華淸宮，林甫令人發之。玄宗震怒，繫之於尙書省，詔刑部尙書蕭隱之、大理卿李道邃、少卿楊璹、侍御史楊釗、殿中侍御史盧鉉同鞫之；又使京兆士曹吉温往東京收愼矜兄少府少監愼餘、弟洛陽令愼名等雜訊之；又令温於汝州捕史敬忠獲之，便赴行在所。先令盧鉉收太府少卿張瑄於會昌驛，繫而推之，瑄不肯答辯。鉉百端拷訊不得，乃令不良枷瑄，以手力絆其足，以木按其足間，撇其枷柄向前，挽其身長校數尺，腰細欲絕，眼鼻皆血出，謂之「驢駒拔撅」，瑄竟不肯答。又使鉉與御史崔器入城搜愼矜宅，無所得，拷其小妻韓珠團，乃在豎櫃上作一闇函盛讖書等，鉉於袖中出而納之，詬以示愼矜。愼矜曰：「他日不見，今乃來，是命也。吾死矣。」及温以敬忠至戲水驛東十餘里，使典說之：「若至温湯，卽求首陳不可得矣。」去温湯十餘里，敬忠乞紙筆於桑樹下具吐之。比見愼矜，敬忠證之，愼矜皆引實。二十五日，詔楊愼矜、愼餘、愼名並賜自盡；史敬忠決重杖一百；鮮于賁、范滔並決重杖，配流遠郡；愼矜外甥前通事舍人辛景湊決杖配流。義陽郡司馬、嗣虢王巨與敬忠相識，解官於南賓郡安置；太府少卿張瑄決六十，長流嶺南臨封郡，亦死於流所。愼矜兄弟并史敬忠莊宅官收，以男女配流嶺南諸郡；其張瑄、万俟承暉、鮮于賁等準此配流。乃使監察御史顏眞卿送敕至東京，殿中侍御史崔寓引愼名，令河南法曹張萬頃宣敕示之。愼名見愼矜賜自盡，初尙撫膺，及聞愼餘及身皆爾，遂止。及宣敕了，愼名曰：「今奉聖恩，不敢稽留晷刻，但以寡姊老年，請作數行書以別之。」寓揖眞卿，眞卿許之。愼名神色不變，入房中作書曰：「拙於謀運，不能靜退。兄弟并命，唯姊尙存，老年孤煢，何以堪此！」書後又數條事。又宅中作一板池，池中魚一皆放之，遂縊而死。監察御史平冽齎敕至大理寺，愼餘聞死，合掌指天而縊。

初，愼矜至温湯，正食，忽見一鬼物長丈餘，朱衣冠幘，立於門扇後，愼矜叱之，良久不滅，以熱羹投之乃滅。無何，下獄死。兄弟甚友愛，事寡姊如母，皆偉儀形，風韻高朗，愛客喜飲，籍甚於時。愼名嘗覽鏡，見其鬚面神彩，有過於人，覆鏡歎惋曰：「吾兄弟三人，盡長六尺餘，有如此貌、如此材而見容當代以期全，難矣！何不使我少體弱耶？」竟如其言。

王鉷，太原祁人也。祖方翼，夏州都督，爲時名將，生瑨、璿、珣。瑨、璿，開元初並歷中書舍人。珣，兵部侍郎、秘書監。鉷，卽瑨之孽子。開元十年，爲鄠縣尉、京兆尹稻田判官。二十四年，再遷監察御史。二十九年，累除戶部員外郎，常兼侍御史。天寶二年，充京和市和糴使，遷戶部郎中。三載，長安令柳升以賄敗。初，韓朝宗爲京兆尹，引升爲京令。朝宗又于終南山下爲苟家觜買山居，欲以避世亂。玄宗怒，敕鉷推之，朝宗自高平太守貶爲吳興別駕。又加鉷長春宮使。四載，加勾戶口色役使，又遷御史中丞，兼充京畿採訪使。五載，又爲京畿、關內道黜陟使，又兼充關內採訪使。

時右相李林甫怙權用事，志謀不利於東儲，以除不附己者，而鉷有吏幹，倚之轉深，以爲己用。既爲戶口色役使，時有敕給百姓一年復。鉷卽奏徵其脚錢，廣張其數，又市輕貨，乃甚於不放。輸納物者有浸漬，折估皆下本郡徵納。又敕本郡高戶爲租庸脚士，皆破其家產，彌年不了。恣行割剝，以媚於時，人用嗟怨。古制，天子六宮，皆有品秩高下，其俸物因有等差。唐法沿於周、隋，妃嬪宮官，位有尊卑，亦隨其品而給授，以供衣服鉛粉之費，以奉於宸極。玄宗在位多載，妃御承恩多賞賜，不欲頻於左右藏取之。鉷探旨意，歲進錢寶百億萬，便貯於內庫，以恣主恩錫賚。鉷云：「此是常年額外物，非征稅物。」玄宗以爲鉷有富國之術，利於王用，益厚待之。丁嫡母憂，起復舊職，使如故。

七載，又加檢察內作事，遷戶部侍郎，仍兼御史中丞，賜紫金魚袋。八載，兼充閑廄使及苑內營田五坊宮苑等使、隴右羣牧都使支度營田使，餘並如故。太白山人李渾言于金星洞見老人，云有玉版石記符，聖上長生久視。玄宗令鉷入山洞求而得之，因上尊號，加鉷銀青光祿大夫、都知總監及栽接等使。九載五月，兼京兆尹，使並如故。

鉷威權轉盛，兼二十餘使，近宅爲使院，文案堆積，胥吏求押一字，即累日不遂。中使賜遺，不絕於門，雖晉公林甫亦畏避之。林甫子岫爲將作監，供奉禁中；鉷子準衞尉少卿，亦鬬鷄供奉，每謔岫，岫常下之。萬年尉韋黃裳、長安尉賈季鄰常於廳事貯錢數百繩，名倡珍饌，常有備擬，以候準所適。又於宅側自有追歡之所。鉷與弟戶部郎中銲，召術士任海川遊其門，問其相命，言有王否。海川震懼，潛匿不出。鉷懼洩其事，令逐之，至馮翊郡，得，誣以他事杖殺之。定安公主男韋會任王府司馬，聞之，話於私庭，乃被侍兒說於傭保者。或有憾於會，告於鉷，鉷遣賈季鄰收於長安獄，入夜縊之，明辰載屍還其家。會皇堂外甥，同產兄王繇尚永穆公主，而惕息不敢言。

十載，封太原縣公，又兼殿中監。十一載四月，銲與故鴻臚少卿邢璹子縡情密累年，縡潛構逆謀，引右龍武軍萬騎剋取十一月殺龍武將軍，因燒諸城門及市，分數百人殺楊國忠及右相李林甫、左相陳希烈等。先期二日事發，玄宗臨朝，召鉷，上於玉案前過狀與鉷。鉷好弈棋，縡善棋，鉷因銲與之交故，至是意銲在縡處金城坊，密召之，日晏，始令捕賊官捕之。萬年尉薛榮先、長安尉賈季隣等捕之，逢銲於化度寺門。季隣爲鉷所引用，爲赤尉，銲謂之曰：「我與邢縡故舊，縡今反，恐事急妄相引，請足下勿受其言。」榮先等至縡門，縡等十餘人持弓刃突出，榮先等遂與格戰。季隣以銲語白鉷，鉷謂之曰：「我弟何得與之有謀乎！」鉷與國忠共討逐縡，縡下人曰：「勿損大夫下人。」國忠爲劍南節度使，有隨身官以白國忠曰：「賊有號，不可戰。」須臾，驃騎大將軍、內侍高力士領飛龍小兒甲騎四百人討之，縡爲亂兵所斬，擒其黨善射人韋瑤等以獻。國忠以白玄宗，玄宗以鉷委任深，必不與之知情，鉷與銲別生，嫉其富貴，故欲陷鉷耳，遂特原銲不問，然意欲鉷請罪之。上密令國忠諷之，國忠不敢洩上意，諷鉷曰：「且主上眷大夫深，今日大夫須割慈存門戶，但抗疏請罪郎中。郎中亦未必至極刑，大夫必存，何如併命！」鉷俯首久曰：「小弟先人餘愛，平昔頻有處分，義不欲捨之而謀存。」乃進狀。十二日，鉷入朝，左相陳希烈言語侵之，鉷恨之，憤訴言氣頗高。鉷朝迴，於中書侍郎廳修表，令人進狀，門司已不納矣。須臾，敕希烈推之。鉷以表示宰相，林甫曰：「大夫後之矣。」遂不許。俄銲至，國忠問：「大夫知否？」銲未及應。侍御史裴冕恐銲引之，冕叱詈之曰：「足下爲臣不忠，爲弟不義。聖上以大夫之故，以足下爲戶部郎中，又加五品，恩亦厚矣。大夫豈知縡事乎？」國忠愕然，謂銲曰：「實知，即不可隱；不知，亦不可妄引。」銲方曰：「七兄不知。」季隣證其罪。及日暮，奏之。銲決杖死於朝堂，賜鉷自盡於三衞廚。明日，移於資聖寺廊下，裴冕言於國忠，令歸宅權斂之，又請令妻、女送墓所，國忠義而許之，令鉷判官齊奇營護之。男準除名，長流嶺南承化郡，偁長流珠崖郡，至故驛殺之；妻薛氏及在室女並流。初，鉷與御史中丞、戶部侍郎楊愼矜親，且情厚，頗爲汲引，及貴盛爭權，鉷附於李林甫，爲所誘，陷愼矜家。經五年而鉷至赤族，豈天道歟！

史臣曰：夫奸佞之輩，惟事悅人；聚斂之臣，無非害物。賈禍招怨，敗國喪身，罕不由斯道也。君人者，中智已降，亦心緣利動，言爲甘聞，志雖慕於聖明，情不勝於嗜欲，徒有賢佐，無如之何，所以禮經戒其勿畜。宇文融、韋堅、楊愼矜、王鉷，皆開元之倖人也，或以括戶取媚，或以漕運承恩，或以聚貨得權，或以剝下獲寵，負勢自用，人莫敢違。張說、李林甫手握大權，承主恩顧，尙遭凌擯，以身下之，他人即可知也。然天道惡盈，器滿則覆，終雖不令，其弊已多，良可痛也。宋璟、裴耀卿、許景先獲居重任，因融薦之，此亦有鳳之一毛也。玄宗以聖哲之姿，處高明之位，未免此累，或承之羞，後之帝王，得不深鑑！

贊曰：財能域人，聚則民散。如何帝王，志求餘羨。融、堅、矜、鉷，因利乘便。以徼寵榮，宜招後患。

校勘記

〔一〕李宙葝之　「葝之」二字各本原無，據册府卷三三七補。

〔二〕空青石　殘宋本「石」字作「綠」，餘各本均作「石」字。新書卷一三四韋堅傳作「空青石綠」。

〔三〕仍改授一三品京官兼太守　「一」下各本原有「子」字，據册府卷四八三刪。

舊唐書卷一百六

列傳第五十六

李林甫　楊國忠　張暐　王琚　王毛仲 陳玄禮附

李林甫，高祖從父弟長平王叔良之曾孫。叔良生孝斌，官至原州長史。孝斌生思誨，官至揚府參軍，思誨即林甫之父也。林甫善音律，初爲千牛直長，其舅楚國公姜皎深愛之。開元初，遷太子中允。時源乾曜爲侍中，乾曜姪孫光乘，姜皎妹壻，乾曜與之親。乾曜之男潔白其父曰：「李林甫求爲司門郎中。」乾曜曰：「郎官須有素行才望高者，哥奴豈是郎官耶？」數日，除諭德。哥奴，林甫小字。累遷國子司業。

十四年，宇文融爲御史中丞，引之同列，因拜御史中丞，歷刑、吏二侍郎。時武惠妃愛傾後宮，二子壽王、盛王以母愛特見寵異，太子瑛益疏薄。林甫多與中貴人善，乃因中官干惠妃云：「願保護壽王。」惠妃德之。初，侍中裴光庭妻武三思女，詭譎有材略，與林甫私。中官高力士本出三思家，及光庭卒，武氏銜哀祈於力士，請林甫代其夫位，力士未敢言。玄宗使中書令蕭嵩擇相，嵩久之以右丞韓休對，玄宗然之，乃令草詔。力士遽漏於武氏，乃令林甫白休。休既入相，甚德林甫，與嵩不和，乃薦林甫堪爲宰相，惠妃陰助之，因拜黃門侍郎，玄宗眷遇益深。

二十三年，以黃門侍郎平章事裴耀卿爲侍中，中書侍郎平章事張九齡爲中書令，林甫爲禮部尚書、同中書門下三品，並加銀青光祿大夫。林甫面柔而有狡計，能伺候人主意，故驟歷清列，爲時委任。而中官妃家，皆厚結託，伺上動靜，皆預知之，故出言進奏，動必稱旨。而猜忌陰中人，不見於詞色，朝廷受主恩顧，不由其門，則構成其罪；與之善者，雖廝養下士，盡至榮寵。尋歷戶、兵二尚書，知政事如故。

尋又以太子瑛、鄂王瑤、光王琚皆以母失愛而有怨言，駙馬都尉楊洄白惠妃。玄宗怒，謀於宰臣，將罪之。九齡曰：「陛下三箇成人兒不可得。太子國本，長在宮中，受陛下義方，人未見過，陛下奈何以喜怒間忍欲廢之？臣不敢奉詔。」玄宗不悅。林甫惘然而退，初無言，既而謂中貴人曰：「家事何須謀及於人。」時朔方節度使牛仙客在鎮，有政能，玄宗加實封，九齡又奏曰：「邊將訓兵秣馬，儲蓄軍實，常務耳，陛下賞之可也；欲賜實賦，恐未得宜。惟聖慮思之。」帝默然。林甫以其言告仙客，仙客翌日見上，泣讓官爵。玄宗欲行實封之命，兼爲尙書，九齡執奏如初。帝變色曰：「事總由卿？」九齡頓首曰：「陛下使臣待罪宰相，事有未允，臣合盡言。違忤聖情，合當萬死。」玄宗曰：「卿以仙客無門籍耶？卿有何門閥？」九齡對曰：「臣荒徼微賤，仙客中華之士。然陛下擢臣踐臺閣，掌綸誥；仙客本河湟一使典，目不識文字，若大任之，臣恐非宜。」林甫退而言曰：「但有材識，何必辭學，天子用人，何有不可？」玄宗滋不悅。

九齡與中書侍郎嚴挺之善。挺之初娶妻出之，妻乃嫁蔚州刺史王元琰。時元琰坐贓，詔三司使推之，挺之救免其罪。玄宗察之，謂九齡曰：「王元琰不無贓罪，嚴挺之囑託所由輩有顏面。」九齡曰：「此挺之前妻，今已婚崔氏，不合有情。」玄宗曰：「卿不知，雖離之，亦却有私。」玄宗籍前事，以九齡有黨，與裴耀卿俱罷知政事，拜左、右丞相，出挺之爲洺州刺史，元琰流于嶺外。卽日林甫代九齡爲中書，集賢殿大學士、修國史；拜牛仙客工部尙書、同中書門下平章事，知門下省事。監察御史周子諒言仙客非宰相器，玄宗怒而殺之。林甫言子諒本九齡引用，乃貶九齡爲荆州長史。

玄宗終用林甫之言，廢太子瑛、鄂王瑤、光王琚爲庶人，太子妃兄駙馬都尉薛鏽長流瀼州，死於故驛，人謂之「三庶」，聞者寃之。其月，佞媚者言有烏鵲巢於大理獄戶，天下幾致刑措。玄宗推功元輔，封林甫晉國公，仙客豳國公。其冬，惠妃病，三庶人爲祟而薨。儲宮當守器東宮。」乃立爲皇太子。自是林甫懼，巧求陰事以傾太子。

虛位，玄宗未定所立。林甫曰：「壽王年已成長，儲位攸宜。」玄宗曰：「忠王仁孝，年又居長，

林甫既秉樞衡，兼領隴右、河西節度，又加吏部尚書。天寶改易官名，爲右相，停知節度事，加光祿大夫，遷尚書左僕射。六載，加開府儀同三司，賜實封三百戶，而恩渥彌深。凡御府膳羞，遠方珍味，中人宣賜，道路相望。與宰相李適之雖同宗屬，而適之輕率，嘗與林甫同論時政，多失大體，由是主恩益疏，以至罷免。黃門侍郎陳希烈性便佞，嘗曲事林甫，適之既罷，乃引希烈同知政事。林甫久典樞衡，天下威權，並歸於己，台司機務，希烈不敢參議，但唯諾而已。每有奏請，必先賂遺左右，伺察上旨，以固恩寵。上在位多載，倦於萬機，恆以大臣接對拘檢，難徇私欲，自得林甫，一以委成。故杜絕逆耳之言，恣行宴樂，衽席無別，不以爲恥，由林甫之贊成也。

林甫京城邸第，田園水磑，利盡上腴。城東有薛王別墅，林亭幽邃，甲於都邑，特以賜之，及女樂二部，天下珍玩，前後賜與，不可勝紀。宰相用事之盛，開元已來，未有其比。然每事過慎，條理衆務，增修綱紀，中外遷除，皆有恆度。而耽寵固權，己自封植，朝望稍著，必陰計中傷之。初，韋堅登朝，以堅皇太子妃兄，引居要職，示結恩信，實圖傾之，乃潛令御史中丞楊慎矜陰伺堅隙。會正月望夜，皇太子出遊，與堅相見，慎矜知之，奏上。上大怒，

以爲不軌，黜堅，免太子妃韋氏。林甫因是奏李適之與堅昵狎，及裴寬、韓朝宗並曲附適之，上以爲然，賜堅自盡，裴、韓皆坐之斥逐。後楊愼矜權位漸盛，林甫又忌之，乃引王鉷爲御史中丞，託以心腹。鉷希林甫意，遂誣罔密奏愼矜左道不法，遂族其家。楊國忠以椒房之親，出入中禁，奏請多允，乃擢在臺省，令按刑獄。會皇太子良娣杜氏父有鄰與子婿柳勣不叶，勣飛書告有鄰不法，引李邕爲證，詔王鉷與國忠按問。鉷與國忠附會林甫奏之，於是賜有鄰自盡，出良娣爲庶人，李邕、裴敦復枝黨數人並坐極法。林甫之苞藏安忍，皆此類也。

林甫自以始謀不佐皇太子，慮爲後患，故屢起大獄以危之，賴太子重愼無過，流言不入。林甫嘗令濟陽別駕魏林告隴右、河西節度使王忠嗣，林往任朔州刺史，忠嗣時爲河東節度，自云與忠王同養宮中，情意相得，欲擁兵以佐太子。玄宗聞之曰：「我兒在內，何路與外人交通？此妄也。」然忠嗣亦左授漢陽太守。八載，咸寧太府趙奉章告林甫罪狀二十餘條〔二〕。告未上，林甫知之，諷御史臺逮捕，以爲妖言，重杖決殺。

十載，林甫兼領安西大都護、朔方節度，俄兼單于副大都護。十一載，以朔方副使李獻忠叛，讓節度，舉安思順自代。國家武德、貞觀已來，蕃將如阿史那社爾、契苾何力，忠孝有才略，亦不專委大將之任，多以重臣領使以制之。開元中，張嘉貞、王晙、張說、蕭嵩、杜暹皆以節度使入知政事，林甫固位，志欲杜出將入相之源，嘗奏曰：「文士爲將，怯當矢石，不如用寒族、蕃人，蕃人善戰有勇，寒族卽無黨援。」帝以爲然，乃用思順代林甫領使。自是高仙芝、哥舒翰皆專任大將，林甫利其不識文字，無入相由，然而祿山竟爲亂階，由專得大將之任故也。

林甫恃其早達，輿馬被服，頗極鮮華。自無學術，僅能秉筆，有才名於時者尤忌之。而郭愼微、苑咸文士之闒茸者，代爲題尺。林甫典選部時，選人嚴迥判語有用「杕杜」二字者，林甫不識「杕」字，謂吏部侍郎韋陟曰：「此云『杖杜』，何也？」陟俯首不敢言。太常少卿姜度，林甫舅子，度妻誕子，林甫手書慶之曰：「聞有弄麞之慶。」客視之掩口。

初，楊國忠登朝，林甫以微才不之忌；及位至中司，權傾朝列，林甫始惡之。時國忠兼領劍南節度，會南蠻寇邊，林甫請國忠赴鎭。帝雖依奏，然待國忠方渥，有詩送行，句末言入相之意。又曰：「卿止到蜀郡處置軍事，屈指待卿。」林甫心尤不悅。林甫時已寢疾。其年十月，扶疾從幸華淸宮，數日增劇，巫言一見聖人差減，帝欲視之，左右諫止。乃敕林甫出於庭中，上登降聖閣遙視，舉紅巾招慰之，林甫不能興，使人代拜於席。翌日，國忠自蜀還，謁林甫，拜於牀下，林甫垂涕託以後事。尋卒，贈太尉、揚州大都督，給班劍、西園秘器。諸子以吉儀護柩還京師，發喪於平康坊之第。

林甫晚年溺於聲妓，姬侍盈房。自以結怨於人，常憂刺客竊發，重扃複壁，絡板甃石，一夕屢徙，雖家人不之知。有子二十五人、女二十五人：岫爲將作監，崿爲司儲郎中，嶼爲太常少卿；子壻張博濟爲鴻臚少卿，鄭平爲戶部員外郎，杜位爲右補闕，楊齊宣爲諫議大夫〔三〕，元㩉爲京兆府戶曹。

初，林甫嘗夢一白皙多鬚長丈夫逼己，接之不能去。旣寤，言曰：「此形狀類裴寬，寬謀代我故也。」時寬爲戶部尙書、兼御史大夫，故因李適之黨斥逐之。是時楊國忠始爲金吾胄曹參軍，至是不十年，林甫卒，國忠竟代其任，其形狀亦類寬焉。國忠素憾林甫，旣得志，誣奏林甫與蕃將阿布思同構逆謀，誘林甫親族間素不悅者爲之證。詔奪林甫官爵，廢爲庶人，岫、崿諸子並謫於嶺表。林甫性沉密，城府深阻，未嘗以愛憎見於容色。自處台衡，動循格令，衣冠士子，非常調無仕進之門。所以秉鈞二十年，朝野側目，憚其威權。及國忠誣構，天下以爲冤。

楊國忠本名釗，蒲州永樂人也。父珣，以國忠貴，贈兵部尙書。則天朝幸臣張易之，卽國忠之舅也。國忠無學術拘檢，能飲酒，蒱博無行，爲宗黨所鄙。乃發憤從軍，事蜀帥，以屯優當遷，益州長史張寬惡其爲人，因事笞之，竟以屯優授新都尉。稍遷金吾衞兵曹參軍。太眞妃，卽國忠從祖妹也。天寶初，太眞有寵，劍南節度使章仇兼瓊引國忠爲賓佐，旣而擢授監察御史。去就輕率，驟履淸貫，朝士指目嗤之。

時李林甫將不利於皇太子，掎摭陰事以傾之。侍御史楊愼矜承望風旨，誣太子妃兄韋堅與皇甫惟明私謁太子，以國忠怙寵敢言，援之爲黨，以按其事。京兆府法曹吉溫舞文巧詆，爲國忠爪牙之用，因深竟堅獄，堅及太子良娣杜氏、親屬柳勣、杜昆吾等，痛繩其罪，以樹威權。於京城別置推院，自是連歲大獄，追捕擠陷，誅夷者數百家，皆國忠發之。林甫方深阻保位，國忠凡所奏劾，涉疑似於太子者，林甫雖不明言以指導之，皆林甫所使，國忠乘而爲邪，得以肆意。上春秋高，意有所愛惡，國忠探知其情，動契所欲。驟遷檢校度支員外郎，兼侍御史，監水陸運及司農、出納錢物、內中市買、召募劍南健兒等使。以稱職遷度支郎中，不期年，兼領十五餘使，轉給事中、兼御史中丞，專判度支事。是歲，貴妃姊虢國、韓國、秦國三夫人同日拜命，兄銛拜鴻臚卿。八載，玄宗召公卿百僚觀左藏庫，喜其貨幣山積，面賜國忠金紫，兼權太府卿事。國忠旣專錢穀之任，出入禁中，日加親幸。

初，楊愼矜希林甫旨，引王鉷爲御史中丞，同構大獄，以傾東宮。旣帝意不迴，愼矜稍避事防患，因與鉷有隙。鉷乃附國忠，奏誣愼矜，誅其昆仲，由是權傾內外，公卿惕息。吉溫爲國忠陳移奪執政之策，國忠用其謀，尋兼兵部侍郎。京兆尹蕭炅、御史中丞宋渾皆林甫所親善，國忠皆誣奏譴逐，林甫不能救。王鉷爲御史大夫，兼京兆尹，恩寵侔於國忠，而位望居其右。國忠忌其與己分權，會邢縡事泄，乃陷鉷兄弟誅之，因代鉷爲御史大夫，權京兆尹，賜名國忠。乃窮竟邢縡獄，令引林甫交私鉷、銲與阿布思事狀，而陳希烈、哥舒翰附會國忠，證成其狀，上由是疏薄林甫。

南蠻質子閤羅鳳亡歸不獲，帝怒甚，欲討之。國忠薦閬州人鮮于仲通爲益州長史，令率精兵八萬討南蠻，與羅鳳戰于瀘南，全軍陷沒。國忠掩其敗狀，仍敍其戰功，仍令仲通上表請國忠兼領益部。十載，國忠權知蜀郡都督府長史，充劍南節度副大使，知節度事，仍薦仲通代己爲京兆尹。國忠又使司馬李宓率師七萬再討南蠻。宓渡瀘水，爲蠻所誘，至和城〔三〕，不戰而敗，李宓死於陣。國忠又隱其敗，以捷書上聞。自仲通、李宓再舉討蠻之軍，其徵發皆中國利兵，然於土風不便，沮洳之所陷，瘴疫之所傷，饋餉之所乏，物故者十八九。凡舉二十萬衆，棄之死地，隻輪不還，人銜冤毒，無敢言者。國忠尋兼山南西道採訪使。十一載，南蠻侵蜀，蜀人請國忠赴鎮，林甫亦奏遣之。將辭，雨泣懇陳必爲林甫所排，帝憐之，不數月召還。會林甫卒，遂代爲右相，兼吏部尚書、集賢殿大學士、太清太微宮使、判度支、劍南節度、山南西道採訪、兩京出納租庸鑄錢等使並如故。

國忠本性疏躁，強力有口辯，既以便佞得宰相，剖決機務，居之不疑。立朝之際，或攘袂扼腕，自公卿已下，皆頤指氣使，無不讋憚。故事，宰相居台輔之地，以元功盛德居之，不務威權，出入騎從簡易。自林甫承恩顧年深，每出車騎滿街，節將、侍郎有所關白，皆趨走辟易，有同案吏。舊例，宰相午後六刻始出歸第，林甫奏太平無事，以巳時還第，機務填委，皆決於私家。主書吳珣持籍就左相陳希烈之第，希烈引籍署名，都無可否。國忠代之，亦如前政。國忠自侍御史以至宰相，凡領四十餘使，又專判度支、吏部三銓，事務鞅掌，但署一字，猶不能盡，皆責成胥吏，賄賂公行。

國忠既以宰臣典選，奏請銓日便定留放，不用長名。先天已前，諸司官知政事，午後歸本司決事，兵部尚書、侍郎亦分銓注擬。開元已後，宰臣數少，始崇其任，不歸本司。故事，吏部三銓，三注三唱，自春及夏，才終其事。國忠使胥吏於私第暗定官員，集百僚於尚書省對注唱，一日令畢，以誇神速，資格差謬，無復倫序。明年注擬，又於私第大集選人，令諸女弟垂簾觀之，笑語之聲，朗聞於外。故事，注官訖，過門下侍中、給事中。國忠注官時，呼左相陳希烈於座隅，給事中在列，曰：「既對注擬，過門下了矣。」吏部侍郎韋見素、張倚皆衣紫，是日與本曹郎官同咨事，趨走於屛樹之間。既退，國忠謂諸妹曰：「兩員紫袍主事何如人？」相對大噱。其所昵京兆尹鮮于仲通、中書舍人竇華、侍御史鄭昂諷選人於省門立碑，以頌國忠銓綜之能。

貴妃姊虢國夫人，國忠與之私，於宣義里構連甲第，土木被綈繡，棟宇之盛，兩都莫比，晝會夜集，無復禮度。有時與虢國並轡入朝，揮鞭走馬，以爲諧謔，衢路觀之，無不駭歎。玄宗每年冬十月幸華淸宮，常經冬還宮。國忠山第在宮東門之南，與虢國相對，韓國、秦國甍棟相接，天子幸其第，必過五家，賞賜宴樂。每扈從驪山，五家合隊，國忠以劍南幢節引於前，出有餞路，還有軟脚，遠近餉遺，珍玩狗馬，閹侍歌兒，相望於道。進封衞國公，食實封三百戶，俄拜司空。

時安祿山恩寵特深，總握兵柄，國忠知其跋扈，終不出其下，將圖之，屢於上前言其悖逆之狀，上不之信。是時，祿山已專制河北，聚幽、幷勁騎，陰圖逆節，動未有名，伺上千秋萬歲之後，方圖叛換。及見國忠用事，慮不利於己，祿山遙領內外閑廐使，遂以兵部侍郎吉温知留後，兼御史中丞、京畿採訪使，內伺朝廷動靜。國忠使門客蹇昂、何盈求祿山陰事，圍捕其宅，得李超、安岱等，使侍御史鄭昂縊殺於御史臺。又奏貶吉温於合浦，以激怒祿山，幸其搖動，內以取信於上，上竟不之悟。由是祿山惶懼，遂舉兵以誅國忠爲名。玄宗聞河朔變起，欲以皇太子監國，自欲親征，謀於國忠。國忠大懼，歸謂姊妹曰：「我等死在旦夕。今東宮監國，當與娘子等併命矣。」姊妹哭訴於貴妃，貴妃銜土請命，其事乃止。及哥舒翰守潼關，諸將以函關距京師三百里，利在守險，不利出攻。國忠以翰持兵未決，慮反圖己，欲其速戰，自中督促之。翰不獲已出關，及接戰桃林，王師奔敗，哥舒受擒，敗國喪師，皆國忠之誤惑也。

自祿山兵起，國忠以身領劍南節制，乃布置腹心於梁、益間，以圖自全之計。六月九日，潼關不守。十二日凌晨，上率龍武將軍陳玄禮、左相韋見素、京兆尹魏方進，國忠與貴妃及親屬，擁上出延秋門，諸王妃主從之不及，慮賊奄至，令內侍曹大仙擊鼓于春明門外，又焚芻藁之積，煙火燭天。既渡渭，即令斷便橋。辰時，至咸陽望賢驛，官吏駭竄，無復貴賤，坐宮門大樹下。亭午，上猶未食，有老父獻麨，帝令具飯，始得食。翌日，至馬嵬，軍士飢而憤怒，龍武將軍陳玄禮懼亂，先謂軍士曰：「今天下崩離，萬乘震蕩，豈不由楊國忠割剝甿庶，朝野怨咨，以至此耶？若不誅之以謝天下，何以塞四海之怨憤！」衆曰：「念之久矣。事行，身死固所願也。」會吐蕃和好使在驛門遮國忠訴事，軍士呼曰：「楊國忠與蕃人謀叛。」諸軍乃圍驛擒國忠，斬首以徇。是日，貴妃既縊，韓國、虢國二夫人亦爲亂兵所殺，御史大夫魏方進死，左相韋見素傷。良久兵解，陳玄禮等見上謝罪曰：「國忠撓敗國經，構興禍亂，使黎元塗炭，乘輿播越，此而不誅，患難未已。臣等爲社稷大計，請矯制之罪。」帝曰：「朕識之不明，任寄失所。近亦覺悟，審其詐佞，意欲到蜀，肆諸市朝。今神明啓卿，諧朕夙志，將疇爵賞，何至言焉。」

是時，祿山雖據河洛，其兵鋒東止於梁、宋，南不過許、鄧。李光弼、郭子儀統河朔勁卒，連收恆、定，若崤、函固守，兵不妄動，則兇逆之勢，不討自弊。及哥舒翰出師，凡不數日，乘輿遷幸，朝廷陷沒，百僚繫頸，妃主被戮，兵滿天下，毒流四海，皆國忠之召禍也。

國忠子：暄，朏，曉，晞。暄爲太常卿兼戶部侍郎，尙延和郡主；朏爲鴻臚卿，尙萬春公主。兄弟各立第於親仁里，窮極奢侈。國忠娶蜀倡裴氏女曰裴柔，國忠旣死，柔與虢國夫人皆自剄死。暄死於馬嵬；朏陷賊被殺；曉走漢中郡，漢中王瑀榜殺之；晞走至陳倉，爲追兵所殺。

國忠之黨翰林學士張漸竇華、中書舍人宋昱、吏部郎中鄭昂等，憑國忠之勢，招來賂遺，車馬盈門，財貨山積；及國忠敗，皆坐誅滅，其斲喪王室，俱一時之沴氣焉。

張暐，汝州襄城人也。祖德政，武德中鄆州刺史。暐，景龍初爲銅鞮令，家本豪富，好賓客，以弋獵自娛。會臨淄王爲潞州別駕，暐潛識英姿，傾身事之，日奉遊處。及樂人趙元禮自山東來，有女美麗，善歌舞，王幸之，止於暐第，生廢太子瑛。唐隆元年六月，王凊內難，升爲皇太子，召暐拜宮門大夫，每與諸王、姜皎、崔滌、李令問、王守一、薛伯陽在太子左右以接歡。其年，擢拜左臺侍御史〔四〕，數月遷左御史臺中丞。

先天元年，太子即位，帝居武德殿。太平公主有異謀，廣樹朋黨，暐與僕射劉幽求請先爲備。太平聞之，白於睿宗，乃流暐於嶺南峯州，幽求謫於嶺外。及太平之敗，幽求追拜尚書左僕射、兼侍中；暐爲大理卿，封鄧國公，實封三百戶，逾月又加權兼雍州長史。其年十二月，改元開元，以雍州爲京兆府，長史爲尹。暐首遷京兆尹，入侍宴私，出主都政，以爲榮寵之極。暐亦有應務才幹，遷太子詹事，判尚書左右丞，再除左羽林大將軍，三爲左金吾大將軍，又爲殿中監、太僕卿。

二十年，以暐年高，加特進。子履冰、季良、弟晤皆居清列。天寶初，暐還鄉拜掃，特賜錦袍繒綵，御賜詩以寵異之，乘傳來往，敕郡縣供擬。暐鬢髮華皓，在輿中，子弟車馬連接數里，衣冠榮之。中使中路追賜藥物。至襄城月餘，詔還京。五載薨，年九十餘，贈開府儀同三司。其後，履冰爲金吾將軍，季良殿中監，俱列棨戟，時人美之。暐壽考，善保終始。

王琚，懷州河內人也。叔父隱客，則天朝爲鳳閣侍郎。琚少孤而聰敏，有才略，好玄象合鍊之學。神龍初，年二十餘，嘗謁駙馬王同皎，同皎甚器之，益歡洽。言及刺武三思事，琚義而許之，與周璟、張仲之爲忘年之友。及同皎敗，琚恐爲吏所捕，變姓名詣於江都，傭書於富商家，主人後悟其非傭者，以女嫁之，資給其財。經四五年，睿宗登極，琚具白主人，厚資其行裝，乃至長安。遇玄宗爲太子監國，爲太平公主所忌，思立孱弱，以竊威權，太子憂危。沙門普潤先與玄宗筮，克清內難，加三品，食實封，常入太子宮。琚見之，說以天時人事，歷然可觀。普潤白玄宗，玄宗異之。及琚於吏部選補諸暨主簿，於東宮過謝，及殿，而行徐視高，中官曰：「殿下在簾下。」琚曰：「在外只聞有太平公主，不聞有太子。太子有大功於社稷，大孝於君親，何得有此聲？」玄宗遽召見之，琚曰：「頃韋庶人智識淺短，親行弒逆，人心盡搖，思立李氏，殿下誅之爲易。今社稷已安，太平則天之女，凶狡無比，專思立功，朝之大臣，多爲其用。主上以元妹之愛，能忍其過。賤臣淺識，爲殿下深憂。」玄宗命之同榻而坐。玄宗泣曰：「四哥仁孝，同氣唯有太平，言之恐有違犯，不言憂患轉深，爲臣爲子，計無所出。」琚曰：「天子之孝，貴於安宗廟，定萬人。徵之於昔，蓋主，漢帝之長姊，帝幼，蓋主共養帝於宮中，後與上官桀、燕王謀害大司馬霍光，不議及君上，漢主恐危劉氏，以大義去之。況殿下功格天地，位尊儲貳。太平雖姑，臣妾也，何敢議之！今劉幽求、張說、郭元振一二大臣，心輔殿下。太平之黨，必有移奪安危之計，不可立談。」玄宗又曰：「公有何小藝，可隱跡與寡人遊處？」琚曰：「飛丹鍊藥，談諧嘲詠，堪與優人比肩。」玄宗益喜，與之爲友，恨相知晚，呼爲王十一。翌日，奏授詹事府司直、內供奉兼崇文學士，日與諸王及姜皎等侍奉焉，獨琚常預秘計。踰月，又拜太子舍人，尋又兼諫議大夫、內供奉，又贈其父故下邽丞仲友楚州刺史。

先天元年七月，玄宗居尊位，在武德殿。八月，擢拜中書侍郎。時劉幽求、張暐並流於嶺外，琚見事迫，請早爲之計。二年七月三日，琚與岐王範、薛王業、姜皎、李令問、王毛仲、王守一並預誅逆，以鐵騎至承天門。時睿宗聞鼓譟聲，召郭元振升承天樓，宣詔下關，侍御史任知古召募數百人於朝堂，不得入。頃間，琚等從玄宗至樓上，誅蕭至忠、岑羲、竇懷貞、常元楷、李慈、李猷等。睿宗遜居百福殿。十日，拜琚銀青光祿大夫、戶部尚書，封趙國公，食實封五百戶；皎銀青光祿大夫、工部尚書，封楚國公，實封五百戶；令問銀青光祿大夫、殿中監、宋國公，實封三百戶；毛仲輔國大將軍、左武衞大將軍、檢校閑廐兼知監牧使、霍國公，實封五百戶；守一銀青光祿大夫、太常卿員外置同正員，進封晉國公，實封五百戶。琚、皎、令問並固讓尚書、殿中監，不上。十八日，琚、皎依舊官各加實封二百戶，通前七百戶。累日，玄宗讌於內殿，賜功臣金銀器皿各一床、雜綵各一千匹、絹一千匹，列於庭，讌慰終夕，載之而歸。

琚轉見恩顧，每延入閤中，迄夜方出。歸休之日，中官至第召之。中宮亦使尙宮就琚宅問訊琚母，時果珍味賫之，助其甘旨。琚在帷幄之側，常參聞大政，時人謂之「內宰相」，無有比者。又贈其父魏州刺史。或有上說於玄宗曰：「彼王琚、麻嗣宗譎詭縱橫之士，可與履危，不可得志。天下已定，宜益求純樸經術之士。」玄宗乃疏之。

十一月，令御史大夫持節巡天兵以北諸軍。十二月，改年號爲開元，又改官名，與蘇頲同爲紫微侍郎。二年二月迴，未及京，便除澤州刺史，削封。歷衡、郴、滑、虢、沔、夔、許、潤九州刺史，又復其封。二十年，丁母憂。二十二年，起復右庶子，兼嶲州刺史，又改同、蒲、通、鄧、蔡五州刺史。天寶後，又爲廣平、鄴郡二太守。性豪侈，著勳中朝，又食實封，典十五州，常受饋遺，下檐帳設，皆數千貫。玄宗念舊，常優容之。侍兒二十人，皆居寶帳。家累三百餘口，作造不遵於法式。雖居州伯，與佐官、胥吏、酋豪連榻飲謔，或樗蒱、藏鉤以爲樂。每移一州，車馬塡路，數里不絕。攜妓從禽，恣爲歡賞，垂四十年矣。

時李邕、王弼與琚皆年齒尊高，久在外郡，書疏尺題來往，有「譴謫留落」之句。右相林甫以琚等負材使氣，陰議除之。五載正月，琚果爲林甫構成其罪，貶琚江華郡員外司馬，削階封。至任未幾，林甫使羅希奭重按之。希奭排馬牒至，琚懼，仰藥，竟不能死；及希奭至，遂自縊而卒。死非其罪，人用憐之。寶應元年，贈太子少保。

王毛仲，本高麗人也。父游擊將軍職事求婁，犯事沒官，生毛仲，因隸于玄宗。性識明悟，玄宗爲臨淄王，常伏事左右。及出兼潞州別駕，又見李宜德趫捷善騎射，爲人蒼頭，以錢五萬買之。景龍三年冬，玄宗還長安，以二人挾弓矢爲翼。

初，太宗貞觀中，擇官戶蕃口中少年驍勇者百人，每出遊獵，令持弓矢於御馬前射生，令騎豹文韉，著畫獸文衫，謂之「百騎」。至則天時，漸加其人，謂之「千騎」，分隸左右羽林營。孝和謂之「萬騎」，亦置使以領之。玄宗在藩邸時，常接其豪俊者，或賜飲食財帛，以此盡歸心焉。毛仲亦悟玄宗旨，待之甚謹，玄宗益憐其敏惠。

及四年六月，中宗遇弒，韋后稱制，令韋播、高嵩爲羽林將軍，令押千騎營，榜棰以取威。其營長葛福順、陳玄禮等相與見玄宗訴冤，會玄宗已與劉幽求、麻嗣宗、薛崇簡等謀舉大計，相顧益歡，令幽求諷之，皆願決死從命。及二十日夜，玄宗入苑中，宜德從焉，毛仲避之不入。乙夜，福順等至，玄宗曰：「與公等除大逆，安社稷，各取富貴，在於俄頃，何以取信？」福順等請號而行，斯須斬韋播、韋璿、高嵩等頭來，玄宗舉火視之。又召鍾紹京領總監丁匠刀鋸百人至，因斬關而入，后及安樂公主等皆爲亂兵所殺。其夜，少帝以玄宗著大勳，進封平王。以紹京、幽求知政事，署詔敕。崇簡、嗣宗及福順、宜德，功大者爲將軍，次者爲中郎將。其時，梓宮在殯，舉城縞素。及明，玄宗引新立功者皆衣紫衣緋，持滿鐵騎而出，傾城聚觀歡慰。其犯逆者，盡曝屍於城外。毛仲數日而歸，玄宗不責，又超授將軍。

及玄宗爲皇太子監國，因奏改左右萬騎左右營爲龍武軍，與左右羽林爲北門四軍〔五〕，以福順等爲將軍以押之。龍武官盡功臣，受錫賚，號爲「唐元功臣」。長安良家子避征徭，納資以求隸於其中，遂每軍至數千人。毛仲專知東宮駝馬鷹狗等坊，未逾年，已至大將軍，階三品矣。及先天二年七月，毛仲預誅蕭、岑等功，授輔國大將軍、左武衞大將軍、檢校內外閑廄兼知監牧使，進封霍國公，實封五百戶。毛仲奉公正直，不避權貴，兩營萬騎功臣、閑廄官吏皆懼其威，人不敢犯。苑中營田草萊常收，率皆豐溢，玄宗以爲能。開元十四年，贈其父秦州刺史。

毛仲雖有賜莊宅，奴婢、駝馬、錢帛不可勝紀，常於閑廄側內宅住。每入侍讌賞，與諸王、姜皎等御幄前連榻而坐。玄宗或時不見，則悄然如有所失；見之則歡洽連宵，有至日晏。其妻已邑號國夫人；賜妻李氏又爲國夫人。每入內朝謁，二夫人同承賜賚，生男，孩稚已授五品，與皇太子同遊，故中官楊思勗、高力士等常避畏之。七年，進位特進，行太僕卿，餘並如故。九年，持節充朔方道防禦討擊大使，仍以左領軍大總管王晙與天兵軍節度張說，東與幽州節度裴伷先等計會。

毛仲部統嚴整，羣牧孳息，遂數倍其初。芻粟之類，不敢盜竊，每歲迴殘，常致數萬斛。不三年，扈從東封，以諸牧馬數萬匹從，每色爲一隊，望如雲錦，玄宗益喜。於岳下以宰相源乾曜、張說加左右丞相，毛仲加開府儀同三司。自玄宗先天正位後，以后父王同皎及姚崇、宋璟及毛仲十五年間四人至開府，又敕張說爲監牧頌以美之。十七年，從朝五陵，又贈毛仲父益州大都督。毛仲益驕，嘗求爲兵部尙書，玄宗不悅，毛仲怏怏，見於詞色。又福順子娶毛仲女，宜德、唐地文等數十人皆與毛仲善，倚之多爲不法。中官等妬其全盛逾己，專發其罪，尤倨慢之。中官高品者，毛仲視之蔑如也；如卑品者，小忤意則挫辱如己之僮僕。力士輩恨入骨髓。毛仲承恩遇，妻產，嘗借苑中亭子納涼，玄宗借之。中官構之彌甚，曰：「北門奴官太盛，豪者皆一心，不除之，必起大患。」

後毛仲索甲仗於太原軍器監，時嚴挺之爲少尹，奏之。玄宗恐其黨震懼爲亂，乃隱其實狀，詔曰：「開府儀同三司、兼殿中監、霍國公、內外閑廐監牧都使王毛仲，是惟微細，非有功績，擢自家臣，升于朝位。恩寵莫二，委任斯崇。無涓塵之益，肆驕盈之志。往屬艱難，遽茲逃匿，念深惟舊，義在優容，仍荷殊榮，蔑聞悛悔。在公無竭盡之效，居常多怨望之詞。迹其深愆，合從誅殛；恕其庸昧，宜從遠貶。可瀼州別駕員外置長任，差使馳驛領送至任，勿許東西及判事。」左領軍大將軍耿國公葛福順，貶壁州員外別駕；左監門將軍盧龍子唐地文，貶振州員外別駕；右武衞將軍成紀侯李守德，貶嚴州員外別駕，守德本宜德也，立功後改名；右威衞將軍王景耀，貶黨州員外別駕；右威衞將軍高廣濟，貶道州員外別駕。毛仲男太子僕守貞，貶施州司戶；太子家令守廉，貶溪州司戶；率更令守慶，貶鶴州司倉；左監門長史守道，貶涪州參軍。連累者數十人。又詔殺毛仲，及永州而縊之。

其後，中官益盛，而陳玄禮以淳樸自檢，宿衞宮禁，志節不衰。天寶中，玄宗在華清宮，乘馬出宮門，欲幸虢國夫人宅，玄禮曰：「未宣敕報臣，天子不可輕去就。」玄宗爲之迴轡。他年在華清宮，逼正月半，欲夜遊，玄禮奏曰：「宮外卽是曠野，須有備預，若欲夜遊，願歸城闕。」玄宗又不能違。及安祿山反，玄禮欲於城中誅楊國忠，事不果，竟於馬嵬斬之。從玄宗入巴蜀迴，封蔡國公，實封三百戶。上元元年八月致仕。

史臣曰：李林甫以諂佞進身，位極台輔，不懼盈滿，蔽主聰明，生旣唯務陷人，死亦爲人所陷，得非彼蒼假手，以示禍淫者乎！楊國忠稟性奸回，才薄行穢，領四十餘使，恣弄威權，天子莫見其非，羣臣由之杜口，致祿山叛逆，鑾輅播遷，梟首覆宗，莫救艱步。以玄宗之睿哲，而惑於二人者，蓋巧言令色，先意承旨，財利誘之，迷而不悟也。開元任姚崇、宋璟而治，幸林甫、國忠而亂，與夫齊桓任管仲、隰朋，幸豎刁、易牙，亦何異哉！書曰：「臣有作福作威，害于而家，凶于而國。」孔子曰：「佞人殆。」誠哉是言也。張暐、王琚、王毛仲，皆鄧通、閎孺之流也。琚有締構之功，過多僭侈，死於非罪，亦何惜之！

贊曰：天啓亂階，甫、忠當國。蔽主聰明，秉心讒慝。暐同二王，亦承恩德。吁哉僭蹤，不知紀極。

校勘記

〔一〕太府　新書卷二二三上李林甫傳、通鑑卷二一六作「太守」。

〔二〕楊齊宣　「楊」字各本原無，據新書卷二二三上李林甫傳補。

〔三〕和城　本書卷一九七南詔蠻傳作「大和城」。

〔四〕其年　「其」字上各本原有「令問」二字，據合鈔卷一五七張暐傳删。

〔五〕北門四軍　各本原作「北四門軍」，據合鈔卷一五七王毛仲傳改。

舊唐書卷一百七

列傳第五十七

玄宗諸子

靖德太子琮　庶人瑛　棣王琰　庶人瑤　靖恭太子琬　庶人琚
夏悼王一　儀王璲　潁王璬　懷哀王敏　永王璘　壽王瑁
延王玢　盛王琦　濟王環　信王瑝　義王玼　陳王珪　豐王珙
恆王瑱　涼王璿　汴哀王璥

玄宗三十子：元獻楊皇后生肅宗，劉華妃生奉天皇帝琮、靖恭太子琬、儀王璲，趙麗妃生廢太子瑛，錢妃生棣王琰，皇甫德儀生鄂王瑤，劉才人生光王琚，貞順武皇后生夏悼王一、懷哀王敏、壽王瑁、盛王琦，高婕妤生潁王璬，郭順儀生永王璘，柳婕妤生延王玢，鍾美人生濟王環，盧美人生信王瑝，閻才人生義王玭，王美人生陳王珪，陳美人生豐王珙，鄭才人生恆王瑱，武賢儀生涼王璿、汴哀王璥，餘七王早夭。

奉天皇帝琮，玄宗長子也，本名嗣直。景雲元年九月，封許昌郡王。先天元年八月，進封郯王。開元四年正月，遙領安西大都護，仍充安撫河東、關內、隴右諸蕃大使。十三年〔一〕，改封慶王，仍改名潭。十五年，遙領涼州都督，兼河西諸軍節度大使。二十一年，加太子太師，改名琮。二十四年，拜司徒。天寶元年，兼太原牧。十一載薨〔二〕，贈靖德太子，葬於渭水之南細柳原，仍於啓夏門內置廟祔享焉。肅宗元年建寅月九日，詔追册爲奉天皇帝，妃竇氏爲恭應皇后，備禮改葬於華清宮北齊陵，以尚書右僕射、冀國公裴冕爲其使。初，開元二十五年，太子瑛得罪廢，令琮養其子，及天寶十一載琮薨，以瑛子俅爲嗣慶王，除秘書監同正員。

廢太子瑛，玄宗第二子也，本名嗣謙。景雲元年九月，封眞定郡王。先天元年八月，進封郢王。開元三年正月，立爲皇太子。七年正月，加元服。其年，玄宗又令太子詣國子學行齒胄之禮，仍敕右散騎常侍褚无量升筵講論，學官及文武百官節級加賜。十三年，改名鴻，納妃薛氏，禮畢，曲赦京城之內，侍講潘肅等並加級改職，中書令蕭嵩親迎，特封徐國公。二十五年七月，改名瑛。

瑛母趙麗妃，本伎人，有才貌，善歌舞，玄宗在潞州得幸。及景雲升儲之後，其父元禮、兄常奴擢爲京職，開元初皆至大官。及武惠妃寵幸，麗妃恩乃漸弛。時鄂王瑤母皇甫德儀、光王琚母劉才人，皆玄宗在臨淄邸以容色見顧，出子朗秀而母加愛焉。及惠妃承恩，鄂、光之母亦漸疏薄〔三〕，惠妃之子壽王瑁，鍾愛非諸子所比。瑛於內第與鄂、光王等自謂母氏失職，嘗有怨望。惠妃女咸宜公主出降於楊洄，洄希惠妃之旨，規利於己，日求其短，譖於惠妃。妃泣訴於玄宗，以太子結黨，將害於妾母子，亦指斥於至尊。玄宗惑其言，震怒，謀於宰相，意將廢黜。中書張九齡奏曰：「陛下纂嗣鴻業，將三十年，太子已下，常不離深宮，日受聖訓。今天下之人，皆慶陛下享國日久，子孫蕃育，不聞有過，陛下奈何以一日之間廢棄三子？伏惟陛下思之。且太子國本，難於動搖。昔晉獻公惑寵嬖之言，太子申生憂死，國乃大亂。漢武威加六合，受江充巫蠱之事，將禍及太子，遂至城中流血。晉惠帝有賢子爲太子，容賈后之譖，以至喪亡。隋文帝取寵婦之言，廢太子勇而立晉王廣，遂失天下。由此而論之，不可不慎。今太子既長無過，二王又賢，臣待罪左右，敢不詳悉。」玄宗默然，事且寢。

其年，駕幸西京，以李林甫代張九齡爲中書令，希惠妃之旨，託意於中貴人，揚壽王瑁之美，惠妃深德之。二十五年四月，楊洄又搆於惠妃，言瑛兄弟三人與太子妃兄駙馬薛鏽常構異謀。玄宗遽召宰相籌之，林甫曰：「此蓋陛下家事，臣不合參知。」玄宗意乃決矣。使中官宣詔於宮中，並廢爲庶人，鏽配流，俄賜死於城東驛。天下之人不見其過，咸惜之。其年，武惠妃數見三庶人爲祟，怖而成疾，巫者祈請彌月，不痊而殞。

瑛有六男：儼、伸、倩、俅、備、儆。慶王琮先無子，瑛得罪後，玄宗遣鞠之。天寶中，儼爲新平郡王、光祿卿同正員，伸爲平原郡王、宗正卿同正員，俅爲嗣慶王。寶應元年，詔雪瑤、瑛、琚之罪，贈瑛爲皇太子，瑤、琚復贈爲王。

棣王琰，玄宗第四子也，初名嗣眞。開元二年十二月，封爲鄫王。十二年三月，改封棣王，仍改名洽。十五年，遙領太原牧、太原已北諸軍節度大使。二十二年，加太子太傅，餘如故。二十四年，改名琰。天寶元年六月，遙領兼武威郡都督、河西隴右經略節度大使。

先是，琰妃韋氏有過，琰怒之，不敢奏聞，乃斥於別室。寵二孺人，孺人又不相協。至十一載，孺人乃密求巫者，書符置於琰履中以求媚。琰與監院中官有隙，中官聞其事，密奏於玄宗，云琰厭魅聖躬；玄宗使人掩其履而獲之。玄宗大怒，引琰詰責之。琰頓首謝曰：

「臣之罪合死矣，請一言以就鼎鑊。然臣與新婦，情義絕者，二年于茲，臣有二孺人，又皆爭長。臣實不知有符，恐此三人所爲也。惟三哥辯其罪人。」及推問之，竟孺人也。玄宗猶疑琰知情，怒未解，太子已下皆爲請，命囚於鷹狗坊中，絕朝請，憂懼而死。琰妃即少師韋滔女，無子，琰死後，妃得還其父。

琰男女繁衍，至五十五人。天寶中封爲王者三人：僎爲汝南郡王、祕書監同正員，僑爲宜都王、衞尉卿同正員，儁爲濟南王、光祿卿同正員。寶應元年五月，代宗即位，捨琰罪，贈其王位。

鄂王瑤，玄宗第五子也，初名嗣初。開元二年五月，封爲鄂王。十二年，改名涓，遙領幽州都督、河北道節度大使。二十一年四月，加太子太保，兼幽州都督，餘如故。二十三年，改名瑤。二十五年，得罪廢。寶應元年五月追復。

靖恭太子琬，玄宗第六子也，初名嗣玄。開元二年三月，封爲甄王。十二年三月，改名滉，封爲榮王。十五年，授京兆牧，又遙領隴右節度大使。二十三年，加開府儀同三司，餘如故。二十五年，改名琬。天寶元年六月，授單于大都護。十四年十一月，安祿山反於范陽，其月制以琬爲征討元帥，高仙芝爲副，令仙芝徵河、隴兵募屯於陝郡以禦之。數日，琬薨。琬素有雅稱，風格秀整，時士庶冀琬有所成功，忽然殂謝，遠近咸失望焉。贈靖恭太子，葬于見子西原。

琬諸子尤繁衍，男女五十八人。天寶中封爲郡王者二：俯爲濟陰王、太僕卿同正員，偕爲北平王、國子祭酒同正員。

光王琚，玄宗第八子也。開元十二年，封爲光王。十五年，遙領廣州都督、五府經略大使。二十三年七月，光王琚、儀王濰、潁王澐、壽王清、延王洄、盛王沐、信王沔、義王漼等十王，並授開府儀同三司；皇子珪封爲陳王，澄封爲翌王，漉封爲恆王，滔封爲汴王。陳王已下第四王，幼未授官，並置府官僚屬。其日，光、儀等十人同於東宮尙書省上，詔宰臣及文武百僚送，儀注甚盛。俄除十五王府元僚，並未有府幕，同於禮院上，亦無精選。其時，琚兼廣州都督，餘如故。琚與鄂王瑤，皇子中有學尙才識，同居內宅，最相愛狎。琚有才力，善騎射。初封甚善，玄宗愛之。以母見疏薄，嘗有怨言，爲人所構得罪，人用憐之。寶應元年五月，追復官爵。無子。

夏悼王一，玄宗第九子也。母貞順皇后爲惠妃，見寵。一生而美秀，上鍾愛無比，名之爲一。開元五年，孩孺而薨，玄宗追封謚。時車駕在東都，葬於城南龍門東岑，欲宮中擧目見之。

儀王璲，玄宗第十二子也，初名濰。開元十三年五月，封爲儀王。十五年，授河南牧。二十三年，加開府儀同三司，兼河南牧，其年改名璲。永泰元年二月薨，廢朝三日，贈太傅。天寶中有子封王者二人：侁爲鍾陵郡王、光祿卿同正員，僆爲廣陵王、國子祭酒同正員。

潁王璬，玄宗第十三子也。讀書有文詞。初名瀔。開元十三年，封潁王。十五年，遙領安東都護、平盧軍節度大使。二十三年，加開府儀同三司，改名璬。安祿山反，除蜀郡大都督、劍南節度大使，楊國忠爲之副。玄宗幸蜀，令御史大夫魏方進充置頓使，先移牒至蜀，託以潁王之藩，令設儲供。玄宗至馬嵬，方進被殺，乃令璬先赴本郡，以蜀郡長史崔圓爲副。璬性儉率，將渡綿州江，登舟見綵緣席爲藉者，顧曰：「此可以爲寢處，奈何踐之？」命撤去。璬初奉命之藩，卒遽不遑受節，綿州司馬史賁進說曰：「王，帝子也，且爲節度大使。今之藩而不持節，單騎徑進，人何所瞻？請建大纛，蒙之油囊，爲旌節狀，先驅道路，足以威衆。」璬笑曰：「但爲眞王，何用假旌節乎？」將至成都，崔圓迓之，拜於馬前，璬不止之，圓頗怒。玄宗至，璬視事兩月，人甚安之。爲圓所奏，罷居內宅。後令宣慰肅宗於彭原，遂從歸京師。建中四年薨，年六十六，輟朝三日。

子伸，天寶中封滎陽郡王，授衞尉卿同正員。

懷哀王敏，玄宗第十五子也。幼而豐秀，以母惠妃之寵，玄宗特加顧念。纔晬，開元八年二月薨，追封謚，權窆於景龍觀。天寶十三載，改葬京城南，以祔其母敬陵也。

永王璘，玄宗第十六子也。母曰郭順儀，劍南節度尙書虛己之妹。璘數歲失母，肅宗收養，夜自抱眠之。少聰敏好學，貌陋，視物不正。開元十三年三月，封爲永王。十五年五月，遙領荊州大都督。二十年七月，加開府儀同三司，改名璘。

天寶十四載十一月，安祿山反范陽。十五載六月，玄宗幸蜀，至漢中郡，下詔以璘爲山南東路及嶺南黔中江南西路四道節度採訪等使〔四〕、江陵郡大都督，餘如故。璘七月至襄陽，九月至江陵，召募士將數萬人，恣情補署，江淮租賦，山積於江陵，破用鉅億。以薛鏐、李臺卿、蔡坰爲謀主，因有異志。肅宗聞之，詔令歸覲于蜀，璘不從命。十二月，擅領舟師東下，甲仗五千人趨廣陵，以季廣琛、渾惟明、高仙琦爲將。璘生於宮中，不更人事，其子襄城王偒又勇而有力，馭兵權，爲左右眩惑，遂謀狂悖。

璘雖有窺江左之心，而未露其事。吳郡採訪使李希言乃平牒璘，大署其名，璘遂激怒，牒報曰：「寡人上皇天屬，皇帝友于，地尊侯王，禮絕僚品，簡書來往，應有常儀，今乃平牒抗威，落筆署字，漢儀隳紊，一至於斯！」乃使渾惟明取希言，季廣琛趣廣陵攻採訪李成式。璘進至當塗，希言在丹陽，令元景曜、閻敬之等以兵拒之，身走吳郡，李成式使將李承慶拒之。先是，肅宗以璘不受命，先使中官啖廷瑤、段喬福招討之。中官至廣陵，成式括得馬數百匹。時河北招討判官、司虞郎中李銑在廣陵，瑤等結銑爲兄弟，求之將兵。銑麾下有騎一百八十人，遂率所領屯于楊子，成式使判官評事裴茂以廣陵步卒三千同拒于瓜步洲伊婁埭。希言將元景曜及成式將李承慶並以其衆迎降于璘，璘又殺丹徒太守閻敬之以徇，江左大駭。

裴茂至瓜步洲，廣張旗幟，耀于江津。璘與偒登陴望之竟日，始有懼色。季廣琛召諸將割臂而盟，以貳於璘。是日，渾惟明走于江寧，馮季康、康謙投于廣陵之白沙。廣琛以步卒六千趨廣陵，璘使騎追之，廣琛曰：「我感王恩，是以不能決戰，逃而歸國。若逼我，我則不擇地而迴戰矣。」使者返報。其夕，銑等多燃火，人執兩炬以疑之，隔江望者，兼水中之影，一皆爲二矣。璘軍又以火應之。璘懼，以官軍悉濟矣，遂以兒女及麾下宵遁。遲明，不見濟者，遂入城具舟楫，使襄城王驅其衆以奔晉陵。宵諜曰：「王走矣。」於是江北之軍齊進，募敢死士趙侃、庫狄岫、趙連城等共二十人，先鋒遊弈于新豐，皆因醉而寐。璘聞官軍之至，乃使襄城王、高仙琦逆擊之。驛騎奔告，侃等介馬而出，襄城王已隨而至，銑等奔救，張左右翼擊之，射中襄城王首，傷軍遂敗。高仙琦等四騎與璘南奔，至鄱陽郡，司馬陶備閉城拒之。璘怒，命焚其城。至餘干，及大庾嶺，將南投嶺外，爲江西採訪使皇甫侁下防禦兵所擒，因中矢而薨。子偒等爲亂兵所害。肅宗以璘愛弟，隱而不言。

壽王瑁，玄宗第十八子也，初名清。初，瑁母武惠妃，開元元年見幸，寵傾後宮，頻產夏悼王、懷哀王、上僊公主，皆端麗，襁褓不育。及瑁之初生，讓帝妃元氏請瑁在於邸中收養，妃自乳之，名爲己子。十餘年在寧邸，故封建之事晚於諸王。宮中常呼爲十八郎。十三年三月，封爲壽王，始入宮中。十五年，遙領益州大都督、劍南節度大使。二十三年，加開府儀同三司，改名瑁。二十五年，惠妃薨，葬以后禮。二十九年，讓帝薨，瑁請制服，以報乳養之恩，玄宗從之。

瑁，天寶中有子封爲王者二人：伓爲濟陽郡王，倓爲廣陽郡王、鴻臚卿同正員。

唐法，親王食封八百戶，有至一千戶；公主三百戶，長公主加三百戶，有至六百戶。高宗朝以沛、英、豫王、太平公主武后所生，食逾於制。垂拱中，太平至一千二百戶。聖曆初，皇嗣封爲相王，食封與太平同三千戶。長安中，壽春王兄弟五人，並賜實封三百戶。神龍初，相府與太平同至五千戶〔三〕，衞王三千戶，温王二千戶，成王七百戶。壽春王加四百戶，通前七百戶；嗣雍、衡陽、臨淄、巴陵、中山各加二百戶，通前五百戶。安樂初封二千戶，長寧一千五百戶，宣城、宜城、宣安各一千戶，相王女爲縣主者各三百戶。衞王尋升儲位，相府增至七千戶，太平至五千戶，安樂三千戶，長寧二千五百戶，宣城已下各二千戶。相府、太平、長寧、安樂皆以七千爲限，雖水旱亦不破損免，以正租庸充數。唐隆元年，遺制以嗣雍王守禮、壽春王成器封爲親王，各賜實封一千戶。開元之後，朝恩睦親，以寧府最長，封至五千五百戶；岐、薛愛弟著勳，五千戶；申府以外家微，至四千戶；邠府以外枝，至一千八百戶。皇妹爲公主者，食封一千戶，中宗女亦同。其後，皇子封王者賜封二千戶，皇女爲公主者賜封五百戶。咸宜賜湯沐，以母惠妃封至一千戶，諸皇女爲公主者，例加至一千戶。其封自開元已來，皆約以三千爲限。

延王玢，玄宗第二十子也，初名洄〔六〕。玢母卽尙書右丞柳範孫也，最爲名家，玄宗深重之。琁亦仁愛，有學問。開元十三年，封爲延王。十五年，遙領安西大都護、磧西節度大使。二十三年七月，加開府儀同三司，餘如故，改名玢。天寶十五載，玄宗幸蜀，玢男女三十六人，不忍棄於道路，數日不及行在所，玄宗怒之；賴漢中王瑀抗疏救之，聽歸於靈武。興元元年薨。

天寶末，封子倬彭城郡王、秘書監同正員，侹平陽郡王、殿中監同正員。

盛王琦，玄宗第二十一子也。壽王母弟，初名沐。十三年三月，封爲盛王。十五年，領揚州大都督。二十年，加開府儀同三司，餘如故，改名琦。天寶十五年六月，玄宗幸蜀，在路除琦爲廣陵大都督，仍領江南東路及淮南河南等路節度支度採訪等使，以前江陵大都督府長史劉彙爲之副，以廣陵長史李成式爲副大使、兼御史中丞。琦竟不行。廣德二年四月薨，贈太傅。

天寶末有子封王者二人：僨眞定郡王、太常卿同正員，佩封武都郡王、殿中監同正員。

濟王環，玄宗第二十二子也，初名溢。開元十三年三月，封濟王。二十三年七月，授開府儀同三司，其月改名環。

天寶末有子封爲王者二人：俅爲永嘉郡王、衞尉卿同正員，俛爲平樂郡王、光祿卿同正員。

信王瑝，玄宗第二十三子也，初名沔。開元十三年三月，封爲信王。二十三年七月，授開府儀同三司，仍改名瑝。天寶末有子封爲王者二人：佟爲新安郡王、太常卿同正員，倜爲晉陵郡王、光祿卿同正員。

義王玭，玄宗第二十四子也，初名漼。開元十三年三月，封爲義王。二十三年七月，授開府儀同三司，仍改名玭。天寶末有子封爲王者二人：儀爲舞陽郡王、太僕卿同正員，僇爲高密郡王、宗正卿同正員。

陳王珪，玄宗第二十五子也，初名漼。開元二十三年七月，封爲陳王。二十四年三月改名珪。

天寶末男女二十一人，封爲王者二人：佗爲臨淮郡王、太常卿同正員，俊爲安陽王、殿中監同正員。

豐王珙，玄宗第二十六子也，初名澄。開元二十三年七月，封爲豐王。二十四年二月改名珙。天寶十五年六月，玄宗幸蜀，至扶風郡，授珙武威郡都督，仍領河西隴右安西北庭等路節度支度採訪使；以隴右太守鄧景山爲之副，兼武威長史、御史中丞，充都副大使。珙竟不行。

廣德元年十月，吐蕃凌逼上都，上將幸陝州，自苑中而出，騎從半渡滻水。將軍王懷忠遂閉苑門，橫截五百餘騎，擁十宅諸王西投吐蕃。至城西，適遇元帥郭子儀，懷忠謂子儀曰：「主上東遷，社稷無主，萬國顒顒，何所瞻仰！今僕奉諸王等西奔，以副天下之望。令公身爲元帥，廢置在手，何不行册立之事乎？」子儀未及對，珙遂越次而言曰：「令公作何語，何不言也？」行軍司馬王延昌責之曰：「主上雖蒙塵于外，聖德欽明，王身爲藩翰，何乃發狂悖之詞也？延昌當奏聞于上。」子儀又數讓之，命軍士領之盡赴行在。潼關謁見，上不之責。珙歸幕次，詞又不順，羣臣恐遂爲亂，請除之，遂賜死。

天寶中有子二人爲王：佻齊安郡王、宗正卿同正員，佃宜春郡王、鴻臚卿同正員。

恆王瑱，玄宗第二十七子也，初名漉。開元二十三年七月，封爲恆王。性好道，常服道士衣。授右衞大將軍，加開府儀同三司。二十四年二月改名瑱。天寶十五載，從幸巴蜀，不復衣道士衣矣。

涼王璿，玄宗第二十九子也，初名漎。母武賢儀，則天時高平王重規女也，開元中入宮中，號爲「小武妃」。二十三年七月，封爲涼王。二十四年二月，改名璿。

初，貞觀中，高宗爲晉王，以文德皇后最少子，后崩後累年，太宗憐之，不令出閤，至立爲太子。高宗朝，睿宗爲豫王，雖成長，亦以則天最小子，不令出閤。及至聖曆初，封爲相王，始出閤。中宗時，以譙王重福失愛，出遷外藩，衞王重俊爲太子，入與成王千里等起兵，將誅韋后，故溫王重茂雖年十六七，竟亦居中。先天之後，皇子幼則居內，東封年，以漸成長，乃於安國寺東附苑城同爲大宅，分院居，爲十王宅。令中官押之，於夾城中起居，每日家令進膳。又引詞學工書之人入教，謂之侍讀。十王，謂慶、忠、棣、鄂、榮、光、儀、潁、永、延、濟，蓋舉全數。其後，盛、儀、壽、陳、豐、恆、涼六王又就封〔七〕，入內宅。二十五年，鄂、光得罪，忠繼大統，天寶中，慶、棣又歿，唯榮、儀等十四王居院，而府幕列於外坊，時通名起居而已。外諸孫成長，又於十宅外置百孫院。每歲幸華清宮，宮側亦有十王院、百孫院。宮人每院四百，百孫院三四十人。又於宮中置維城庫，諸王月俸物，約之而給用。諸孫納妃嫁女，亦就十宅中。太子不居於東宮，但居於乘輿所幸之別院。太子亦分院而居，婚嫁則同親王、公主，在於崇仁之禮院。

天寶十五載六月，玄宗幸蜀，儀王已下十三王從。至漢中郡，遣永王璘出鎮荆州。至德二年十月，從還京。廣德元年十二月五日，上都失守，有儀、潁、壽、延、盛、濟、信、義、陳、恆、涼十一王扈從，幸陝州。十二月，從還上都。

瑢之子，天寶中封爲王者一人：伆，瀘陽郡王、殿中監同正員。

汴哀王璥，玄宗第三十子也，初名滔。開元二十五年七月，封爲汴王。二十四年二月，改名璥，以其月薨。

史臣曰：前史有云：「母愛者子抱」，太子瑛之廢，有由然矣。琬爲元帥，不幸遽薨，豈天啓亂階，何失衆望之速也！永王璘，父在蜀城，兄居靈武，不能立忠孝之節，爲社稷之謀，而乃聚兵江上，規爲己利，不義不昵，以災其身，書所謂「自作孽，不可逭」也。豐王珙因緣厄運，竊有覬覦，不愼樞機，自貽伊咎，悲矣！

贊曰：螽斯之詠，樂有子孫。用建藩屏，以崇本根。讒勝瑛廢，恩移至尊。盜熾琬卒，情乖萬民。口禍豐珙，自災永璘。惜乎二胤，不如仁人。

校勘記

〔一〕十三年　各本原作「三年」，據冊府卷二六五、新書卷八二奉天皇帝琮傳改。

〔二〕十一載　各本原作「十載」，據本卷下文及冊府卷二八四改。

〔三〕鄂光之母　「鄂光」，各本原作「鄂王」，唐會要卷四作「鄂光」。按據上下文意，唐會要是，據改。

〔四〕山南東路　各本原作「山東南路」，據唐會要卷五、冊府卷二八一改。

〔五〕五千戶　「五」字各本原無，據唐會要卷五、合鈔卷一五八壽王瑁傳補。

〔六〕初名洄　「洄」，各本原作「涸」，新書卷八二光王琚傳作「洄」。按本書卷八玄宗紀開元十三年亦作「洄」，「涸」字誤，故改。

〔七〕盛儀壽陳豐恆涼六王　數之有七王，此言「六王」，疑有訛誤。唐會要卷五、新書卷八二十一宗諸子傳作「壽信義陳豐恆涼七王」。

舊唐書卷一百八

列傳第五十八

韋見素 子諤 益 益子顗 崔圓 崔渙 子縱 杜鴻漸

韋見素，字會微，京兆萬年人。父湊，開元中太原尹。見素學科登第。景龍中，解褐相王府參軍，歷衞佐、河南府倉曹。丁父憂，服闋，起爲大理寺丞，襲爵彭城郡公。坐事出爲坊州司馬。入爲庫部員外郎，加朝散大夫，歷右司兵部二員外、左司兵部二郎中，遷諫議大夫。天寶五年，充江西、山南、黔中、嶺南等黜陟使，觀省風俗，彈糾長吏，所至肅然。使還，拜給事中，駁正繩違，頗振臺閣舊典。尋檢校尚書工部侍郎，改右丞。九載，遷吏部侍郎，加銀青光祿大夫。見素仁恕長者，意不忤物，及典選累年，銓敍平允，人士稱之。

時右相楊國忠用事，左相陳希烈畏其權寵，凡事唯諾，無敢發明，玄宗頗知之，聖情不悅。天寶十三年秋，霖雨六十餘日，京師廬舍垣墉頹毀殆盡，凡一十九坊汙潦。天子以宰輔或未稱職，見此咎徵，命楊國忠精求端士。時兵部侍郎吉温方承寵遇，上意用之。國忠以温祿山賓佐，懼其威權，奏寢其事。國忠訪於中書舍人竇華、宋昱等，華、昱言見素方雅，柔而易制。上亦以經事相王府，有舊恩，可之。其年八月，拜武部尙書、同中書門下平章事，充集賢院學士，知門下省事，代陳希烈。見素既爲國忠引用，心德之。時祿山與國忠爭寵，兩相猜嫌，見素亦無所是非，署字而已，遂至兇胡犯順，不措一言。

十五年六月，哥舒翰兵敗桃林，潼關不守。是月，玄宗蒼黃出幸，莫知所詣。楊國忠以身領劍南旄鉞，請幸成都。見素與國忠、御史大夫魏方進遇上於延秋門，便扈從之咸陽。翌日，次馬嵬驛，軍士不得食，流言不遜。龍武將軍陳玄禮懼其亂，乃與飛龍馬家李護國謀於皇太子，請誅國忠，以慰士心。是日，玄禮等禁軍圍行宮，盡誅楊氏。見素遁走，爲亂兵所傷，衆呼曰：「勿傷韋相！」識者救之，獲免。上聞之，令壽王瑁宣慰，賜藥傅瘡。魏方進爲亂兵所殺。是日，朝士獨見素一人。是夜宿馬嵬，上命見素子京兆府司錄參軍諤爲御史中丞，充置頓使。凌晨將發，六軍將士曰：「國忠反叛，不可更往蜀川，請之河、隴。」或言靈武、太原，或云還京，議者不一。上意在劍南，慮違士心，無所言。諤曰：「還京須有捍賊之備。今兵馬數少，恐非萬全，不如且至扶風，徐圖去就。」上詢于衆，衆以爲然，乃令皇太子後殿。

上至扶風郡，從駕諸軍各圖去就，頗出醜言。陳玄禮不能制，上聞之憂懼。會益州貢春綵十萬疋，乃以其綱使灤陽尉劉景温爲監察御史，其綵悉陳於廷，召六軍將士等入，上謂之曰：「卿等皆國之功臣，勳勞素著，朕之優賞，常亦不輕。逆胡負恩，事須迴避，甚知卿等不得別父母妻子，朕亦不及辭九廟。」言發涕流。又曰：「朕今須幸蜀，蜀路險狹，人若多往，恐難祗供。今有此綵，卿等卽宜分取，各自圖去就。朕自有子弟、中官等相隨，便與卿等訣別。」衆咸俯伏號泣，曰：「死生從陛下。」上良久曰：「去住聽卿自便。」自是醜言方息。七月，至巴西郡，以見素兼左相、武部尚書。數日，至蜀郡，加金紫光祿大夫，進封豳國公，與一子五品官。

是月，皇太子卽位於靈武，道路艱澀，音驛未通。八月，肅宗使至，始知靈武卽位。尋命見素與宰臣房琯賫傳國寶玉册奉使靈武，宣傳詔命，便行册禮。將行，上皇謂見素等曰：「皇帝自幼仁孝，與諸子有異，朕豈不知。往十三年，已有傳位之意，屬其歲水旱，左右勸朕且俟豐年。爾來便屬祿山構逆，方隅震擾，未遂此心。昨發馬嵬，亦有處分。今皇帝受命，朕心頓如釋負。勞卿等遠去，勉輔佐之。多難興王，自古皆有，卿等乃心王室，以宗社爲念，早定中原，吾之望也。」見素等悲泣不自勝。仍以見素子諤及中書舍人賈至充册禮使判官。時肅宗已迴幸順化郡。九月，見素等至，册禮畢，從幸彭原郡。肅宗在東宮，素聞房琯名重，故虛懷以待；以見素常附國忠，禮遇稍薄。明年，至鳳翔。三月，除左僕射，罷知政事，以憲部尚書致仕苗晉卿代爲左相。

初，肅宗在鳳翔，喪亂之後，綱紀未立，兵吏三銓，簿籍煨燼，南曹選人，文符悉多僞濫。上以兇醜未滅，且示招懷，據到注擬，一無檢括。見素曰：「臣典選歲久，周知此弊。今寰區未復，員闕不多。若總無條綱，恐難持久。」上然之，未暇釐革。及還京，選人數千，補授無所，喧訴于朝，由是行見素之言。及房琯以敗軍左降，崔圓、崔渙等皆罷知政事，上皇所命宰臣，無知政事者。五月，遷見素太子太師。十一月，肅宗自右輔還京，詔見素入蜀奉迎太上皇。十二月，上皇至京師，肅宗御樓大赦。見素以奉上皇幸蜀功，加開府儀同三司，食實封三百戶。上元中，以足疾上表請致仕，許之。寶應元年十二月卒，年七十六，贈司空，諡曰忠貞，喪事官給。

子倜、諤、益、晢。倜、諤皆位至給事中，益終刑部員外郎，晢終祕書丞。倜子頲。

益子顗，字周仁，生一歲而孤，事姊稱爲恭孝。性嗜學，尤精陰陽、象緯、經略、風俗之書。善持論，有清譽。少以門蔭補千牛備身，自鄠縣尉判入等，授萬年尉，歷御史、補闕、尚書郎，累遷給事中、尚書左丞、戶部侍郎、中丞、吏部侍郎。其在諫垣，與李約、李正辭迭申裨諷，頗迴大政。宰相裴垍、李絳、崔羣輩多與友善，而後進之有浮名者，亦遊其門，以是稱有時望。及李逢吉黨朋黨以專政柄，而顗附麗之跡尤密，頗爲時人所譏。然處身儉約，有足多者。著易蘊解，推演潛亢終始之義，甚有奥旨。寶曆元年七月卒，贈禮部尚書。

崔圓，清河東武城人也。後魏左僕射亮之後。父景晊，官至大理評事。圓少孤貧，志尙閎博，好讀兵書，有經濟宇宙之心。開元中，詔搜訪遺逸，圓以鈐謀射策甲科，授執戟。自負文藝，獲武職，頗不得意。蕭炅爲京兆尹，薦爲會昌丞，累遷司勳員外郎。宰臣楊國忠遙制劍南節度使，引圓佐理，乃奏授尙書郎，兼蜀郡大都督府左司馬，知節度留後。天寶末，玄宗幸蜀郡，特遷蜀郡大都督府長史、劍南節度。圓素懷功名，初聞國難，潛使人探國忠深旨，知有行幸之計，乃增修城池，建置館宇，儲備什器。及乘輿至，殿宇牙帳咸如宿設，玄宗甚嗟賞之，卽日拜中書侍郎、同中書門下平章事、劍南節度，餘如故。

肅宗卽位，玄宗命圓同房琯、韋見素並赴肅宗行在所，玄宗親製遺愛碑于蜀以寵之。從肅宗還京，以功拜中書令，封趙國公，賜實封五百戶。明年，罷知政事，遷太子少師，留守東都。會官軍不利於相州，軍迴過洛陽，所在剽掠。圓棄城南奔襄陽，詔削除階封。尋起爲濟王傅。李光弼用爲懷州刺史，除太子詹事，改汾州刺史，皆以理行稱。拜揚州大都督府長史、淮南節度觀察使，加檢校右僕射、兼御史大夫，轉檢校左僕射知省事。大曆三年六月薨，年六十四，輟朝三日，贈太子太師，謚曰昭襄。

崔渙，祖玄暐，神龍功臣，封博陵郡王。父璩，文學知名，位至禮部侍郎。渙少以士行聞，博綜經籍，尤善談論，累遷尚書司門員外郎。天寶末，楊國忠出不附己者，渙出爲劍州刺史。天寶十五載七月，玄宗幸蜀，渙迎謁於路，抗詞忠懇，皆究理體，玄宗嘉之，以爲得渙晚。宰臣房琯又薦之，即日拜黄門侍郎、同中書門下平章事，扈從成都府。肅宗靈武即位。八月，與左相韋見素、同平章事房琯、崔圓同齎册赴行在。時未復京師，舉選路絶，詔渙充江淮宣諭選補使，以收遺逸。惑於聽受，爲下吏所鬻，濫進者非一，以不稱職聞。乃罷知政事，除左散騎常侍，兼餘杭太守、江東採訪防禦使。旋授正議大夫、太子賓客。乾元三年正月，轉大理卿。再遷吏部侍郎、檢校工部尚書、集賢院待詔。性尚簡澹，不交世務，頗爲時望所歸。遷御史大夫，加税地青苗錢物使。時以此錢充給京百官料，渙爲屬吏希中，以下估爲使料，上估爲百官料。其時爲皇城副留守張清發之，詔下有司訊鞫，渙無詞以對，坐是貶道州刺史。大曆三年十二月壬寅，以疾終。

子縱，初以蔭補協律郎，三遷爲監察御史。詔擇令長於臺省，除藍田令，寬明勤幹，德化大行，縣人爲之立碑頌德。轉京兆府司錄，累遷金部員外郎。以父貶道州刺史，棄官就養。丁父憂，終制，六遷大理卿、兼御史中丞、汴西水陸運兩稅鹽鐵等使。田悅連敗，走魏州，嬰城自守，諸道兵圍之，屢乏食，詔縱兼魏州四節度糧料使，軍儲稍給。

德宗幸奉天，四方握兵，未有至者。縱先知之，潛告李懷光勸令奔命，懷光從之。縱乃悉斂軍財與懷光俱來，調給具備。懷光兵士久戰河外，及次河中，將遷延。縱之貨幣先已渡河，縱謂衆曰：「若濟，悉以分賜。」衆利之，乃西。至奉天，加右庶子，充使。無幾拜京兆尹、兼御史大夫。數奏懷光剛愎反覆，宜陰備之。及行幸梁州，左右或短之曰：「縱素善懷光，今不來矣。」上曰：「他人不知縱，吾可保其心。」不數日，縱至，拜御史大夫。嘗議其大體，不親細事，獄訴儀制，皆付之僚吏。

貞元元年，親祠南郊，爲大禮使。屬兵旱之後，賦入尚少，縱裁定文物，儉而中禮。無何，萬年丞源邃爲京兆尹李齊運所抑捽至死，縱劾奏不行。數月，除吏部侍郎，尋檢校禮部尚書、東畿唐汝鄧都觀察使、河南尹。是時兵革甫定，民耗六七，縱悉心求瘼，爲理簡易。先是，戍邊之師由洛陽者，儲餼取辦於編戶。縱始官備，不徵於人，令五家相保，俾自占告發斂，以絕胥吏之私。又引伊、洛水以通里閈，都中灌溉濟不逮爲十一二，人甚安之。徵拜太常卿。貞元七年六月卒官，年六十二，謚曰忠，贈吏部尙書。

縱孝悌，修飭自立。以父爲元載排抑，居退十餘年，左宦外府，訖載得罪，不求聞達。初，渙有寵妾鄭氏，縱以母事之。鄭氏性剛戾，待縱不以理，雖爲大僚，每加笞詬。縱率妻子候顏，敬順不懈，時以爲難。

杜鴻漸，故相暹之族子。祖愼行，益州長史。父鵬舉，官至王友。鴻漸敏悟好學，舉進士，解褐王府參軍。天寶末，累遷大理司直，朔方留後、支度副使。

肅宗北幸，至平涼，未知所適。鴻漸與六城水運使魏少遊、節度判官崔漪、支度判官盧簡金、關內鹽池判官李涵謀曰：「今胡羯亂常，二京陷沒，主上南幸於巴蜀，皇太子理兵於平涼。然平涼散地，非聚兵之處，必欲制勝，非朔方不可。若奉殿下，旬日之間，西收河、隴，迴紇方強，與國通好，北徵勁騎，南集諸城，大兵一舉，可復二京。雪社稷之恥，上報明主，下安蒼生，亦臣子之用心，國家之大計也。」鴻漸卽日草牋具陳兵馬招集之勢，錄軍資、器械、倉儲、庫物之數，令李涵齎赴平涼，肅宗大悅。鴻漸知肅宗發平涼，於北界白草頓迎謁，因勞諸使及兵士，進言曰：「朔方天下勁兵，靈州用武之處。今迴紇請和，吐蕃內附，天下郡邑，人皆堅守，以待制命。其中雖爲賊所據，亦望不日收復。殿下整理軍戎，長驅一舉，則逆胡不足滅也。」肅宗然之。

及至靈武，鴻漸與裴冕等勸卽皇帝位，以歸中外之望，五上表，乃從。鴻漸素習帝王陳布之儀，君臣朝見之禮，遂採摭舊儀，綿蕝其事。城南設壇壝，先一日具儀注草奏。肅宗曰：「聖君在遠，寇逆未平，宜罷壇場。」餘可其奏。肅宗卽位，授兵部郎中，知中書舍人事，尋轉武部侍郎。至德二年，兼御史大夫，爲河西節度使、涼州都督。兩京平，遷荆州大都督府長史、荆南節度使。

襄州大將康楚元、張嘉延盜所管兵，據襄州城叛，刺史王政遁走。嘉延南襲荆州，鴻漸聞之，棄城而遁。澧、朗、硤、歸等州聞鴻漸出奔，皆惶駭，潛竄山谷。歲餘，徵拜尚書右丞、吏部侍郎、太常卿，充禮儀使。二聖晏駕，鴻漸監護儀制，山陵畢，加光祿大夫，封衞國公。廣德二年，代宗將享郊廟，拜鴻漸兵部侍郎、同中書門下平章事，尋轉中書侍郎。

永泰元年十月，劍南西川兵馬使崔旰殺節度使郭英乂，據成都，自稱留後。邛州衙將柏貞節、瀘州衙將楊子琳、劍州衙將李昌巙等興兵討旰，西蜀大亂。明年二月，命鴻漸以宰相兼充山、劍副元帥、劍南西川節度使，以平蜀亂。鴻漸心無遠圖，志氣怯懦，又酷好浮圖道，不喜軍戎。既至成都，懼旰雄武，不復問罪，乃以劍南節制表讓於旰。時西戎寇邊，關中多事，鴻漸孤軍陷險，兵威不振，代宗不獲已，從之。仍以旰爲劍南西川行軍司馬，柏貞節爲邛州刺史，楊子琳爲瀘州刺史，各罷兵。尋請入覲，仍表崔旰爲西川兵馬留後。代宗嘉之。

大曆二年，詔以旰爲成都尹、劍南西川節度使，召鴻漸還京。鴻漸仍率旰同入覲，代宗後知政事，轉門下侍郎，讓山南副元帥。三年八月，代王縉爲東都留守〔一〕，充河南、淮西、山南東道副元帥，平章事如故。以疾上表乞骸骨，從之，竟不之任。四年十一月卒，贈太尉，諡曰文憲。輟朝三日，賜物五百疋、粟五百石。

鴻漸晚年樂於退靜，私第在長興里，館宇華靡，賓僚宴集。鴻漸悠然賦詩曰：「常願追禪理，安能挹化源。」朝士多屬和之。及休致後病，令僧剃頂髮，及卒，遺命其子依胡法塔葬，不爲封樹，冀類緇流，物議哂之。

史臣曰：祿山狂悖已顯，玄宗寵任無疑，見素知國危，陳廟算，直言極諫，而君不從，獨正犯難，而人不咎，出生入死，善始令終者鮮矣。時論以見素取容於國忠，無言匡大政。且國忠恃內戚，弄重權，沮林甫姦豪，取其大位，若見素之孤直，豈許取容。蓋禍胎已成，政柄久褰，見素入相餘年，言不從而難作，雖有周、孔之才，其能匡救者乎！諤才辯，頗儉約，雅符積善之慶矣。圓守文之士，非禦侮之才。渙才兼行聞，命與時會。發言上沃主意，遽致顯榮；當官屢爲吏欺，終及竄逐。所謂可與適道，未可與權。縱忠於國，能於官，孝於家，三者備矣，孰能繼之！鴻漸有衞社之功，非干城之責，時以任崔旰爲非，則不然矣。且旰南拒貞節，北敗獻誠，宜以懷來，未可力制。終致歸國，豈非臧謀，向討之，即爲劇賊矣。然事佛徼福，朋勢取容，非君子之道焉。

贊曰：玄宗失德，祿山肆逆。見素竭節，諸公協力。

校勘記

〔一〕王縉　各本原作「王綰」，本書卷一一八王縉傳云縉于大曆三年讓東都留守。「綰」係「縉」之誤，今據合鈔卷一五九杜鴻漸傳改。

舊唐書卷一百九

列傳第五十九

馮盎 阿史那社尒 子道眞 叔祖蘇尼失 蘇尼失子忠附 黑齒常之 李多祚 李嗣業 白孝德 契苾何力

馮盎，高州良德人也。累代爲本部大首領。盎少有武略，隋開皇中爲宋康令。仁壽初，潮、成等五州獠叛，盎馳至京，請討之。文帝敕左僕射楊素與盎論賊形勢，素曰：「不意蠻夷中有此人，大可奇也。」卽令盎發江、嶺兵擊之。賊平，授金紫光祿大夫，仍除漢陽太守。武德三年，廣、新二州賊帥高法澄、冼寶徹等並受林士弘節度，殺害隋官吏，盎率兵擊破之。既而寶徹兄子智臣又聚兵於新州，自爲渠帥，盎趨往擊之。兵交，盎却兜鍪大呼曰：「爾等頗識我否？」賊多棄戈肉袒而拜，其徒遂潰，擒寶徹、智臣等，嶺外遂定。或有說盎曰：「自隋季崩離，海內騷動。今唐雖應運，而風教未浹，南越一隅，未有所定。公克平五嶺二十餘州，豈與趙佗九郡相比？今請上南越王之號。」盎曰：「吾居南越，于玆五代，本州牧伯，唯我一門，子女玉帛，吾之有也。人生富貴，如我殆難，常恐弗克負荷，以墜先業。本州衣錦便足，餘復何求？越王之號，非所聞也。」

四年，盎以南越之衆降，高祖以其地爲羅、春、白、崖、儋、林等八州，仍授盎上柱國、高羅總管，封吳國公，尋改封越國公。拜其子智戴爲春州刺史，智彧東合州刺史，徙封盎耿國公。貞觀五年，盎來朝，太宗宴賜甚厚。俄而羅竇諸洞獠叛，詔令盎率部落二萬爲諸軍先鋒。時有賊數萬屯據險要，不可攻逼。盎持弩語左右曰：「盡吾此箭，可知勝負。」連發七矢，而中七人，賊退走，因縱兵乘之，斬首千餘級。太宗令智戴還慰省之，自後賞賜不可勝數。盎奴婢萬餘人，所居地方二千里，勤於簿領，詰擿姦狀，甚得其情。二十年卒，贈左騎衞大將軍、荊州都督。

阿史那社尒，突厥處羅可汗子也。年十一，以智勇稱於本蕃，拜爲拓設，建牙于磧北，與欲谷設分統鐵勒、紇骨、同羅等諸部。在位十年，無所課斂。諸首領或鄙其不能富貴，社尒曰：「部落既豐，於我便足。」諸首領咸畏而愛之。

武德九年，延陁、迴紇等諸部皆叛，攻破欲谷設，社尒擊之，復爲延陁所敗。貞觀二年，遂率其餘衆保于西偏，依可汗浮圖。後遇頡利滅，而西蕃葉護又死，奚利邲咄陸可汗兄弟爭國，社尒揚言降之，引兵西上，因襲破西蕃，半有其國，得衆十餘萬，自稱都布可汗。謂其諸部曰：「首爲背叛破我國者，延陁之罪也。今我據有西方，大得兵馬，不平延陁而取安樂，是忘先可汗，爲不孝也。若天令不捷，死亦無恨。」其酋長咸諫曰：「今新得西方，須留鎭壓。若卽棄去，遠擊延陁，只恐葉護子孫必來復國。」社尒不從，親率五萬餘騎討延陁於磧北，連兵百餘日。遇我行人劉善因立同娥設爲咥利始可汗，社尒部兵又苦久役，多委之逃。延陁因縱擊敗之，復保高昌國。其舊兵在者纔萬餘人，又與西蕃結隙。

九年，率衆內屬，拜左騎衞大將軍。歲餘，令尙衡陽長公主，授駙馬都尉，典屯兵於苑內。十四年，授行軍總管，以平高昌。諸人咸卽受賞，社尒以未奉詔旨，秋毫無所取。及降別敕，然後受之。及所取，唯老弱故弊而已。軍還，太宗美其廉愼，以高昌所得寶刀并雜綵千段賜之，仍令檢校北門左屯營，封畢國公。

十九年，從太宗征遼，至駐蹕陣，頻遭流矢，拔而又進。其所部兵士，人百其勇，盡獲殊勳。師旋，兼授鴻臚卿。二十一年，爲崑丘道行軍大總管，征龜茲。明年，軍次西突厥，擊處密，大破之，餘衆悉降。又下龜茲大撥換城，虜龜茲王白訶黎布失畢及大臣那利等百餘人而還。屬太宗崩，請以身殉葬，高宗遣使喻以先旨，不許。遷右衞大將軍。永徽四年，加位鎭軍大將軍。六年卒，贈輔國大將軍、并州都督，陪葬昭陵，起冢以象葱山，仍爲立碑，謚曰元。子道眞，位至左屯衞大將軍。

貞觀初，阿史那蘇尼失者，啓民可汗之母弟，社尒叔祖也。其父始畢可汗以爲沙鉢羅設，督部落五萬家，牙直靈州之西北，驍雄有恩惠，甚得種落之心。及頡利政亂，而蘇尼失所部獨不攜離。突利之來奔也，頡利乃立蘇尼失爲小可汗。及頡利爲李靖所破，獨騎而投之，蘇尼失遂舉其衆歸國，因令子忠擒頡利以獻。太宗賞賜優厚，拜北寧州都督、右衞大將軍，封懷德郡王。貞觀八年卒。

忠以擒頡利功，拜左屯衞將軍，妻以宗女定襄縣主，賜名爲忠，單稱史氏。貞觀九年，遷右衞大將軍。永徽初，封薛國公，累遷右驍衞大將軍。所歷皆以淸謹見稱，時人比之金日磾。上元初卒，贈鎭軍大將軍，陪葬昭陵。

子暕，襲封薛國公，垂拱中，歷位司僕卿。

契苾何力，其先鐵勒別部之酋長也。父葛，隋大業中繼爲莫賀咄特勤，以地逼吐谷渾，所居隘狹，又多瘴癘，遂入龜茲，居于熱海之上。特勤死，何力時年九歲，降號大俟利發。至貞觀六年，隨其母率衆千餘家詣沙州，奉表內附，太宗置其部落於甘、涼二州。何力至京，授左領軍將軍。

七年，與涼州都督李大亮、將軍薛萬均同征吐谷渾。軍次赤水川，萬均率騎先行，爲賊所攻，兄弟皆中槍墮馬，徒步而鬬，兵士死者十六七。何力聞之，將數百騎馳往，突圍而前，縱橫奮擊，賊兵披靡，萬均兄弟由是獲免。時吐谷渾主在突淪川，何力復欲襲之，萬均懲其前敗，固言不可。何力曰：「賊非有城郭，逐水草以爲生，若不襲其不虞，便恐鳥驚魚散。一失機會，安可傾其巢穴耶！」乃自選驍兵千餘騎，直入突淪川，襲破吐谷渾牙帳，斬首數千級，獲駝馬牛羊二十餘萬頭，渾主脫身以免，俘其妻子而還。有詔勞於大斗拔谷。萬均乃排毀何力，自稱己功。何力不勝憤怒，拔刀而起，欲殺萬均，諸將勸止之。太宗聞而責問其故，何力言萬均敗恧之事，太宗怒，將解其官迴授，何力固讓曰：「以臣之故而解萬均，恐諸蕃聞之，以爲陛下厚蕃輕漢，轉相誣告，馳競必多。又夷狄無知，或謂漢臣皆如此輩，固非安寧之術也。」太宗乃止。尋令北門宿衞，檢校屯營事，敕尚臨洮縣主。

十四年，爲葱山道副大總管，討平高昌。時何力母姑臧夫人、母弟賀蘭州都督沙門並在涼府。十六年，詔許何力覲省其母，兼撫巡部落。時薛延陁強盛，契苾部落皆願從之。何力至，聞而大驚曰：「主上於汝有厚恩，任我又重，何忍而圖叛逆！」諸首領皆曰：「可敦及都督已去，何故不行？」何力曰：「我弟沙門孝而能養，我以身許國，終不能去也。」於是衆共執何力至延陁所，置於可汗牙前。何力箕踞而坐，拔佩刀東向大呼曰：「豈有大唐烈士，受辱蕃庭，天地日月，願知我心！」又割左耳以明志不奪也。可汗怒，欲殺之，為其妻所抑而止。初，太宗聞何力之延陁，明非其本意。或曰：「人心各樂其土，何力今入延陁，猶魚之得水也。」太宗曰：「不然，此人心如鐵石，必不背我。」會有使自延陁至，具言其狀，太宗泣謂羣臣曰：「契苾何力竟如何？」遽遣兵部侍郎崔敦禮持節入延陁，許降公主，求何力。由是還，拜右驍衞大將軍。

太宗既許公主於延陁，行有日矣，何力抗表固言不可。太宗曰：「吾聞天子無戲言，既已許之，安可廢？」何力曰：「然。臣本請延緩其事，不謂總停。臣聞六禮之內，婿合親迎，既宜告延陁親來迎婦，縱不敢至京邑，即當使詣靈州。畏漢必不敢來，論親未可有成日。既憂悶，臣又攜離，不盈一年，自相猜忌。延陁志性狠戾，若死，必兩子相爭，坐而制之，必然之理。」太宗從之。延陁恐有詐，竟不至靈州，自後常悒悒不得志，一年而死，兩子果爭權，各立為主。

太宗征遼東，以何力爲前軍總管，軍次白崖城，爲賊所圍，被矟中腰，瘡重疾甚，太宗自爲傅藥。及拔賊城，敕求傷之者高突勃，付何力自殺之。何力奏言：「犬馬猶爲其主，況於人乎？彼爲其主，況致命冒白刃而刺臣，是其義勇士也。本不相識，豈是冤讎？」遂捨之。二十二年，爲崑丘道總管，擊龜茲，獲其王訶梨布失畢及諸首領等。太宗崩，何力欲殺身以殉，高宗諭而止之。

永徽二年，處月、處密叛，以何力爲弓月道大總管，討平之，擒其渠帥處密時健俟斤、合支賀等以歸。顯慶二年，遷左驍衞大將軍，累封郕國公，兼檢校鴻臚卿。

龍朔元年，又爲遼東道行軍大總管。九月，次于鴨綠水，其地卽高麗之險阻，莫離支男生以精兵數萬守之〔一〕，衆莫能濟。何力始至，會層冰大合，趣卽渡兵，鼓譟而進，賊遂大潰，追奔數十里，斬首三萬級，餘衆盡降，男生僅以身免。會有詔班師，乃還。其年，九姓叛，以何力爲鐵勒道安撫大使。乃簡精騎五百馳入九姓中，賊大驚，何力乃謂曰：「國家知汝被詿誤，遂有翻動，使我捨汝等過，皆可自新。罪在酋渠，得之則已。」諸姓大喜，共擒僞葉護及設、特勤等同惡二百餘人以歸，何力數其罪而誅之。

乾封元年，又爲遼東道行軍大總管，兼安撫大使。高麗有衆十五萬，屯於遼水，又引靺鞨數萬據南蘇城。何力奮擊，皆大破之，斬首萬餘級，乘勝而進，凡拔七城。乃迴軍會英國公李勣於鴨綠水，共攻辱夷、大行二城，破之。勣頓軍於鴨綠柵，何力引蕃漢兵五十萬先臨平壤。勣仍繼至，共拔平壤城，執男建〔三〕，虜其王還。授鎮軍大將軍，行左衞大將軍，徙封涼國公，仍檢校右羽林軍。儀鳳二年卒，贈輔國大將軍、并州都督，陪葬昭陵，謚曰烈。

有三子：明、光、貞。明，左鷹揚衞大將軍，兼賀蘭都督，襲爵涼國公。光，則天時右豹韜衞將軍，爲酷吏所殺。貞，司膳少卿。

黑齒常之，百濟西部人。長七尺餘，驍勇有謀略。初在本蕃，仕爲達率兼郡將，猶中國之刺史也。顯慶五年，蘇定方討平百濟，常之率所部隨例送降款。時定方縶左王及太子隆等，仍縱兵劫掠，丁壯者多被戮。常之恐懼，遂與左右十餘人遁歸本部，鳩集亡逸，共保任存山，築柵以自固，旬日而歸附者三萬餘人。定方遣兵攻之，常之領敢死之士拒戰，官軍敗績，遂復本國二百餘城，定方不能討而還。龍朔三年，高宗遣使招諭之，常之盡率其衆降。累轉左領軍員外將軍。

儀鳳中，吐蕃犯邊，常之從李敬玄擊之。劉審禮之沒賊，敬玄欲抽軍，却阻泥溝，而計無所出。常之夜率敢死之兵五百人進掩賊營，吐蕃首領跋地設棄軍宵遁，敬玄因此得還。

高宗歎其才略，擢授左武衞將軍，兼檢校左羽林軍，賜金五百兩、絹五百匹，仍充河源軍副使。時吐蕃贊婆及素和貴等賊徒三萬餘屯於良非川。常之率精騎三千夜襲賊營，殺獲二千級，獲羊馬數萬，贊婆等單騎而遁。擢常之爲大使，又賞物四百匹。常之以河源軍正當賊衝，欲加兵鎭守，恐有運轉之費，遂遠置烽戍七十餘所，度開營田五千餘頃，歲收百餘萬石。開耀中，贊婆等屯於青海，常之率精兵一萬騎襲破之，燒其糧貯而還。常之在軍七年，吐蕃深畏憚之，不敢復爲邊患。嗣聖元年，遷左武衞大將軍，仍檢校左羽林軍。

垂拱二年，突厥犯邊，命常之率兵拒之。躡至兩井，忽逢賊三千餘衆，常之見賊徒爭下馬著甲，遂領二百餘騎，身當先鋒直衝，賊遂棄甲而散。俄頃，賊衆大至。及日將暮，常之令伐木，營中燃火如烽燧，時東南忽有大風起，賊疑有救兵相應，遂狼狽夜遁。以功進封燕國公。三年，突厥入寇朔州，常之又充大總管，以李多祚、王九言爲副。追躡至黃花堆，大破之，追奔四十餘里，賊散走磧北。時有中郎將爨寶璧表請窮追餘賊，制常之與寶璧會，遙爲聲援。寶璧以爲破賊在朝夕，貪功先行，竟不與常之謀議，遂全軍而沒。尋爲周興等誣構，云與右鷹揚將軍趙懷節等謀反，繫獄，遂自縊而死。

常之嘗有所乘馬爲兵士所損，副使牛師獎等請鞭之。常之曰：「豈可以損私馬而決官兵乎！」竟赦之。前後所得賞賜金帛等，皆分給將士；及死，時甚惜之。

李多祚，代爲靺鞨酋長。多祚驍勇善射，意氣感激。少以軍功歷位右羽林軍大將軍，前後掌禁兵，北門宿衛二十餘年。

神龍初，張柬之將誅張易之兄弟，引多祚將籌其事，謂曰：「將軍在北門幾年？」曰：「三十年矣。」柬之曰：「將軍擊鐘鼎食，金章紫綬，貴寵當代，位極武臣，豈非大帝之恩乎？」曰：「然。」又曰：「將軍既感大帝殊澤，能有報乎？大帝之子見在東宮，逆豎張易之兄弟擅權，朝夕危逼。宗社之重，於將軍，誠能報恩，正屬今日。」多祚曰：「苟緣王室，惟相公所使，終不顧妻子性命。」因卽引天地神祇爲要誓，詞氣感動，義形於色。遂與柬之等定謀誅易之兄弟，以功進封遼陽郡王，食實封八百戶，仍拜其子承訓爲衛尉少卿。

其年，將有事於太廟，特令多祚與安國相王登輦夾侍。監察御史王覿上疏諫曰：「竊惟祔廟之禮，在於尊祖奉先；肅事之儀，豈厭惟親與德。伏見恩敕令安國相王與李多祚參乘，且多祚夷人，有功於國，適可加之寵爵，豈宜逼奉至尊，侍帝弟而連衡，與吾君而共輦？誠恐萬方之人，不允所望。昔文帝引趙談參乘，盎伏車前曰：『臣聞天子所共六尺輿者，皆天下豪英。今漢雖乏人，陛下獨奈何與刀鋸之餘共載！』於是斥而下之。多祚雖無趙談之累，亦非卿相之重，不自循省，無聞固讓，豈國乏良輔，更無其人。史官所書，將示於後。何袁盎之強諫，獨徽臣之不及。惟陛下詳擇焉。」上謂覿曰：「多祚雖是夷人，緣其有功，委以心腹，特令侍輦，卿勿復言也。」

節愍太子之殺武三思也，多祚與羽林大將軍李千里等率兵以從。太子令多祚先至玄武樓下，冀上問以殺三思之意，遂按兵不戰。時有宮闈令楊思勗於樓上侍帝，請拒其先鋒。多祚子壻羽林中郎將野呼利爲先軍總管，思勗挺刃斬之，兵衆大沮。多祚俄爲左右所殺，幷殺其二子，籍沒其家。

睿宗卽位，下制曰：「以忠報國，典册所稱；感義捐軀，名節斯在。故右羽林大將軍、上柱國、遼陽郡王李多祚，三韓貴種，百戰餘雄。席寵禁營，乃心王室，仗茲誠信，翻陷誅夷。頼彼神明，重清姦慝，永言徽烈，深合褒崇。宜追歿後之榮，以復生前之命。可還舊官，仍宥其妻子。」

李嗣業，京兆高陵人也。身長七尺，壯勇絕倫。天寶初，隨募至安西，頻經戰鬭。于時諸軍初用陌刀，咸推嗣業爲能。每爲隊頭，所向必陷。節度使馬靈察知其勇健，每出師，令嗣業與焉。累遷至中郎將。

天寶七載，安西都知兵馬使高仙芝奉詔總軍，專征勃律，選嗣業與郎將田珍爲左右陌刀將。于時吐蕃聚十萬衆於娑勒城，據山因水，塹斷崖谷，編木爲城。仙芝夜引軍渡信圖河，奄至城下。仙芝謂嗣業與田珍曰：「不午時須破此賊。」嗣業引步軍持長刀上，山頭拋檑蔽空而下，嗣業獨引一旗於絕險處先登，諸將因之齊上。賊不虞漢軍暴至，遂大潰，塡溪谷，投水溺死，僅十八九。遂長驅至勃律城，擒勃律王、吐蕃公主，斬藤橋，以兵三千人戍。於是拂林、大食諸胡七十二國皆歸國家，款塞朝獻，嗣業之功也。由此拜右威衞將軍。

十載，又從平石國，及破九國胡幷背叛突騎施，以跳盪加特進，兼本官。初，仙芝紿石國王約爲和好，乃將兵襲破之，殺其老弱，虜其丁壯，取金寶瑟瑟駝馬等，國人號哭，因掠石國王東獻之于闕下。其子逃難奔走，告於諸胡國。羣胡忿之，與大食連謀，將欲攻四鎭。仙芝懼，領兵二萬深入胡地，與大食戰，仙芝大敗。會夜，兩軍解，仙芝衆爲大食所殺，存者不過數千。事窘，嗣業白仙芝曰：「將軍深入胡地，後絕救兵。今大食戰勝，諸胡知，必乘勝而併力事漢。若全軍沒，嗣業與將軍俱爲賊所虜，則何人歸報主？不如馳守白石嶺，早圖奔逸之計。」仙芝曰：「爾，戰將也。吾欲收合餘燼，明日復戰，期一勝耳。」嗣業曰：「愚者千慮，或有一得，勢危若此，不可膠柱。」固請行，乃從之。路隘，人馬魚貫而奔。會跋汗那兵衆先奔，人及駝馬塞路，不克過。嗣業持大棒前驅擊之，人馬應手俱斃。胡等遁，路開，仙芝獲免。仙芝表其功，加驃騎左金吾大將軍。

及祿山反，兩京陷，上在靈武，詔嗣業赴行在。嗣業自安西統衆萬里，威令肅然，所過郡縣，秋毫不犯。至鳳翔謁見，上曰：「今日得卿，勝數萬衆，事之濟否，實在卿也。」遂與郭子儀、僕固懷恩等常犄角爲先鋒將。嗣業每持大棒衝擊，賊衆披靡，所向無敵。

祿山之亂，兩京未復，肅宗在鳳翔。至德二年九月〔三〕，嗣業從廣平王收復京城，與賊大戰于香積寺北，西拒灃水，東臨大川，十里間軍容不斷。嗣業時爲鎭西、北庭支度行營節度使，爲前軍，朔方右行營節度使郭子儀爲中軍，關內行營節度王思禮爲後軍。戈鋋鼓鞞，震曜山野，距賊軍數里，列長陣而待之。賊將李歸仁初以銳師數來挑戰，我師攢矢而逐之，賊軍大至，逼我追騎，突入我營，我師囂亂。嗣業謂郭子儀曰：「今日之事，若不以身啖寇，決戰於陣，萬死而冀其一生。不然，則我軍無孑遺矣。」嗣業乃脫衣徒搏，執長刀立於陣前大呼，當嗣業刀者，人馬俱碎，殺十數人，陣容方駐。前軍之士盡執長刀而出，如牆而進。嗣業先登奮命，所向摧靡。是時，賊先伏兵於營東，偵者知之，元帥廣平王分迴紇銳卒，令擊其伏兵，賊將大敗。嗣業出賊營之背，與迴紇合勢，表裏夾攻，自午及酉，斬首六萬級，塡溝壑而死者十二三。賊帥張通儒、安守忠、李歸仁等收合殘卒，東走保陝郡。慶緒又命嚴莊率衆數萬，赴陝助通儒輩以拒官軍。廣平王、郭子儀、王思禮等大軍營於陝西。嗣業與子儀遇賊於新店，與之力戰，數合，我師初勝而後敗，嗣業遂急應接。迴紇從南山望見官軍敗，曳白旗而下，徑抵賊背，穿賊陣，賊陣西北角先陷。嗣業又率精騎前擊，表裏齊進，賊衆大敗，走河北。子儀遂收東都。嗣業以功加開府儀同三司、衞尉卿，封虢國公，食實封二百戶。

乾元二年，諸將同圍相州。是時築堤引漳水灌城，經月餘，城不拔。是時，軍無統帥，諸將自圖全，人無鬭志。賊每出戰，嗣業被堅衝突，履鋒冒刃，爲流矢所中。數日，瘡欲愈，臥於帳中，忽聞金鼓之聲，因而大叫，瘡中血出數升注地而卒。上聞之震悼，嗟惜久之，詔曰：「臨難忘身，爲臣之大節；念功加贈，經國之常典。故衞尉卿、兼懷州刺史、充北庭行營節度使、虢國公李嗣業，植操沉厚，秉心忠烈，懷幹時之勇略，有戡難之遠謀。久仕邊陲，備經任使。自兇渠構亂，中夏不寧，持感激之誠，總驍果之衆，親當矢石，頻立勳庸。壯節可嘉，將謀於百勝；忠誠未遂，空恨於九原。言念其功，良深惻悼。死於王事，禮有可加，宜贈裂土之封，用廣飾終之義。可贈武威郡王。其賻贈及緣葬事，所司倍於常式，仍令官給靈輿，遞還所在。以其子佐國襲其官爵，食實封二百戶。」

白孝德，安西胡人也，驍悍有膽力。乾元中，事李光弼爲偏裨。史思明攻河陽，使驍將劉龍仙率鐵騎五千臨城挑戰〔四〕。龍仙捷勇自恃，舉右足加馬鬣上，嫚罵光弼。光弼登城望，顧諸將曰：「孰可取者？」僕固懷恩請行，光弼曰：「此非大將所爲。」歷選其次，左右曰：「白孝德可。」光弼乃招孝德前，問曰：「可乎？」曰：「可。」光弼問：「所要幾何兵？」孝德曰：「可獨往耳。」光弼壯之。終問所欲，對曰：「願選五十騎於軍門爲繼，兼請大軍鼓譟以增氣勢，他無所用。」光弼撫其背以遣之。孝德挾二矛，策馬截流而渡。半濟，懷恩賀曰：「克矣。」光弼曰：「未及，何知其克？」懷恩曰：「觀其攬轡便辟，可萬全者。」龍仙見其獨來，甚易之，足不降鬣。稍近，將動，孝德搖手示之，若使其不動，龍仙不之測，乃止。孝德呼曰：「侍中使余致辭，非他也。」龍仙去十步與之言，褻罵如初。孝德息馬伺便，因瞋目曰：「賊識我乎？」龍仙曰：「誰耶？」曰：「我，國之大將白孝德也。」龍仙曰：「是何豬狗！」孝德發聲虓噉，持矛躍馬而搏之。城上鼓譟，五十騎繼進。龍仙矢不暇發，環走堤上。孝德追及，斬首，攜之而歸，賊徒大駭。其後，累戰功至安西北庭行營節度、鄜坊邠寧節度使，歷檢校刑部尙書，封昌化郡王。以家難去職，服闋復舊官。大曆十四年九月，轉太子少傅，尋卒，時年六十六，贈太子太保。

史臣曰：歷代武臣，壯勇出衆者有諸，節行勵俗者鮮矣，矧蠻夷之人乎！如馮盎智勇守節，社尒廉慎知足，蘇尼失恩惠，史忠淸謹。凡用兵破吐蕃、谷渾，勇也；心如鐵石，忠也；不解萬均官，恕也；阻延陁之親，智也；捨高突勃之死，識也。立大功，居顯位，夙夜匪懈者，何力有焉。常之以私馬恕官兵，與將士均賞賜，古之名將，無以加焉。多祚忘身許國，孝德壯勇立功，皆三軍之傑也，豈九夷之陋哉！嗣業力贊中興，終歿王事，未可倫而擬也。

贊曰：君子之居，九夷無陋。壯哉嗣業，孰出其右！

校勘記

〔一〕莫離支男生　「離」字各本原無，據冊府卷四二〇補。

〔二〕男建　殘宋本作「勇建」，殿、局、廣本作「勇健」，據冊府卷三五八、通鑑卷二〇一改。

〔三〕至德二年　「二年」，各本原作「六年」，冊府卷三八五作「二年」，通鑑卷二二〇亦以此事繫於至德二載。按至德僅二年，次年二月卽改元爲乾元，據改。

〔四〕五千　各本原作「五十」，據影宋本及冊府卷三九六改。

舊唐書卷一百一十

列傳第六十

李光弼　王思禮　鄧景山　辛雲京

李光弼，營州柳城人。其先，契丹之酋長。父楷洛，開元初，左羽林將軍同正、朔方節度副使，封薊國公，以驍果聞。光弼幼持節行，善騎射，能讀班氏漢書。少從戎，嚴毅有大略，起家左衞郎。丁父憂，終喪不入妻室。

天寶初，累遷左清道率兼安北都護府、朔方都虞候。五載，河西節度王忠嗣補爲兵馬使，充赤水軍使。忠嗣遇之甚厚，常云：「光弼必居我位。」邊上稱爲名將。八載，充節度副使，封薊郡公。十一載，拜單于副使都護〔一〕。十三載，朔方節度安思順奏爲副使、知留後事。思順愛其材，欲妻之，光弼稱疾辭官。隴右節度哥舒翰聞而奏之，得還京師。祿山之亂，封常清、高仙芝戰敗，斬於潼關。又以哥舒翰率師拒賊。尋命郭子儀爲朔方節度，收兵河西。玄宗眷求良將，委以河北、河東之事，以問子儀，子儀薦光弼堪當閫寄。

十五載正月，以光弼爲雲中太守，攝御史大夫，充河東節度副使、知節度事。二月，轉魏郡太守、河北道採訪使，以朔方兵五千會郭子儀軍，東下井陘，收常山郡。賊將史思明以卒數萬來援常山，追擊破之，進收藁城等十餘縣，南攻趙郡。三月八日，光弼兼范陽長史、河北節度使，拔趙郡。自祿山反，常山爲戰場，死人蔽野，光弼酹其屍而哭之，爲賊幽閉者出之，誓平寇難，以慰其心。六月，與賊將蔡希德、史思明、尹子奇戰于常山郡之嘉山，大破賊黨，斬首萬計，生擒四千。思明露髮跣足，奔于博陵，河北歸順者十餘郡。

光弼以范陽祿山之巢穴，將先斷之，使絕根本。會哥舒翰潼關失守，玄宗幸蜀，人心驚駭。肅宗理兵於靈武，遣中使劉智達追光弼、子儀赴行在，授光弼戶部尚書，兼太原尹、北京留守，同中書門下平章事，以景城、河間之卒五千赴太原。時節度王承業軍政不修，詔御史崔衆交兵於河東。衆侮易承業，或裹甲持槍突入承業廳事玩謔之。光弼聞之素不平。至是，交衆兵於光弼。衆以麾下來，光弼出迎，旌旗相接而不避。光弼怒其無禮，又不卽交兵，令收繫之。頃中使至，除衆御史中丞，懷其敕問衆所在。光弼曰：「衆有罪，繫之矣！」中使以敕示光弼，光弼曰：「今只斬侍御史；若宣制命，卽斬中丞；若拜宰相，亦斬宰相。」中使懼，遂寢之而還。翌日，以兵仗圍衆，至碑堂下斬之，威震三軍。命其親屬弔之。

二年，賊將史思明、蔡希德、高秀巖、牛廷玠等四僞帥率衆十餘萬來攻太原。光弼經河北苦戰，精兵盡赴朔方，麾下皆烏合之衆，不滿萬人。思明謂諸將曰：「光弼之兵寡弱，可屈指而取太原，鼓行而西，圖河隴、朔方，無後顧矣！」光弼所部將士聞之皆懼，議欲修城以待之。光弼曰：「城周四十里，賊垂至，今興功役，是未見敵而自疲矣。」乃躬率士卒百姓外城掘壕以自固。作塹數十萬，衆莫知所用。及賊攻城於外，光弼即令增壘於內，壞輒補之。賊城外詬詈戲侮者，光弼令穿地道，一夕而擒之，自此賊將行皆視地，不敢逼城。強弩發石以擊之，賊驍將勁卒死者十二三。城中長幼咸伏其勤智，懦兵增氣而皆欲出戰。史思明揣知之，先歸，留蔡希德等攻之。月餘，我怒而寇怠，光弼率敢死之士出擊，大破之，斬首七萬餘級，軍資器械一皆委棄。賊始至及遁，五十餘日，光弼設小幕，宿於城東南隅，有急即應，行過府門，未嘗迴顧。賊退三日，決軍事畢，始歸府第。轉檢校司徒，收清夷、橫野等軍，擒賊將李弘義以歸。詔曰：「銀青光祿大夫、檢校司徒、兼戶部尚書、同中書門下平章事、兼御史大夫、鴻臚卿、太原尹、北京留守、河東節度副大使、薊國公光弼，全德挺生，英才間出，干城禦侮，坐甲安邊。可守司空、兼兵部尚書、中書門下平章事，進封魏國公，食實封八百戶。」

乾元元年，與關內節度使王思禮入朝，敕朝官四品已上出城迎謁。遷侍中，改封鄭國公。二年七月，制曰：「元帥之任，實屬於師貞；左軍之選，諒資於邦傑。自非道申啓沃，學富韜鈐，則何以翊分閫而專征，膺鑿門而受律。求諸將相，允得其人。司空、兼侍中、鄭國公光弼，器識弘遠，志懷沉毅，蘊孫、吳之略，有文武之材。往屬艱難，備彰忠勇，協風雲而經始，保宗社於阽危。由是出備長城，入扶大廈，茂功懸於日月，嘉績被於巖廊。屬殘寇猶虞，總戎有命，用擇惟賢之佐，式弘建親之典。必能緝寧邦國，協贊天人，誓于丹浦之師，勦彼綠林之盜。載明朝獎，爰籍舊勳。宜副出車之命，仍踐分麾之寵。爲天下兵馬元帥趙王係之副，知節度行營事。」

八月，兼幽州大都督府長史、河北節度支度營田經略等使，餘如故。與九節度兵圍安慶緒於相州，抜有日矣。史思明自范陽來救，屢絕糧道，光弼身先士卒，苦戰勝之。屬大風晦冥，諸將引衆而退，所在剽掠，唯光弼所部不散。東京留守崔圓、河南尹蘇震南奔襄陽，郭子儀率衆屯于穀水。史思明因殺安慶緒，卽僞位，縱兵河南。加光弼太尉、兼中書令，代郭子儀爲朔方節度、兵馬副元帥，以東師委之。左廂兵馬使張用濟承子儀之寬，懼光弼之令，與諸將頗有異議，欲逗留其衆。光弼以數千騎出次汜水縣，用濟單騎迎謁，卽斬於轅門。諸將懾伏，都兵馬使僕固懷恩先期而至。

初，光弼次汴州，聞思明悉衆且至，謂許叔冀曰：「大夫能守此城浹旬，我必將兵來救。」

叔冀曰："諾。"光弼還東京，思明至汴，叔冀與戰不利，遂與董秦、梁浦、劉從諫率衆降思明。賊勢甚熾，遣梁浦、劉從諫、田神功等將兵徇江淮，謂之曰："收得其地，每人貢兩船玉帛。"思明乘勝而西。光弼整衆徐行，至洛，謂留守韋陟曰："賊乘鄴下之勝，再犯王畿，宜按甲以挫其鋒，不利速戰。洛城非禦備之所，公計若何？"陟曰："加兵陝州，退守潼關，據險以待之，足挫其銳矣！"光弼曰："此蓋兵家常勢，非用奇之策也。夫兩軍相寇，貴進尺寸之間耳。今委五百里而不顧，是張賊勢也。若移軍河陽，北阻澤潞，三城以抗，勝則擒之，敗則自守，表裏相應，使賊不敢西侵，此則猿臂之勢也。夫辨朝廷之禮，光弼不如公；論軍旅之事，公不如光弼。"陟無以應。判官韋損曰："東京帝宅，侍中何不守之？"光弼曰："若守洛城，汜水、崿嶺皆須人守，子爲兵馬判官，能守之乎？"遂移牒留守及河南尹幷留司官、坊市居人，出城避寇，空其城，率軍士運油鐵諸物，以爲戰守之備。

時史思明已至偃師，光弼悉軍赴河陽。賊已至洛城，光弼軍方至石橋。日暮，令秉炬徐行，與賊相隨，而不敢來犯。乙夜，入河陽三城。排閱守備，號令嚴明，與士卒同甘苦，咸誓力戰。賊憚光弼威略，頓兵白馬寺，南不出百里，西不敢犯宮闕，於河陽南築月城，掘壕以拒光弼。十月，賊攻城。於中潬城西大破逆黨五千餘衆，斬首千餘級，生擒五百餘人，溺死者大半。

初，光弼謂李抱玉曰：「將軍能爲我守南城二日乎？」抱玉曰：「過期若何？」光弼曰：「過期而救不至，任棄也。」抱玉稟命，勒兵守南城。將陷，抱玉紿賊曰：「吾糧盡，明日當降。」賊衆大喜，斂軍以俟之。抱玉復得繕完設備，明日，堅壁請戰。賊怒見欺，急攻之。抱玉出奇兵，表裏夾擊，殺傷甚衆，賊帥周摯領軍而退。光弼自將於中潬城，城外置柵，柵外大掘塹，濶二丈，深亦如之。周摯捨南城，併力攻中潬。光弼命荔非元禮出勁卒於羊馬城以拒賊。光弼於城東北角樹小紅旗，下望賊軍。賊恃衆直逼其城，以車二乘載木鵝、蒙衝、鬬樓、橦車隨其後，督兵塡城下塹，三面各八道過其兵，又當塹開柵，各置一門。光弼遙望賊逼城，使人語荔非元禮曰：「中丞看賊塡塹開柵過兵，居然不顧，何也？」元禮報曰：「太尉擬守乎，擬戰乎？」光弼曰：「戰。」元禮曰：「若戰，賊爲我塡塹，復何嫌也！」光弼曰：「吾智不及公，公其勉之！」元禮俟柵開，率其勇敢出戰，一逼賊軍，退走數百步。元禮料敵陣堅，雖出入馳突，不足破賊，收軍稍退，以怠其寇而攻之。光弼望見收軍，大怒，使人喚元禮，欲按軍令。元禮曰：「戰正忙，喚作何物？」良久，令軍中鼓譟出柵門，徒摶齊進，賊大潰。周摯復整軍押北城而下，將攻之。光弼遽率衆入北城，登城望曰：「彼雖衆，亂而囂，不足懼也。當爲公等日午而破之。」命出將戰。及期，不決，謂諸將曰：「向來戰，何處最堅而難犯？」或曰：「西北角。」遽命郝玉曰：「爾往擊之。」玉曰：「玉，步卒也，請騎軍五百翼之。」

光弼與之三百。又問：「何處最堅？」曰：「東南隅。」卽命論惟貞以所部往擊之。對曰：「貞，蕃將也，不知步戰，請鐵騎三百。」與之百。光弼又出賜馬四十匹分給，且令之曰：「爾等望吾旗而戰，若麾旗緩，任爾觀望便宜；吾旗連麾三至地，則萬衆齊入，生死以之，少退者斬無捨。」玉策馬赴賊，有一人將援槍刺賊，洞馬腹，連刺數人；一人逢賊，不戰而退。光弼召不戰者斬，賞援槍者絹五百疋。須臾，郝玉奔歸。光弼望之，驚曰：「郝玉退，吾事危矣。」命左右取玉頭來。玉見使者曰：「馬中箭，非敢敗也。」使者馳報，光弼令換馬遣之。玉換馬復入，決死而前。光弼連麾，三軍望旗俱進，聲動天地，一鼓而賊大潰，斬萬餘級，生擒八千餘人，軍資器械糧儲數萬計，臨陣擒其大將徐璜玉、李秦授、周摯〔三〕。其大將安太淸走保懷州。思明不知摯等敗，尙攻南城。光弼悉驅俘囚臨河以示之，殺數十人以威之，餘衆懼，投河赴南岸，光弼皆斬之。初，光弼將戰，謂左右曰：「戰，危事，勝負繫之。光弼位爲三公，不可死於賊手，苟事之不捷，繼之以死。」及是擊賊，常納短刀於靴中，有決死之志，城上面西拜舞，三軍感動。

賊既敗走，光弼收懷州，思明來救，迎擊於沁水之上，又敗之。城將安太淸極力拒守，月餘不下。光弼令僕固懷恩、郝玉由地道而入，得其軍號，乃登陴大呼，我師同登，城遂拔。生擒安太淸、周摯、楊希文等，送於闕下，卽日懷州平。以功進爵臨淮郡王，累加實封至一千五百戶。

觀軍容使魚朝恩屢言賊可滅之狀，朝旨令光弼速收東都。光弼屢表：「賊鋒尚銳，請候時而動，不可輕進。」僕固懷恩又害光弼之功，潛附朝恩，言賊可滅。由是中使督戰，光弼不獲已，進軍列陣於北邙山下。賊悉精銳來戰，光弼敗績，軍資器械並爲賊所有。時李抱玉亦棄河陽，光弼渡河保聞喜。朝旨以懷恩異同致敗，優詔徵之。光弼自河中入朝，抗表請罪，詔釋之。光弼懇讓太尉，遂加開府儀同三司、侍中、河南尹、行營節度使；俄復拜太尉，充河南、淮南、山南東道、荆南等副元帥，侍中如故，出鎮臨淮。史朝義乘邙山之勝，寇申、光等十三州，自領精騎圍李岑於宋州。將士皆懼，請南保揚州，光弼徑赴徐州以鎮之，遣田神功擊敗之。浙東賊首袁晁攻剽郡縣，浙東大亂，光弼分兵除討，克定江左，人心乃安。

初，光弼將赴臨淮，在道舁疾而行。監軍使以袁晁方擾江淮，光弼兵少，請保潤州以避其鋒。光弼曰：「朝廷寄安危於我，今賊雖強，未測吾衆寡，若出其不意，當自退矣。」遂徑往泗州。光弼未至河南也，田神功平劉展後，逗留於揚府，尚衡、殷仲卿相攻於兗、鄆，來瑱旅拒於襄陽，朝廷患之。及光弼輕騎至徐州，史朝義退走，田神功遽歸河南，尚衡、殷仲卿、來瑱皆懼其威名，相繼赴闕。寶應元年，進封臨淮王，賜鐵券，圖形凌煙閣。

廣德初，吐蕃入寇京畿，代宗詔徵天下兵。光弼與程元振不協，遷延不至。十月，西戎犯京師，代宗幸陝。朝廷方倚光弼爲援，恐成嫌疑，數詔問其母。吐蕃退，乃除光弼東都留守，以察其去就。光弼伺知之，辭以久待敕不至，且歸徐州，欲收江淮租賦以自給。代宗還京，二年正月，遣中使往宣慰。光弼母在河中，密詔子儀輿歸京師。其弟光進，與李輔國同掌禁兵，委以心膂。至是，以光進爲太子太保、兼御史大夫、涼國公、渭北節度使，上遇之益厚。

光弼御軍嚴肅，天下服其威名，每申號令，諸將不敢仰視。及懼朝恩之害，不敢入朝，田神功等皆不稟命，因愧恥成疾，遣衙將孫珍奉遺表自陳。廣德二年七月，薨於徐州，時年五十七。輟朝三日，贈太保，謚曰武穆。光弼既疾亟，將吏問以後事，曰：「吾久在軍中，不得就養，既爲不孝子，夫復何言！」因取已封絹布各三千疋、錢三千貫文分給將士。部下護喪柩還京師。代宗遣中官開府魚朝恩弔問其母於私第，又命京兆尹第五琦監護喪事。十一月，葬於三原，詔宰臣百官祖送於延平門外。母李氏，有鬚數十莖，長五六寸，以子貴，封韓國太夫人，二子皆節制一品。光弼十年間三入朝，與弟光進在京師，雖與光弼異母，性亦孝悌，雙旌在門，鼎味就養，甲第並開，往來追歡，極一時之榮。

王思禮，營州城傍高麗人也。父虔威，爲朔方軍將，以習戰聞。思禮少習戎旅，隨節度使王忠嗣至河西，與哥舒翰對爲押衙。及翰爲隴右節度使，思禮與中郎周泌爲翰押衙，以拔石堡城功，除右金吾衞將軍，充關西兵馬使，兼河源軍使。十一載，加雲麾將軍。十二載，翰征九曲，思禮後期，欲引斬之，續使命釋之。思禮徐言曰：「斬則斬，却喚何物？」諸將皆壯之。十三年，吐蕃蘇毗王款塞〔三〕，詔翰至磨環川應接之。思禮墜馬損脚，翰謂中使李大宜曰：「思禮既損脚，更欲何之？」

十四載六月，加金城太守。祿山反，哥舒翰爲元帥，奏思禮加開府儀同三司，兼太常卿同正員，充元帥府馬軍都將，每事獨與思禮決之。十五載二月，思禮白翰謀殺安思順父元貞，於紙隔上密語翰，請抗表誅楊國忠，翰不應。復請以三十騎劫之，橫馱來潼關殺之，翰曰：「此乃翰反，何預祿山事。」六月，潼關失守，思禮西赴行在，至安化郡。思禮與呂崇賁、李承光並引於纛下，責以不能堅守，並從軍令。或救之可收後効，遂斬承光而釋思禮、崇賁，與房琯爲副使。便橋之戰又不利，除爲關內節度使。尋遣守武功。

賊將安守忠及李歸仁、安泰清來戰，思禮以其衆退守扶風。賊兵分至大和關，去鳳翔五十里。王師大駭，鳳翔戒嚴，中官及朝官皆出其孥，上使左右巡御史虞候書其名，乃止。遂命司徒郭子儀以朔方之衆擊之而退。

至德二年九月，思禮從元帥廣平王收西京，既破賊，思禮領兵先入景淸宮〔四〕。又從子儀戰陝城、曲沃、新店，賊軍繼敗，收東京。思禮又於絳郡破賊六千餘衆，器械山積，牛馬萬計。遷戶部尙書、霍國公，食實封三百戶。乾元二年，與子儀等九節度圍安慶緒於相州。思禮領關內及潞府行營步卒三萬、馬軍八千，大軍潰，唯思禮與李光弼兩軍獨全。及光弼鎭河陽，制以思禮爲太原尹、北京留守、河東節度使、兼御史大夫，貯軍糧百萬，器械精銳。尋加守司空。自武德已來，三公不居宰輔，唯思禮而已。

上元二年四月，以疾薨，輟朝一日，贈太尉，謚曰武烈，命鴻臚卿監護喪事。思禮長於支計，短於用兵，然立法嚴整，士卒不敢犯，時議稱之。

鄧景山，曹州人也。文吏見稱。天寶中，自大理評事至監察御史。至德初，擢拜靑齊節度使，遷揚州長史、淮南節度。爲政簡肅，聞於朝廷。居職四年，會劉展作亂，引平盧副大使田神功兵馬討賊。神功至揚州，大掠居人資產，鞭笞發掘略盡，商胡大食、波斯等商旅死者數千人。

上元二年十月，追入朝，拜尙書左丞。太原尹、北京留守王思禮軍儲豐實，其外又別積米萬石，奏請割其半送京師。屬思禮薨，以管崇嗣代之，委任左右，失於寬緩，數月之間，費散殆盡，唯存陳爛萬餘石。上聞之，卽日召景山代崇嗣。及至太原，以鎭撫紀綱爲己任，檢覆軍吏隱沒者，衆懼。有一偏將抵罪當死，諸將各請贖其罪，景山不許；其弟請以身代其兄，又不許；弟請納馬一匹以贖兄罪，景山許其減死。衆咸怒，謂景山曰：「我等人命輕如一馬乎？」軍衆憤怒，遂殺景山。上以景山統馭失所，不復驗其罪，遣使諭之。軍中因請以都知兵馬使、代州刺史辛雲京爲節度使，從之。

辛雲京者，河西之大族也。代掌戎旅，兄弟數人，並以將帥知名。雲京有膽略，志氣剛決，不畏強禦，每在戎行，以擒生斬馘爲務。累建勳勞，官至北京都知兵馬使、代州刺史。鄧景山統馭失所，爲軍士所殺，請雲京爲節度使，因授兼太原尹，以北門委之。雲京質性沉毅，部下有犯令者，不貸絲毫，其賞功效亦如之，故三軍整肅。迴紇恃舊勳，每入漢界，必肆狼貪。至太原，雲京以戎狄之道待之，虜畏雲京，不敢惕息。數年間，太原大理，無烽警之虞。累加檢校左僕射、同中書門下平章事。

大曆三年八月庚午薨，上追悼發哀，爲之流涕，册贈太尉，輟朝三日，謚曰忠獻。後宰臣子儀、元載等見上，言及雲京，泫然久之。十一月葬，命中使弔祭。時宰相及諸道節度使祭者凡七十餘幄。

史臣曰：凡言將者，以孫、吳、韓、白爲首。如光弼至性居喪，人子之情顯矣；雄才出將，軍旅之政肅然。以奇用兵，以少敗衆，將今比古，詢事考言，彼四子者，或有慚德。邙山之敗，閫外之權不專；徐州之留，君側之人伺隙。失律之尤雖免，匪躬之義或虧，令名不全，良可惜也。然閫外之事，君側之人，得不愼諸！思禮法令嚴整，儲廩豐盈，節制之才，固不易得。景山始以文吏，或有虛名。仗鉞揚州，召匪人而劫掠士庶；分茅并部，持小法而全昧機權。貴馬賤人，衆怒身死，宜哉！雲京賞善懲惡，靜亂安邊，功著軍中，寵加身後，不亦美歟！

贊曰：光弼雄名，思禮刑淸。始致亂者鄧景山，何以救之辛雲京。

校勘記

〔一〕拜單于副使都護　張森楷云：「使疑當作大，職官志大都護府有大都護一員，副大都護二員，副都護四人，無所謂副使都護也。」

〔二〕臨陣擒其大將徐璜玉李秦授周摯　校勘記卷四二云：「據此似摯已被擒，而下文又云『生擒安太清、周摯、楊希文等』，前後不相應。」按冊府卷三五八此處無「周摯」，作「臨陣擒其大將徐璜玉、李泰」。新書卷一三六李光弼傳此處與舊傳同，唯下文亦無「周摯」，作「禽太清、楊希仲」。通鑑卷二二一考異謂周摯於上元二年三月爲史朝義所殺。

〔三〕吐蕃蘇毗王款塞　「吐蕃」，殘宋本作「吐蕃渾」，餘各本均作「吐谷渾」。按蘇毗爲吐蕃滅後，即附屬于吐蕃。通鑑卷二一七云：「蘇毗王子悉諾邏去吐蕃來降。」此據殘宋本，並删「渾」字。

〔四〕先入景清宮　冊府卷三八五作「先入宮」，新書卷一四七王思禮傳作「先入清宮」。

舊唐書卷一百一十一

列傳第六十一

崔光遠　房琯 子孺復　從子式　張鎬　高適　暢璀

崔光遠，滑州靈昌人也。本博陵舊族。祖敬嗣，好樗蒱飲酒。則天初，爲房州刺史。中宗爲廬陵王，安置在州，官吏多無禮度，敬嗣獨以親賢待之，供給豐贍，中宗深德之。及登位，有益州長史崔敬嗣，既同姓名，每進擬官，皆御筆超拜之者數四。後引與語，始知誤寵。訪敬嗣已卒，乃遣中書令韋安石授其子汪官。汪嗜酒不堪職任，且授洛州司功，又改五品。

光遠即汪之子，雖無學術，頗有祖風，勇決任氣，身長六尺餘，目睛白黑分明。少歷仕州縣。開元末爲蜀州唐安令，與楊國忠以博徒相得，累遷至左贊善大夫。天寶十一載，京兆尹鮮于仲通舉光遠爲長安令。十四載，遷京兆少尹。其載，使吐蕃弔祭。十五載五月，使迴。十餘日，潼關失守，玄宗幸蜀，詔留光遠爲京兆尹、兼御史中丞，充西京留守採訪使。駕發，百姓亂入宮禁，取左藏大盈庫物，既而焚之，自旦及午，火勢漸盛，亦有乘驢上紫宸、興慶殿者。光遠與中官將軍邊令誠號令百姓救火，又募人攝府縣官分守之，殺十數人方定。使其息東見祿山，祿山大悅，僞敕復本官。先是祿山已令張休攝京兆尹十餘日，既得光遠歸款，召休歸洛。

八月，同羅背祿山，以廐馬二千出至滻水。孫孝哲、安神威從而召之，不得，神威懼而憂死，府縣官吏驚走，獄囚皆空。光遠以爲賊且逃矣，命所由守神威、孝哲宅〔一〕。孝哲以光遠之狀報祿山。光遠閉府門，斬爲盜曳落河二人，遂與長安令蘇震等同出。至開遠門，使人前謂門官曰：「尹巡諸門。」門官具器仗以迎，至則皆斬之。領府縣官十餘人〔二〕，於京西號令百姓，赴召者百餘人，夜過咸陽，遂達靈武。上喜之，擢拜御史大夫，兼京兆尹，仍使光遠於渭北召集人吏之歸順者。嘗有賊剽掠涇陽縣界，於僧寺中椎牛釃酒，連夜酣飲，去光遠營四十里。光遠偵知之，率馬步二千乙夜趨其所。賊徒多醉，光遠領百餘騎持滿扼其要，分命驍勇持陌刀呼而斬之，殺賊徒二千餘人，虜馬千疋，俘其渠酋一人。賊中以光遠勇勁，常避其鋒。及扈從還京，論功行賞，制曰：「持節京畿採訪、計會、招召、宣慰、處置等使崔光遠，毀家成國，致命前茅。可特進，行禮部尚書，封鄴國公，食實封三百戶。」

乾元元年，兼御史大夫。五月，爲河南節度使。八月，代張鎬爲汴州刺史，兼本州防禦使。十二月，代蕭華爲魏州刺史，充魏州節度使。初，司徒郭子儀與賊戰於汲郡，光遠率汴師千人渡河援之。及代蕭華入魏州，使將軍李處崟拒賊，賊大至，連戰不利，子儀怒不救，處崟遂敗，奔還。賊逐處崟至城下，反間之曰：「處崟召我來，何爲不出？」光遠乃腰斬處崟。處崟善戰有勇，衆皆倚之，及死，人用危懼。魏州城自祿山反，袁知泰、能元皓等皆繕完之，甚爲堅峻。光遠不能守，遂夜潰圍而出，度河而還。肅宗不之罪，除太子少保。

襄州將士康楚元、張嘉延率衆爲亂，陷荆、襄、澧、朗等州，以光遠兼御史大夫，持節荆襄招討，仍充山南東道處置兵馬都使。三年，除鳳翔尹，充本府及秦隴觀察使。先是，岐、隴吏人郭愔等爲土賊，掠州縣，爲五堡，光遠使判官、監察御史嚴侁召而降之。光遠在官好蒱酒，晚年不親戎事。上元元年冬，愔等潛連党項及奴剌、突厥敗韋倫於秦、隴，殺監軍使，擊黃戍。肅宗追還，以李鼎代之。二年，兼成都尹，充劍南節度營田觀察處置使，仍兼御史大夫。及段子璋反，東川節度使李奐敗走，投光遠，率將花驚定等討平之。將士肆其剽劫，婦女有金銀臂釧，兵士皆斷其腕以取之，亂殺數千人，光遠不能禁。肅宗遣監軍官使按其罪，光遠憂恚成疾，上元二年十月卒。

房琯，河南人，天后朝正議大夫、平章事融之子也。琯少好學，風儀沉整，以門廕補弘文生。性好隱遁，與東平呂向於陸渾伊陽山中讀書爲事，凡十餘歲。開元十二年，玄宗將封岱岳，琯撰封禪書一篇及牋啓以獻。中書令張說奇其才，奏授秘書省校書郎，調補同州馮翊尉。無幾去官，應堪任縣令舉，授虢州盧氏令，政多惠愛，人稱美之。二十二年，拜監察御史。其年坐鞫獄不當，貶睦州司戶。歷慈溪、宋城、濟源縣令，所在爲政，多興利除害，繕理廨宇，頗著能名。天寶元年，拜主客員外郎。三年，遷試主客郎中。五年正月，擢試給事中，賜爵漳南縣男。時玄宗企慕古道，數遊幸近甸，乃分新豐縣置會昌縣於驪山下，尋改會昌爲昭應縣。又改溫泉宮爲華清宮，於宮所立百司廨舍，以琯雅有巧思，令充使繕理。事未畢，坐與李適之、韋堅等善，貶宜春太守。歷琅邪、鄴郡、扶風三太守，所至多有遺愛。十四年，徵拜左庶子，遷憲部侍郎。

十五年六月，玄宗蒼黃幸蜀，大臣陳希烈、張倚等銜於失恩，不時赴難。琯結張均、張垍兄弟與韋述等行至城南十數里山寺，均、垍同行，皆以家在城中，逗留不進，琯獨馳蜀路。七月，至普安郡謁見，玄宗大悅，卽日拜文部尚書、同中書門下平章事，賜紫金魚袋。從幸成都，加銀青光祿大夫，仍與一子官。

其年八月，與左相韋見素、門下侍郎崔渙等奉使靈武，册立肅宗。至順化郡謁見，陳上皇傳付之旨，因言時事，詞情慷慨，肅宗爲之改容。時潼關敗將王思禮、呂崇賁、李承光等引於纛下，將斬之，琯從容救諫，獨斬承光而已。肅宗以琯素有重名，傾意待之，琯亦自負其才，以天下爲己任。時行在機務，多決之於琯，凡有大事，諸將無敢預言。

尋抗疏自請將兵以誅寇孽，收復京都，肅宗望其成功，許之。詔加持節、招討西京兼防禦蒲潼兩關兵馬節度等使，乃與子儀、光弼等計會進兵。琯請自選參佐，乃以御史中丞鄧景山爲副，戶部侍郎李揖爲行軍司馬，中丞宋若思、起居郎知制誥賈至、右司郎中魏少遊爲判官，給事中劉秩爲參謀〔三〕。既行，又令兵部尚書王思禮副之。琯分爲三軍：遣楊希文將南軍，自宜壽入；劉悊將中軍，自武功入；李光進將北軍，自奉天入。琯自將中軍，爲前鋒，十月庚子，師次便橋。辛丑，二軍先遇賊於咸陽縣之陳濤斜，接戰，官軍敗績。時琯用春秋車戰之法，以車二千乘，馬步夾之。既戰，賊順風揚塵鼓譟，牛皆震駭，因縛芻縱火焚之，人畜撓敗，爲所傷殺者四萬餘人，存者數千而已。癸卯，琯又率南軍卽戰，復敗，希文、劉悊並降於賊。琯等奔赴行在，肉袒請罪，上並宥之。

琯好賓客，喜談論，用兵素非所長，而天子採其虛聲，冀成實効。琯既自無廟勝，又以虛名擇將吏，以至於敗。琯之出師，戎務一委於李揖、劉秩，秩等亦儒家子，未嘗習軍旅之事。琯臨戎謂人曰：「逆黨曳落河雖多，豈能當我劉秩等。」及與賊對壘，琯欲持重以伺之，爲中使邢延恩等督戰，蒼黃失據，遂及於敗。上猶待之如初，仍令收合散卒，更圖進取。

會北海太守賀蘭進明自河南至，詔授南海太守，攝御史大夫，充嶺南節度使。中謝，肅宗謂之曰：「朕處分房琯與卿正大夫，何爲攝也？」進明對曰：「琯與臣有隙。」上以爲然。進明因奏曰：「陛下知晉朝何以至亂？」上曰：「卿有說乎？」進明曰：「晉朝以好尙虛名，任王夷甫爲宰相，祖習浮華，故至於敗。今陛下方興復社稷，當委用實才，而琯性疏闊，徒大言耳，非宰相器也。陛下待琯至厚，以臣觀之，琯終不爲陛下用。」上問其故，進明曰：「琯昨於南朝爲聖皇制置天下，乃以永王爲江南節度，潁王爲劍南節度，盛王爲淮南節度，制云『命元子北略朔方，命諸王分守重鎭』。且太子出爲撫軍，入曰監國，琯乃以枝庶悉領大藩，皇儲反居邊鄙，此雖於聖皇似忠，於陛下非忠也。琯立此意，以爲聖皇諸子，但一人得天下，卽不失恩寵。又各樹其私黨劉秩、李揖、劉彙、鄧景山、竇紹之徒，以副戎權。推此而言，琯豈肯盡誠於陛下乎？臣欲正衙彈劾，不敢不先聞奏。」上由是惡琯，詔以進明爲河南節度、兼御史大夫。

崔圓本蜀中拜相，肅宗幸扶風，始來朝謁。琯意以爲圓纔到，當卽免相，故待圓禮薄。圓厚結李輔國，到後數日，頗承恩渥，亦憾於琯。琯又多稱病，不時朝謁，於政事簡惰。時議以兩京陷賊，車駕出次外郊，天下人心惴恐，當主憂臣辱之際，此時琯爲宰相，略無匪懈之意。但與庶子劉秩、諫議李揖、何忌等高談虛論，說釋氏因果、老子虛無而已。此外，則聽董庭蘭彈琴，大招集琴客筵宴，朝官往往因庭蘭以見琯，自是亦大招納貨賄，姦贓頗甚。顏眞卿時爲大夫，彈何忌不孝，琯既黨何忌，遽託以酒醉入朝，貶爲西平郡司馬。憲司又奏彈董庭蘭招納貨賄，琯入朝自訴，上叱出之，因歸私第，不敢關預人事。諫議大夫張鎬上疏，言琯大臣，門客受贓，不宜見累。二年五月，貶爲太子少師，仍以鎬代琯爲宰相。

其年十一月，從肅宗還京師。十二月，大赦，策勳行賞，加琯金紫光祿大夫，進封清河郡公。琯既在散位，朝臣多以爲言，琯亦常自言有文武之用，合當國家驅策，冀蒙任遇。又招納賓客，朝夕盈門，遊其門者，又將琯言議暴揚於朝。琯又多稱疾，上頗不悅。乾元元年六月，詔曰：

崇黨近名，實爲害政之本；黜華去薄，方啓至公之路。房琯素表文學，夙推名器，由是累階清貴，致位台衡。而率情自任，怙氣恃權。虛浮簡傲者進爲同人，溫讓謹令者捐於異路。所以輔佐之際，謀猷匪弘。頃者時屬艱難，擢居將相，朕永懷仄席，冀有成功。而喪我師徒，既虧制勝之任；升其親友，悉彰浮誕之迹。曾未踰時，遽從敗績。自合首明軍令，以謝師旅，猶尙矜其萬死，擢以三孤。

或云緣其切直，遂見斥退。朕示以堂案，令觀所以，咸知乖舛，曠於政事。誠宜効茲忠懇，以奉國家，而乃多稱疾疹，莫申朝謁。郤鞏爲政，曾不疾其迂迴；亞夫事君，翻有懷於鬱快。又與前國子祭酒劉秩、前京兆少尹嚴武等潛爲交結，輕肆言談，有朋黨不公之名，違臣子奉上之體。何以儀刑王國，訓導儲闈？但以嘗踐台司，未忍致之于理。況秩、武遽更相尙，同務虛求，不議典章，何成沮勸？宜從貶秩，俾守外藩。琯可邠州刺史，秩可閬州刺史，武可巴州刺史，散官、封如故；並卽馳驛赴任，庶各增修。朕自臨御寰區，薦延多士，常思聿求賢哲，共致雍熙。深嫉比周之徒，虛僞成俗。今茲所譴，實屬其辜。猶以琯等妄自標持，假延浮稱，雖周行具悉，恐流俗多疑，所以事必縷言，蓋欲人知不濫。凡百卿士，宜悉朕懷。

時邠州久屯軍旅，多以武將兼領刺史，法度隳廢，州縣廨宇，並爲軍營，官吏侵奪百姓室屋以居，人甚弊之。琯到任，舉陳令式，令州縣恭守，又緝理公館，僚吏各歸官曹，頗著政聲。二年六月，詔褒美之，徵拜太子賓客。上元元年四月，改禮部尙書，尋出爲晉州刺史。八月，改漢州刺史。琯長子乘，自少兩目盲。琯到漢州，乃厚結司馬李鋭以財貨，乘聘鋭外甥女盧氏，時議薄其無士行。寶應二年四月，拜特進、刑部尙書。在路遇疾，廣德元年八月四日，卒於閬州僧舍，時年六十七，贈太尉。

孺復，琯之孽子也。少黠慧，年七八歲，卽粗解綴文，親黨奇之。稍長，狂疏傲慢，任情縱欲。年二十，淮南節度陳少遊辟爲從事，多招陰陽巫覡，令揚言已過三十必爲宰相。德宗幸奉天，包佶掌賦於揚州，少遊將抑奪之。佶聞而奔出，少遊方遣人劫佶令迴，孺復請行，會佶已過江南，乃還。及少遊卒，浙西節度韓滉又辟入幕。其長兄宗偃先貶官嶺下而卒，及喪柩到揚州，孺復未嘗弔。初娶鄭氏，惡賤其妻，多畜婢僕，妻之保母累言之，孺復乃先具棺櫬而集家人生斂保母，遠近驚異。及妻在產蓐三四日，遽令上船卽路，數日，妻遇風而卒。孺復以宰相子，年少有浮名，而奸惡未甚露，累拜杭州刺史。又娶台州刺史崔昭女，崔妬悍甚，一夕杖殺孺復侍兒二人，埋之雪中。觀察使聞之，詔發使鞫案有實，孺復坐貶連州司馬，仍令與崔氏離異。孺復久之遷辰州刺史，改容州刺史、本管經略使。乃潛與妻往來，久而上疏請合，詔從之。二歲餘，又奏與崔氏離異，其爲取捨恣逸，不顧禮法也如此。貞元十三年九月卒，時年四十二。

式，琯之姪。舉進士。李泌觀察陝州，辟爲從事。泌入爲相，累遷起居郞，出入泌門，爲其耳目。及泌卒，再除忠州刺史，韋皐表爲雲南安撫使，兼御史中丞。皐卒，詔除兵部郎中。

屬劉闢反，式留不得行。性便佞，又懼闢，每於座中數贊闢之德美，比之劉備，同陷於賊者皆惡之。高崇文既至成都，式與王良士、崔從、盧士玫等白衣麻蹻銜土請罪，崇文寬禮之，乃表其狀，尋除吏部郎中。

時河朔節度劉濟、王士眞、張茂昭皆以兵壯氣豪，相持短長，屢以表聞，迭請加罪。上欲止其兵，李吉甫薦式爲給事中，將命于河朔。式歷使諸鎭諷諭之，還奏愜旨，除陝虢觀察使、兼御史中丞，轉河南尹。時討王承宗於鎭州，配河南府饋運車四千兩，式表以凶旱，人貧力徵，難以徵發，憲宗可其奏，既免力役，人懷而安之。明年，移授宣歙池觀察使。元和七年七月卒，贈左散騎常侍。

張鎬，博州人也。風儀魁岸，廓落有大志，涉獵經史，好談王霸大略。少時師事吳兢，兢甚重之。後遊京師，端居一室，不交世務。性嗜酒，好琴，常置座右。公卿或有邀之者，鎬杖策徑往，求醉而已。

天寶末，楊國忠以聲名自高，搜天下奇傑。聞鎬名，召見薦之，自褐衣拜左拾遺。及祿山阻兵，國忠屢以軍國事咨於鎬，鎬舉贊善大夫來瑱可當方面之寄。數月，玄宗幸蜀，鎬自山谷徒步扈從。肅宗卽位，玄宗遣鎬赴行在所。鎬至鳳翔，奏議多有弘益，拜諫議大夫，尋遷中書侍郎、同中書門下平章事。時供奉僧在內道場晨夜念佛，動數百人，聲聞禁外，鎬奏曰：「臣聞天子修福，要在安養含生，靖一風化，未聞區區僧教，以致太平。伏願陛下以無爲爲心，不以小乘而撓聖慮。」肅宗甚然之。

時方興軍戎，帝注意將帥，以鎬有文武才，尋命兼河南節度使，持節都統淮南等道諸軍事。鎬旣發，會張巡宋州圍急，倍道兼進，傳檄濠州刺史閭丘曉引兵出救。曉素愎戾，馭下少恩，好獨任己。及鎬信至，略無稟命，又慮兵敗，禍及於己，遂逗留不進。鎬至淮口，宋州已陷，鎬怒曉，卽杖殺之。及收復兩京，加鎬銀青光祿大夫，封南陽郡公，詔以本軍鎭汴州，招討殘孽。時賊帥史思明表請以范陽歸順，鎬揣知其僞，恐朝廷許之，手書密表奏曰：「思明兇豎，因逆竊位，兵強則衆附，勢奪則人離。包藏不測，禽獸無異，可以計取，難以義招。伏望不以威權假之。」又曰：「滑州防禦使許叔冀，性狡多謀，臨難必變，望追入宿衞。」肅宗計意已定，表入不省。鎬爲人簡澹，不事中要。會有宦官自范陽及滑州使還者，皆言思明、叔冀之誠懇。肅宗以鎬不切事機，遂罷相位，授荆州大都督府長史。後思明、叔冀之僞皆符鎬言。尋徵爲太子賓客，改左散騎常侍。屬嗣岐王珍被誣告構逆伏法，鎬買珍宅坐累，貶辰州司戶。

代宗卽位，推恩海內，拜撫州刺史。遷洪州刺史、饒吉等七州都團練觀察等使，尋正授江南西道都團練觀察等使。廣德二年九月卒。

鎬自入仕凡三年〔四〕，致位宰相。居身淸廉，不營資產，謙恭下士，善談論，多識大體，故天下具瞻，雖考秩至淺，推爲舊德云。

高適者，渤海蓨人也。父從文，位終韶州長史。適少濩落，不事生業，家貧，客於梁、宋，以求丐取給。天寶中，海內事干進者注意文詞。適年過五十，始留意詩什，數年之間，體格漸變，以氣質自高，每吟一篇，已爲好事者稱誦。宋州刺史張九臯深奇之，薦舉有道科。時右相李林甫擅權，薄於文雅，唯以舉子待之。解褐汴州封丘尉，非其好也，乃去位，客遊河右。河西節度哥舒翰見而異之，表爲左驍衞兵曹，充翰府掌書記，從翰入朝，盛稱之於上前。

祿山之亂，徵翰討賊，拜適左拾遺，轉監察御史，仍佐翰守潼關。及翰兵敗，適自駱谷西馳，奔赴行在，及河池郡，謁見玄宗，因陳潼關敗亡之勢曰：「僕射哥舒翰忠義感激，臣頗知之，然疾病沉頓，智力將竭。監軍李大宜與將士約爲香火，使倡婦彈箜篌琵琶以相娛樂，樗蒱飲酒，不恤軍務。蕃渾及秦、隴武士，盛夏五六月於赤日之中，食倉米飯且猶不足，欲其勇戰，安可得乎？故有望敵散亡，臨陣翻動，萬全之地，一朝而失。南陽之軍，魯炅、何履光、趙國珍各皆持節，監軍等數人更相用事，寧有是，戰而能必勝哉？臣與楊國忠爭，終不見納。陛下因此履巴山、劍閣之險，西幸蜀中，避其蠆毒，未足爲恥也。」玄宗嘉之，尋遷侍御史。至成都，八月，制曰：「侍御史高適，立節貞峻，植躬高朗，感激懷經濟之略，紛綸贍文雅之才。長策遠圖，可云大體；讜言義色，實謂忠臣。宜迴糾逖之任，俾超諷諭之職。可諫議大夫，賜緋魚袋。」適負氣敢言，權幸憚之。

二年，永王璘起兵於江東，欲據揚州。初，上皇以諸王分鎮，適切諫不可。及是永王叛，肅宗聞其論諫有素，召而謀之。適因陳江東利害，永王必敗。上奇其對，以適兼御史大夫、揚州大都督府長史、淮南節度使。詔與江東節度來瑱率本部兵平江淮之亂，會于安州。師將渡而永王敗，乃招季廣琛于歷陽。兵罷，李輔國惡適敢言，短於上前，乃左授太子少詹事。

未幾，蜀中亂，出爲蜀州刺史，遷彭州。劍南自玄宗還京後，於梓、益二州各置一節度〔三〕，百姓勞敝，適因出西山三城置戍，論之曰：

劍南雖名東西兩川，其實一道。自邛關、黎、雅，界於南蠻也；茂州而西，經羌中至平戎數城，界於吐蕃也。臨邊小郡，各舉軍戎，並取給於劍南。其運糧戍，以全蜀之力，兼山南佐之，而猶不舉。今梓、遂、果、閬等八州分爲東川節度，歲月之計，西川不可得而參也。而嘉、陵比爲夷獠所陷，今雖小定，瘡痍未平。又一年已來，耕織都廢，而衣食之業，皆貿易於成都，則其人不可得而役明矣。今可税賦者，成都、彭、蜀、漢州。又以四州殘敝，當他十州之重役，其於終久，不亦至艱？又言利者穿鑿萬端，皆取之百姓；應差科者，自朝至暮，案牘千重。官吏相承，懼於罪譴，或責之於鄰保，或威之以杖罰。督促不已，逋逃益滋，欲無流亡，理不可得。比日關中米貴，而衣冠士庶，頗亦出城，山南、劍南，道路相望，村坊市肆，與蜀人雜居，其升合斗儲，皆求於蜀人矣。且田土疆界，蓋亦有涯；賦税差科，乃無涯矣。爲蜀人之計，不亦難哉！

今所界吐蕃城堡而疲於蜀人，不過平戎以西數城矣。邈在窮山之巔，垂於險絕之末，運糧於束馬之路，坐甲於無人之鄉。以戎狄言之，不足以利戎狄；以國家言之，不足以廣土宇。奈何以險阻彈丸之地，而困於全蜀太平之人哉？恐非今日之急務也。國家若將已戍之地不可廢，已鎮之兵不可收，當宜却停東川，併力從事，猶恐狼狽，安可仰於成都、彭、漢、蜀四州哉！慮乖聖朝洗盪關東掃清逆亂之意也。倘蜀人復擾，豈不貽陛下之憂？昔公孫弘願罷西南夷、臨海〔六〕，專事朔方，賈捐之請棄珠崖以寧中土，讒言政本，匪一朝一夕。臣愚望罷東川節度，以一劍南，西山不急之城，稍以減削，則事無窮頓，庶免倒懸。陛下若以微臣所陳有裨萬一，下宰相廷議，降公忠大臣定其損益，與劍南節度終始處置。

疏奏不納。

後梓州副使段子璋反，以兵攻東川節度使李奐，適率州兵從西川節度使崔光遠攻子璋，斬之。西川牙將花驚定者，恃勇，既誅子璋，大掠東蜀。天子怒光遠不能戢軍，乃罷之，以適代光遠爲成都尹、劍南西川節度使。代宗即位，吐蕃陷隴右，漸逼京畿。適練兵於蜀，臨吐蕃南境以牽制之，師出無功，而松、維等州尋爲蕃兵所陷。代宗以黃門侍郎嚴武代還，用爲刑部侍郎，轉散騎常侍，加銀青光祿大夫，進封渤海縣侯，食邑七百戶。永泰元年正月卒，贈禮部尚書，謚曰忠。

適喜言王霸大略，務功名，尚節義。逢時多難，以安危爲己任，然言過其術，爲大臣所輕。累爲藩牧，政存寬簡，吏民便之。有文集二十卷。其與賀蘭進明書，令疾救梁、宋，以親諸軍；與許叔冀書，綢繆繼好，使釋他憾，同援梁、宋；未過淮先與將校書，使絕永王，各求自白。君子以爲義而知變。而有唐已來，詩人之達者，唯適而已。

暢璀，河東人也。鄉舉進士。天寶末，安祿山奏爲河北海運判官。三遷大理評事，副元帥郭子儀辟爲從事。至德初，肅宗即位，大收俊傑，或薦璀，召見悅之，拜諫議大夫。累轉吏部侍郎。廣德二年十二月，爲散騎常侍、河中尹，兼御史大夫。永泰元年，復爲左常侍，與裴冕並集賢院待制。大曆五年，兼判太常卿，遷戶部尚書。十年七月卒，贈太子太師。

璀廓落有口才，好談王霸之略，居職責成屬吏，齪齪無過而已。

史臣曰：祿山寇陷兩京，儒生士子，被脅從、懷苟且者多矣；去逆効順，毀家爲國者少焉。如光遠勇決任氣，會權變以立功；房琯文學致身，全節義以避寇。阽危之時，顚沛之際，有足稱者。然光遠居重藩，掌軍政，琯登相位，奪將權，聚浮薄之徒，敗軍旅之事，不知機而固位，竟無德以自危。孺復兇狂，式之便佞，獲令終者幸焉。鎬直躬居位，重德鎭時，其爲人也鮮矣。適以詩人爲戎帥，險難之際，名節不虧，君子哉！璀擢第居官，守分無過，又何咎焉。

贊曰：光遠、房琯，有始有終。張鎬國器，適、璀儒風。

校勘記

〔一〕命所由守神威孝哲宅　「宅」字各本原無，據葉校本、通鑑卷二一八補。

〔二〕十餘人　「十」字各本原作「千」，據冊府卷六八六，通鑑卷二一八改。

〔三〕給事中劉秩　「中」下各本原有「丞」字，據新書卷一三九房琯傳、合鈔卷一六二房琯傳删。

〔四〕凡三年　各本原作「凡三十年」，據冊府卷三一〇改。

〔五〕梓益二州　「梓」字各本原作「綿」，廿二史考異卷五九云：「案至德二載，置東川節度，治梓州，綿當爲梓字之譌。」今據本書卷四一地理志改。

〔六〕臨海　漢書卷五八公孫弘傳作「蒼海」。

舊唐書卷一百一十二

列傳第六十二

李暠 族弟齊物 齊物子復 暠族弟若水　李麟　李國貞 子錡

李峘 弟嶧 峴　李巨 子則之

李暠，淮安王神通玄孫，清河王孝節孫也。暠少孤，事母甚謹。睿宗時，累轉衞尉少卿。丁憂去職，在喪柴毁，家人密親未嘗窺其言笑。開元初，授汝州刺史，爲政嚴簡，州境肅然。與兄昇弟暈，尤相篤睦，昇等每月自東都省暠，往來微行，州人不之覺，其淸愼如此。俄入授太常少卿，三遷黃門侍郎，兼太原尹，仍充太原已北諸軍節度使。太原舊俗，有僧徒以習禪爲業，及死不殮，但以屍送近郊以飼鳥獸。如是積年，土人號其地爲「黃坑」，側有餓狗千數，食死人肉，因侵害幼弱，遠近患之，前後官吏不能禁止。暠到官，申明禮憲，期不再犯，發兵捕殺羣狗，其風遂革。久之，轉太常卿，旬日，拜工部尚書、東都留守。

開元二十一年正月，制曰：「繼好之義，雖屬邊鄙；受命以出，必在親賢。事欲重於當時，禮故崇於殊俗，選衆之舉，無出宗英。工部尚書李暠，體含柔嘉，識致明允，爲公族之領袖，是朝廷之羽儀。金城公主旣在蕃中，漢庭公卿非無專對，有懷於遠，夫豈能忘。宜持節充入吐蕃使，准式發遣。」以國信物一萬匹、私覿物二千匹，皆雜以五綵遣之。及還，金城公主上言，請以今年九月一日樹碑於赤嶺，定蕃、漢界。樹碑之日，詔張守珪、李行褘與吐蕃使莽布支同往觀焉。旣而吐蕃遣其臣隨漢使分往劍南及河西、磧西，歷告邊州曰：「兩國和好，無相侵掠。」漢使告亦如之。以暠奉使稱職，轉吏部尚書〔一〕。時吏部告身印與曹印文同，行用參雜，難以區分，暠奏請准司勳兵部印文例，加「官告」兩字，至今行之。暠風儀秀整，所歷皆以威重見稱，朝廷稱其有宰相之望。累封武都縣伯，俄爲太子少傅。病卒，年六十餘，贈益州大都督。

齊物，淮安王神通子鹽州刺史銳孫也。齊物無學術，在官嚴整。開元二十四年後，歷懷、陝二州刺史。齊物，天寶初開砥柱之險，以通流運，於石中得古鐵犂鏵，有「平陸」字，因改河北縣爲平陸縣，加齊物銀青光祿大夫，爲鴻臚卿、河南尹。齊物與右相李適之善，適之爲林甫所構貶官，齊物坐謫竟陵太守。入爲司農、鴻臚卿。至德初，拜太子賓客，遷刑部尚書、鳳翔尹、太常卿、京兆尹。爲政發官吏陰事，以察爲能，於物少恩，而淸廉自飭，人吏莫敢抵犯。晚年除太子太傅、兼宗正卿。

上元二年五月卒，輟朝一日。詔曰：「故金紫光祿大夫、太子太傅、兼宗正卿齊物，宗室珪璋，士林楨幹，淸廉獨斷，剛毅不羣。歷踐周行，備經中外，威名益振，忠效彌彰。三尹神州，一登會府，擒姦掩鉤距之術，恤獄正喉舌之官。遂令調護儲闈，再登師傅，從容賓友，師長官僚。桑榆之時，壯志逾勵；松柏之性，晚歲常堅。天不憖遺，奄然殂謝，念親感舊，深軫于懷。宜錫寵章，載光營魄。可贈太子太師。」

子復，字初陽，以父蔭累官至江陵府司錄。精曉吏道，衞伯玉厚遇之，府中之事，多以咨委。性苛刻，爲伯玉所信，奏爲江陵縣令，遷少尹，歷饒州、蘇州刺史，皆著政聲。李希烈背叛，荆南節度張伯儀數出兵，爲希烈所敗，朝廷憂之。以復久在江陵，得軍民心，復方在母喪，起爲江陵少尹、兼御史中丞，充節度行軍司馬。伯儀既受代，以復爲容州刺史、兼御史中丞，充本管招討使，加檢校常侍。先時西原叛亂〔三〕，前後經略使征討反者，獲其人皆沒爲官奴婢，配作坊重役，復乃令訪其親屬，悉歸還之。在容州三歲，南人安悅。遷廣州刺史、兼御史大夫、嶺南節度觀察使。會安南經略使高正平、張應相次卒官，其下參佐偏裨李元度、胡懷義等阻兵，黷亂州縣，姦贓狠藉。復誘懷義杖殺之，奏元度流於荒裔。又勸導百姓，令變茅屋爲瓦舍。瓊州久陷於蠻獠中，復累遣使喻之，因奏置瓊州都督府以綏撫之。復曉於政道，所在稱理，徵拜宗正卿，加檢校工部尚書。未一歲，會華州節度李元諒卒，以復爲華州刺史、潼關防禦鎭國軍使〔三〕，仍檢校戶部尚書，兼御史大夫。

貞元十年，鄭滑節度使李融卒，軍中潰亂，以復檢校兵部尚書，兼滑州刺史、義成軍節度、鄭滑觀察營田等使、兼御史大夫。復到任，置營田數百頃，以資軍食，不率於民，衆皆悅之。十二年，加檢校左僕射。十三年四月卒官，年五十九，廢朝三日，贈司空，賻布帛米粟有差。復久典方面，積財頗甚，爲時所譏。

若水，齊物族弟，累官至左金吾大將軍，兼通事舍人。容貌甚偉，在館三十年，多識舊儀，每宣勞贊導，周旋俯仰，有可觀者。建中元年八月卒。

李麟，皇室之疏屬，太宗之從孫也。父濬，開元初置十道按察使，精選吏才，以濬爲潤州刺史、江南東道按察使。轉虢潞二州刺史，益州大都督府長史、攝御史大夫、劍南節度按察使。所歷以誠信待物，稱爲良吏。八年卒，贈戶部尚書，諡曰誠。

麟以父任補職，累授京兆府戶曹。開元二十二年，舉宗室異能，轉殿中侍御史，歷戶部、考功、吏部三員外郎。天寶元年，遷郎中，尋改諫議大夫。五載，充河西、隴右、磧西等道黜陟使，稱旨，遷給事中。七載，遷兵部侍郎。同列楊國忠專權，不悅麟同職，宰臣奏麟以本官權知禮部貢舉。俄而國忠爲御史大夫，麟復本官。十一載，遷銀青光祿大夫、國子祭酒。十四年七月，以本官出爲河東太守、河東道採訪使，爲政淸簡，民吏稱之。其年冬，祿山構逆，朝廷以麟儒者，恐非禦侮之用，乃以將軍呂崇賁代還，復以祭酒歸朝，賜爵渭源縣男。

六月，玄宗幸蜀，麟奔赴行在。既至成都，拜戶部侍郎，兼左丞。遷憲部尚書。至德二年正月，拜同中書門下平章事。時扈從宰相韋見素、房琯、崔渙已赴鳳翔，俄而崔圓繼去，玄宗以麟宗室子，獨留之，行在百司，麟總攝其事。其年十一月，從上皇還京，策勳行賞，加金紫光祿大夫、刑部尚書、同中書門下三品，進封褒國公。

時張皇后干預朝政，殿中監李輔國以翊衞肅宗之勞，判天下兵馬事，充元帥府行軍司馬，勢傾同朝。宰相苗晉卿、崔圓已下懼其威權，傾心事之，唯麟正身謹事，無所依附，輔國不悅。乾元元年，罷麟知政事，守太子少傅。二年八月卒，時年六十六，贈太子太傅，賻絹二百匹。葬日，詔京兆府差官護送，官給所須。麟好學能文，嘗編聚皇朝已來制集五十卷，行於時。

李國貞，淮安王神通子淄川王孝同之曾孫。父廣業，劍州長史。國貞本名若幽，性剛正，有吏才，歷安定、扶風錄事參軍，皆稱職。乾元中累遷長安令，尋拜河南尹。會史思明逼城，元帥李光弼東保河陽，國貞領官吏寓于陝。數月，徵爲京兆尹。上元初，改成都尹、兼御史大夫，充劍南節度使。入爲殿中監。二年八月，遷戶部尚書、兼御史大夫，持節充朔方、鎮西、北庭、興平、陳鄭等節度行營兵馬及河中節度都統處置使，鎮于絳，賜名國貞。既至，又加充管內河中晉絳慈隰沁等州觀察處置等使，餘並如故。

國貞既至絳，屬軍中素無儲積，百姓飢饉，難爲聚斂，將士等糧賜多闕。國貞頻以狀聞，未報。軍中諠諠怨讟，左右以告國貞，國貞喻之曰：「軍將何苦如是，已爲奏聞，終有所給。」信宿軍亂，攻國貞，夜燒衙城門。國貞莫知所圖，左右勸國貞棄城遁去，國貞曰：「吾銜命爲將，不能靖難，安可棄城乎！」左右固勸迴避，乃隱於州獄，詐負縲紲。會國貞麾下爲賊所擒，因指所在，遂於獄中執國貞，將害之，國貞曰：「軍中乏糧，已有陳請，人不堪賦，予無負於將士耳。」衆引退。突將王元振獨曰：「今日之事，豈須問焉！」抽刀害國貞及二男、三大將。

國貞有風采，清白守法，爲政急於操下，時論以辨吏稱之。追贈揚州大都督。

子錡，以父蔭貞元中累至湖、杭二州刺史。多以寶貨賂李齊運，由是遷潤州刺史兼鹽鐵使，持積財進奉，以結恩澤，德宗甚寵之。錡恃恩驕恣，有浙西人布衣崔善貞詣闕上封，論錡罪狀，而德宗械送賜錡，錡遂坑殺善貞，天下切齒。乃增置兵額，選善弓矢者聚之一營，名曰「挽硬隨身」；以胡、奚雜類虬鬚者爲一將，名曰「蕃落健兒」。德宗復於潤州置鎮海軍，以錡爲節度使，罷其鹽鐵使務。錡雖罷其利權，且得節度，反狀未發。

憲宗即位已二年，諸道倔強者入朝，而錡不自安，亦請入朝，乃拜錡左僕射。錡乃署判官王澹爲留後。既而遷延發期，澹與中使頻喻之，不悅，遂諷將士以給冬衣日殺澹而食之。監軍使聞亂，遣衙將趙琦慰喻，又臠食之。復以兵注中使之頸，錡佯驚救解之，囚於別館。遂稱兵，室五劍，分授管內鎮將，令殺刺史。於是常州刺史顏防用客李雲謀，矯制傳檄于蘇、杭、湖、睦等州，遂殺其鎮將李深；湖州辛秘亦殺其鎮將趙惟忠；而蘇州刺史李素爲鎮將姚志安所繫，釘於船舷，生致於錡，未至而錡敗，得免。

初，錡以宣州富饒，有并吞之意，遣兵馬使張子良、李奉仙、田少卿領兵三千分略宣、池等州。三將夙有向順志，而錡甥裴行立亦思向順，其密謀多決於行立，乃迴戈趣城，執錡於幕，縋而出之，斬於闕下，年六十七。其「挽硬」、「蕃落」將士，或投井自縊，紛紛枕藉而死者，不可勝紀。

宰相鄭絪等議錡所坐，親疏未定，乃召兵部郎中蔣武問曰：「詔罪李錡一房，當是大功內耶？」武曰：「大功是錡堂兄弟，卽淮安王神通之下，淮安有大功於國，不可以孽孫而上累。」又問：「錡親兄弟從坐否？」武曰：「錡親兄弟是若幽之子，若幽有死王事之功，如令錡兄弟從坐，若幽卽宜削籍，亦所未安。」宰相頗以爲然，故誅錡詔下，唯止元惡一房而已。

李峘，太宗第三子吳王恪之孫。恪第三子琨生信安王禕，禕生三子，峘、嶧、峴。峘志行修立，天寶中爲南宮郎，歷典諸曹十餘年。居父喪，哀毀得禮，服闋，以郡王子例封趙國公。楊國忠秉政，郎官不附己者悉出於外，峘自考功郎中出爲睢陽太守。尋而弟峴出爲魏郡太守，兄弟夾河典郡，皆以理行稱。

十四載，入計京師。屬祿山之亂，玄宗幸蜀，峘奔赴行在，除武部侍郎，兼御史大夫。俄拜蜀郡太守、劍南節度採訪使。上皇在成都，健兒郭千仞夜謀亂，上皇御玄英樓招諭，不從，峘與六軍兵馬使陳玄禮等平之，以功加金紫光祿大夫。時峴爲鳳翔太守，匡翊肅宗，兄弟俱効勳力。從上皇還京，爲戶部尙書，峴爲御史大夫，兼京兆尹，封梁國公，兄弟同制封公。

乾元初，兼御史大夫，持節都統淮南、江南、江西節度、宣慰、觀察處置等使。二年，以宋州刺史劉展握兵河南，有異志，乃陽拜展淮南節度使，而密詔揚州長史鄧景山與峘圖之。時展徒黨方強，既受詔，卽以兵渡淮。景山、峘拒之壽春，爲展所敗。峘走渡江，保丹陽，坐貶袁州司馬。寶應二年，病卒於貶所，追贈揚州大都督，官給遞乘，護柩還京。

初，峘爲戶部尙書，峴爲吏部尙書、知政事，嶧爲戶部侍郎、銀青光祿大夫，兄弟同居長興里第，門列三戟，兩國公門十六戟，一三品門十二戟，榮耀冠時。嶧位終蜀州刺史。

峴，樂善下士，少有吏幹。以門蔭入仕，累遷高陵令，政術知名，特遷萬年令、河南少尹、魏郡太守；入爲金吾將軍，遷將作監，改京兆府尹，所在皆著聲績。天寶十三載，連雨六十餘日，宰臣楊國忠惡其不附己，以雨災歸咎京兆尹，乃出爲長沙郡太守。時京師米麥踊貴，百姓謠曰：「欲得米粟賤，無過追李峴。」其爲政得人心如此。

至德初，朝廷務收才傑，以淸寇難，峴召至行在，拜扶風太守、兼御史大夫。至德二年十二月，制曰：「銀青光祿大夫、守禮部尙書李峴，饋軍周給，開物成務。可光祿大夫，行御史大夫，兼京兆尹，封梁國公。」乾元二年，制曰：「李峴朝廷碩德，宗室藎臣。可中書侍郞、同中書門下平章事。」與呂諲、李揆、第五琦同拜相。峴位望稍高，軍國大事，諸公莫敢言，皆獨決於峴，由是諲等銜之。

初，李輔國判行軍司馬，潛令官軍於人間聽察是非，謂之察事。忠良被誣構者繼有之，須有追呼，諸司莫敢抗。御史臺、大理寺重囚在獄，推斷未了，牒追就銀臺，不問輕重，一時釋放，莫敢違者。每日於銀臺門決天下事，須處分，便稱制敕，禁中符印，悉佩之出入。縱有敕，輔國押署，然後施行。及峴爲相，叩頭論輔國專權亂國，上悟，賞峴正直，事並變革。輔國以此讓行軍司馬，請歸本官，察事等並停，由是深怨峴。

鳳翔七馬坊押官，先頗爲盜，劫掠平人，州縣不能制，天興縣令知捕賊謝夷甫擒獲決殺之。其妻進狀訴夫冤。輔國先爲飛龍使，黨其人，爲之上訴，詔監察御史孫鎣推之。鎣初直其事。其妻又訴，詔令御史中丞崔伯陽、刑部侍郎李曄、大理卿權獻三司訊之〔四〕，三司與鎣同。妻論訴不已，詔令侍御史毛若虛覆之，若虛歸罪於夷甫，又言伯陽等有情，不能質定刑獄。伯陽怒，使人召若虛，詞氣不順。伯陽欲上言之，若虛先馳謁，告急於肅宗，云：「已知，卿出去。」若虛奏曰：「臣出即死。」上因留在簾內。有頃，伯陽至，上問之，伯陽頗言若虛順旨，附會中人。上怒，叱出之。伯陽貶端州高要尉，權獻郴州桂陽尉，鳳翔尹嚴向及李曄皆貶嶺下一尉，鎣除名長流播州。峴以數人咸非其罪，所責太重，欲理之，遂奏：「若虛希旨用刑，不守國法，陛下若信之重輕，是無御史臺。」上怒峴言，出峴爲蜀州刺史。時右散騎常侍韓擇木入對，上謂之曰：「峴欲專權耶？何乃云任毛若虛是無御史臺也？令貶蜀州刺史，朕自覺用法太寬。」擇木對曰：「峴言直，非專權。陛下寬之，祇益聖德爾。」

代宗即位，徵峴爲荆南節度、江陵尹，知江淮選補使。入爲禮部尚書，兼宗正卿。屬鑾輿幸陝，峴由商山路赴行在。既還京師，拜峴爲黄門侍郎、同中書門下平章事。故事，宰臣不于政事堂邀客。時海内多務，宰相元載等見中官傳詔命至中書者，引之升政事堂，仍置榻待之；峴爲宰相，令去其榻。奏請常參官各舉堪任諫官、憲官者，不限人數。

初收東京，受僞官陳希烈已下數百人，崔器希旨深刻，奏皆處死；上意亦欲懲勸天下，欲從器議。時峴爲三司使，執之曰：「夫事有首從，情有輕重，若一概處死，恐非陛下含弘之義，又失國家惟新之典。且羯胡亂常，無不凌據，二京全陷，萬乘南巡，各顧其生，衣冠蕩覆。或陛下親戚，或勳舊子孫，皆置極法，恐乖仁恕之旨。昔者明王用刑，殲厥渠魁，脅從罔理。況河北殘寇未平，官吏多陷，苟容漏網，適開自新之路，若盡行誅，是堅叛逆之黨，誰人更圖効順？困獸猶鬭，況數萬人乎！」崔器、吕諲，皆守文之吏，不識大體，殊無變通。廷議數日，方從峴奏，全活甚衆。其料敵決事皆此類。竟爲中官所擠，罷知政事，爲太子詹事，尋遷吏部尚書，知江淮舉選，置銓洪州。明年，改檢校兵部尚書，兼衢州刺史。永泰二年七月以疾終〔三〕，時年五十八。

李巨，曾祖父虢王鳳，高祖之第十四子也。鳳孫邕，嗣虢王，巨卽邕之第二子也。剛銳果決，頗涉獵書史，好屬文。開元中爲嗣虢王。天寶五載，出爲西河太守。皇太子杜良娣之妹壻柳勣陷詔獄，巨母扶餘氏，吉温嫡母之妹也，温爲京兆士曹，推勣之黨，以徐徵等往來巨家，資給之，由是坐貶義陽郡司馬。六載，御史中丞楊愼矜爲李林甫、王鉷構陷得罪，其黨史敬忠亦伏法。以巨與敬忠相識，坐解官，於南賓郡安置。又起爲夷陵郡太守。

及祿山陷東京，玄宗方擇將帥，張垍言巨善騎射，有謀略，玄宗追至京師。楊國忠素與巨相識，忌之，謂人曰：「如此小兒，豈得令見人主。」經月餘日不得見。玄宗使中官召入奏事，玄宗大悅，遂令中官劉奉庭宣敕令宰相與巨語，幾亭午，方出。國忠頗怠，對奉庭謂巨曰：「比來人多口打賊，公不爾乎？」巨曰：「不知若箇軍將能與相公手打賊乎？」尋授陳留譙郡太守、攝御史大夫、河南節度使。翌日，巨稱官銜奉謝，玄宗驚曰：「何得令攝？」卽日詔兼御史大夫。巨奏曰：「方今艱難，恐爲賊所詐，如忽召臣，不知何以取信？」玄宗劈木契分授之，遂以巨兼統嶺南節度使何履光、黔中節度使趙國珍、南陽節度使魯炅，先領三節度事。有詔貶炅爲果毅，以潁川太守來瑱兼御史中丞代之。巨奏曰：「若炅能存孤城，其功足以補過，則何以處之？」玄宗曰：「卿隨宜處置之。」巨至內鄉，趣南陽，賊將畢思琛聞之，解圍走。巨趣何履光、趙國珍同至南陽，宣敕貶炅，削其章服，令隨軍効力。至日晚，以恩命令炅復位。

至德二年，爲太子少傅。十月，收西京，爲留守、兼御史大夫。三年夏四月，加太子少師、兼河南尹，充東京留守，判尚書省事，充東畿採訪等使。於城市橋梁稅出入車牛等錢以供國用，頗有乾沒，士庶怨讟。後與妃張氏不睦，張氏即皇后從父妹也。宗正卿李遵構之，發其所犯贓賄，貶爲遂州刺史。屬劍南東川節度兵馬使、梓州刺史段子璋反，以衆襲節度使李奐於綿州，路經遂州，巨蒼黃修屬郡禮迎之，爲子璋所殺。

子則之，以宗室歷官，好學，年五十餘，每執經詣太學聽受。嗣曹王臯自荊南來朝，稱薦之。貞元二年，自睦王府長史遷左金吾衛大將軍，以從父甥竇申追遊無閑親累，貶昭州司馬。

史臣曰：嵩孝友淸愼，居官有稱；齊物貞廉整肅，復節制權謀；國貞淸白守法，皆神通之曾玄，宗室之翹楚。錡之爲逆，不累其親，前人之積德彰矣，當朝之用法明矣。然暠發人陰私，齊物積財興議，國貞急於操下，皆尺之短也。麟修整，峘循良，匪躬立事，始終無玷者，皆宗室之英也。峴之剛正才略，有足可稱。初爲國忠所憎，終沮朝恩之勢〔六〕。處羣邪之內，堅獨正之心，是不吐也；活東都之命，是不茹也。庶幾乎仲山甫之道焉！巨以剛銳果決，亦可嘉焉，終以贓賄貪殘，良可痛也。

贊曰：宗室賢良，枝葉茂盛。最尤者誰？峴獨守正。

校勘記

〔一〕吏部尚書　「吏部」，各本原作「兵部」，新書卷七八淮安王神通傳作「吏部」。按下文云「吏部告身」，則當以吏部爲是，據改。

〔二〕西原　各本原作「西京」，據新書卷七八淮安王神通傳改。

〔三〕潼關防禦鎮國軍使　「防」字各本原無，據合鈔卷一六三李暠傳補。

〔四〕三司訊之　各本原無此四字，據册府卷三一七補。

〔五〕永泰　各本原作「永康」，據合鈔卷一六三李峘傳改。

〔六〕終沮朝恩之勢　殿本考證云：「按李峴傳中，乃爲李輔國掎摭，非魚朝恩也，應誤。」

舊唐書卷一百一十三

列傳第六十三

苗晉卿　裴冕　裴遵慶 子向　向子寅　寅子樞

苗晉卿，上黨壺關人。世以儒素稱。祖夔，高道不仕，追贈禮部尚書。父殆庶，官至絳州龍門縣丞，早卒，以晉卿贈太子少保。

晉卿幼好學，善屬文，進士擢第。初授懷州修武縣尉，歷奉先縣尉，坐累貶徐州司戶參軍。秩滿隨調，判入高等，授萬年縣尉。遷侍御史，歷度支、兵、吏部三員外郎。開元二十三年，遷吏部郎中。二十四年，與吏部郎中孫逖並拜中書舍人。二十七年，以本官權知吏部選事。晉卿性謙柔，選人有訴訟索好官者，雖至數千言，或聲色甚厲者，晉卿必含容之，略無愠色。二十九年，拜吏部侍郎。前後典選五年，政既寬弛，胥吏多因緣爲姦，賄賂大行。

時天下承平，每年赴選常萬餘人。李林甫爲尙書，專任廟堂，銓事唯委晉卿及同列侍郎宋遙主之。選人既多，每年兼命他官有識者同考定書判，務求其實。天寶二年春〔二〕，御史中丞張倚男奭參選，晉卿與遙以倚初承恩，欲悅附之，考選人判等凡六十四人，分甲乙丙科，奭在其首。衆知奭不讀書，論議紛然。有蘇孝慍者，嘗爲范陽薊令，事安祿山，具其事告之。祿山恩寵特異，謁見不常，因而奏之。玄宗大集登科人，御花蕚樓親試，登第者十無一二；而奭手持試紙，竟日不下一字，時謂之「曳白」。上怒，晉卿貶爲安康郡太守，遙爲武當郡太守，張倚爲淮陽太守。敕曰：「門庭之間，不能訓子；選調之際，仍以託人。」時士子皆以爲戲笑。

天寶三載閏二月，轉魏郡太守，充河北採訪處置使，居職三年，政化洽聞。會入計，因上表請歸鄉里。既至壺關，望縣門而步。小吏進曰：「太守位高德重，不宜自輕。」晉卿曰：「禮：『下公門，式路馬。』況父母之邦，所宜尊敬。汝何言哉！」大會鄉黨，歡飲累日而去。又出俸錢三萬爲鄉學本，以教授子弟。尋改河東太守、河東採訪使，入爲尙書、東京留守，徵爲憲部尙書。屬祿山叛逆，楊國忠以晉卿有時望，將抑之，乃奏云：「宜以大臣鎭遏東道。」遂出爲陝州刺史、陝虢兩州防禦使。及入對，固辭老病，由是忤旨，改憲部尙書致仕。

及朝廷失守，衣冠流離道路，多爲逆黨所脅，自陳希烈、張均已下數十人盡赴洛陽，晉卿潛遁山谷，南投金州。會肅宗至鳳翔，手詔追晉卿赴行在，即日拜爲左相，軍國大務悉以咨之。旣收兩京，以功封韓國公，食實封五百戶，改爲侍中。後以賊寇漸除，屢乞骸骨，優詔許之，罷知政事，爲太子太傅。明年，帝思舊臣，復拜爲侍中。

晉卿寬厚廉謹，爲政舉大綱，不問小過，所到有惠化。魏人思之，爲立碑頌德。及秉鈞衡，小心畏愼，未嘗忤人意。性聰敏，達練事體，百司文簿，經目必曉，而修身守位，以智自全，議者比漢之胡廣。

玄宗崩，肅宗詔晉卿攝冢宰。上表固辭曰：「臣聞古者殷高宗在諒闇之中，百官聽於冢宰，更無事跡，但存文字。且一時之事，禮不相沿。今殘寇猶虞，日殷萬務，皆緣兵馬屯守討襲，善算良謀，立勝擒敵。陛下若行古之道，居喪不言，蒼生何依，百事皆廢。伏讀國家起居注，亦於禮部檢見舊敕，恭惟太宗、高宗、大行皇帝在位之日，皆有國哀，視事不輟，以爲君臨天下，難徇常情。今遺詔有處分，皇帝宜三日而聽政。陛下遵太宗故事，則無冢宰；遵大行皇帝遺詔，便合聽朝。萬姓顒顒，不勝大願。伏惟陛下知理國之重，順人心之切，以義斷恩，從宜無改。今朝臣一命已上，皆言臣心昏貌朽，加以疾病，事有急速，斷在須臾，凡聖不同，豈合受詔。陛下發哀已五日矣，願准遺詔聽政，則四夷萬國，無任悲幸。」肅宗時疾彌留，覽表殞絕，乃許。

數日，肅宗晏駕，代宗踐祚，又詔晉卿攝冢宰。晉卿上表懇辭曰：「臣以昔者天子居喪之時百官聽於冢宰者，蓋君幼小，御極事殷，情理當然。沿革不一，今古異同，而周武、漢文，合於通變，垂範作則，可舉而行。又士或墨縗，時遇金革，豈非銜恤，謂義在斷恩。且百善之至，無加於孝也，其有容瘁心絕，指景悼生，此匹夫守節之常情，殊王者嗣續之大計。昨二十日，陛下於大行皇帝柩前即位，是承先帝遺顧之言，亦前代不易之典。則知所略不爲害，所存是適權，防威滅端，所利者大。陛下因心純至，天地明察。伏以報劬勞之恩，申罔極之思，終身之痛，豈計朝夕！但以一日之內，萬務在中，須達宸聰，始成國政。百僚萬姓及僧道耆壽等，相顧聚言，以臣老且無能，愚豈測聖，況久無居攝，臣不敢奉詔。特乞陛下遵遺命，三日而聽政。臣博聽衆情，不勝懇願，伏望割痛抑哀，則天下悲幸。」上號泣從之。時晉卿年已衰暮，又患兩足，上特許肩輿至中書，入閤不趨，累日一視事。歷三朝，皆以謹密見稱。

廣德初，吐蕃寇長安。晉卿時病臥於私第，蕃聞之，輿入逼脅，晉卿閉口不言，賊不敢害。及上自陝至，册爲太保，罷知政事，又詔以太保致仕。永泰元年四月薨，輟朝三日，令京兆少尹一員護喪事，緣葬諸物並官給，賻絹布五百段、米粟五百石。太常議謚曰「懿獻」。

初，晉卿東都留守，引用大理評事元載爲推官。至是載爲中書侍郎、平章事，懷舊恩，諷有司改謚曰文貞。大曆七年，令配享肅宗廟庭。

裴冕，河東人也，爲河東冠族。天寶初，以門蔭再遷渭南縣尉，以吏道聞。御史中丞王鉷充京畿採訪使，表爲判官。遷監察御史，歷殿中侍御史。冕雖無學術，守職通明，果於臨事，鉷甚委之。及鉷得罪伏法，時宰臣李林甫方竊權柄，人咸懼之，鉷賓佐數百，不敢窺鉷門。冕獨收鉷屍，親自護喪，瘞于近郊，冕自是知名。河西節度使哥舒翰表爲行軍司馬，累遷員外郎中。

玄宗幸蜀，至益昌郡，遙詔太子充天下兵馬元帥，以冕爲御史中丞兼左庶子，爲之副。是時，冕爲河西行軍司馬，授御史中丞，詔赴朝廷。遇太子於平涼，具陳事勢，勸之朔方，亟入靈武。冕與杜鴻漸、崔漪等勸進曰：「主上厭勤大位，南幸蜀川，宗社神器，須有所歸，天意人事，不可固違。若逡巡退讓，失億兆心，則大事去矣！臣等猶知之，況賢智乎！」太子曰：「南平寇逆，奉迎鑾輿，退居儲貳，侍膳左右，豈不樂哉！公等何言之過也？」冕與杜鴻漸又進曰：「殿下藉累聖之資，有天下之表。元貞萬國，二十餘年，殷憂啓聖，正在今日。所從殿下六軍將士，皆關輔百姓，日夜思歸。大軍一散，不可復集，不如因而撫之以從衆，臣等敢以死請。」凡勸進五上，乃依。肅宗卽位，以定策功，遷中書侍郎、同中書門下平章事，倚以爲政。

冕性忠勤，悉心奉公，稍得人心。然不識大體，以聚人曰財，乃下令賣官鬻爵，度尼僧道士，以儲積爲務。人不願者，科令就之，其價益賤，事轉爲弊。肅宗移幸鳳翔，罷冕知政事，遷右僕射。兩京平，以功封冀國公，食實封五百戶。尋加御史大夫、成都尹，充劍南西川節度使。又入爲右僕射。永泰元年，與裴遵慶等並集賢待制〔二〕。

代宗求舊，拜冕兼御史大夫，充護山陵使。冕以倖臣李輔國權盛，將附之，乃表輔國親昵術士中書舍人劉烜充山陵使判官。烜坐法，冕坐貶施州刺史。數月，移澧州刺史，復徵爲左僕射。元載秉政。載爲新平縣尉，王鉷辟在巡內，冕常引之，載頗德冕。會宰臣杜鴻漸卒，載遂舉冕代之。冕時已衰瘵，載以其順己，引爲同列。受命之際，蹈舞絕倒，載趨而扶起，代爲謝詞。冕兼掌兵權留守之任，俸錢每月二千餘貫。性本侈靡，好尚車服及營珍饌，名馬在櫪，直數百金者常十數。每會賓友，滋味品數，坐客有昧於名者。自創巾子，其狀新奇，市肆因而効之，呼爲「僕射樣」。初代鴻漸，小吏以俸錢文簿白之，冕顧子弟，喜見於色，其嗜利若此。拜職未盈月，卒，大曆四年十二月也。上悼之，輟朝三日，贈太尉，賻帛五百匹、粟五百石。

裴遵慶，絳州聞喜人也。代襲冠冕，爲河東著族。遵慶志氣深厚，機鑑敏達，自幼強學，博涉載籍，謹身晦跡，不干當世之務。以門蔭累授潞府司法參軍，時年已老，未爲人所知。隨調吏部，授大理寺丞，剖斷刑獄，舉正綱條，理行始著。遷司門員外、吏部員外郎，專判南曹。天寶中，海內無事，九流輻輳會府，每歲吏部選人，動盈萬數。遵慶敏識強記，精覈文簿，詳而不滯，時稱吏事第一，由是大知名。

天寶末，楊國忠當國，出不附己者例爲外官，遵慶亦出爲郡守。肅宗即位，徵拜給事中、尚書右丞、吏部侍郎，恭儉克己，遲重謹密，頗有時望。上元中，蕭華輔政，素知遵慶，每奏見，累稱之，遷黃門侍郎、同中書門下平章事。廣德初，僕固懷恩阻兵汾上，指中官爲詞，上以遵慶忠純，特遣往汾州宣慰懷恩。遵慶既見懷恩，具陳朝旨，懷恩引過聽命，將隨遵慶朝謁，爲副將范志誠以邪說惑之，懷恩遂以懼死爲詞。會蕃寇陷京師，乘輿幸陝，遵慶自汾州奔赴行在。及乘輿還京，以遵慶爲太子少傅。

永泰元年，與裴冕等並於集賢院待制，罷知政事。尋改吏部尚書、右僕射，復知選事。時有選人天興縣尉陳珦於銓庭言詞不遜，凌突無禮，代宗詔付遵慶於省門鞭三十，貶爲吉州員外司戶參軍。邈慶敦守儒行，老而彌謹。嘗爲風狂族姪撾登聞鼓告以不順，上知其謬，不省，其見信如此。大曆十年十月薨於位，年九十餘。

邈慶初登省郎，嘗著王政記，述今古禮體，識者覽之，知有公輔之量。

子向，字傃仁，少以門蔭歷官至太子司議郎。建中初，李紓爲同州刺史，奏向爲從事。朱泚反，李懷光又叛河中，使其將趙貴先築壘于同州，紓來奔奉天，向領州務。貴先因脅縣尉林寶役徒板築，不及期，將斬之，吏人百姓奔竄。向卽詣貴先軍壘，以逆順之理責之，貴先感悟，遂來降，故同州不陷，向由是知名。累爲京兆府戶曹，轉櫟陽、渭南縣令，奏課皆第一，朝廷亟聞其理行，擢爲戶部員外郎。

德宗季年，天下方鎭副倅多自選于朝，防一日有變，遂就而授之節制。向已選爲太原少尹，德宗召見喩旨，尋用爲行軍司馬、兼御史中丞，改汾州刺史，轉鄭州。又復爲太原少尹，兼河東節度副使。改晉州刺史，充本州防禦使，遷虢州刺史。入爲京兆少尹，拜同州刺史，充本州防禦使。入爲大理寺卿，出遷陝虢都防禦、觀察使。三歲，拜左散騎常侍，自常侍復爲大理。

向本以名相子，以學行自飭，謹守其門風。歷官仁智推愛，利及於人。至是，以年過致政，朝廷優異，乃以吏部尚書致仕于新昌里第。內外支屬百餘人，向所得俸祿，必同其費，及領外任，亦挈而隨之。有孤惸疾苦不能自恤，向尤周給，至今稱其孝睦焉。大和四年九月卒，年八十，贈太子少保。

子寅，登進士第，累官至御史大夫卒。子樞，字紀聖，咸通十二年登進士第。宰相杜審權出鎮河中，辟爲從事，得祕書省校書郎，再遷藍田尉。直弘文館。大學士王鐸深知之，鐸罷相失職，樞亦久之不調。從僖宗幸蜀，中丞李煥奏爲殿中侍御史，遷起居郎。中和初，王鐸復見用，以舊恩從爲鄭滑掌書記、檢校司封郎中，賜金紫，入朝歷兵、吏二員外郎。龍紀初，擢拜給事中，改京兆尹。宰相孔緯尤深獎遇。大順中，緯以用兵無功貶官，樞坐累爲右庶子，尋出爲歙州刺史。乾寧初，入爲右散騎常侍，從昭宗幸華州，爲汴州宣諭使。

初，樞自歙州罷郡歸朝，路經大梁，時朱全忠兵威已振，樞以兄事之，全忠由是重之。及樞傳詔，全忠皆稟朝旨，獻奉相繼，昭宗甚悅，乃遷兵部侍郎。時崔胤專政，亦倚全忠，二人因是相結，改樞吏部侍郎。未幾，換戶部侍郎、同平章事。其年冬，昭宗幸華州，崔胤貶官，樞亦爲工部尚書。天子自岐下還宮，以樞檢校右僕射、同平章事，出爲廣南節度使。制出，朱全忠保薦之，言樞有經世才，不可棄之嶺表，尋復拜門下侍郎，監修國史，累兼吏部尚書，判度支。崔胤誅，以全忠素厚，相位如故。從昭宗遷洛陽，駐蹕陝州，進右僕射、弘文館大學士、太淸宮使，充諸道鹽鐵轉運使。

哀帝初嗣位，柳璨用事，全忠嘗奏用牙將張廷範爲太常卿，諸相議，樞曰：「廷範勳臣，幸有方鎭節鉞之命，何藉樂卿？恐非元帥梁王之旨。」乃持之不下。俄而全忠聞樞言，謂賓佐曰：「吾常以裴十四器識眞純，不入浮薄之伍，觀此議論，本態露矣。」切齒含怒。柳璨聞全忠言，尋希旨罷樞相位。和陵祔享，拜尚書左僕射。五月，責授朝散大夫、登州刺史，尋再貶瀧州司戶。六月十一日，行及滑州，全忠遣人殺之於白馬驛，投屍於河，時年六十五。

史臣曰：晉卿謹身莅事，足爲純臣，避寇全忠，固彰大節。然博達精審，豈不知寬猛之道哉！奉林甫之旨，順胥吏之意，悅附張倚，欺罔時君。生爲重臣，諂林甫之勢也；歿改美謚，引元載之恩焉。或言晉卿不爲巧宦者，誠不信也。冕力贊中興，名居大位，奉公抱義，可以致身；賣官度僧，是何爲政？及其老也，貪冒尤深。遵慶學術貞明，爲國忠所出；恭儉謹密，遇蕭華素知。位重行純，老而彌篤，彼二公固有慚德。向克荷堂構，不墜門風。樞因盜而振，盜憎而亡，宜哉！君子守道遠刑，蓋慮此也。

贊曰：奧矣晉卿，貪哉裴冕。遵慶父子，及之者鮮。

校勘記

〔一〕二年　各本原作「一載」，據新書卷一四〇苗晉卿傳、通鑑卷二一五改。

〔二〕裴遵慶　「慶」字各本原作「度」，據本卷下文裴遵慶傳改。

舊唐書卷一百一十四

列傳第六十四

魯炅　裴茙　來瑱　周智光

魯炅，范陽人也。身長七尺餘，涉獵書史。天寶六年，隴右節度使哥舒翰引爲別奏。顏眞卿爲監察御史，使至隴右，翰嘗設宴，眞卿謂翰曰：「中丞自郎將授將軍，便登節制，後生可畏，得無人乎？」炅時立在階下，翰指炅曰：「此人後當爲節度使矣。」後以隴右破吐蕃跳盪功，累授右領軍大將軍同正員，賜紫金魚袋。

祿山之亂，選任將帥。十五載正月，拜炅上洛太守，未行，遷南陽太守、本郡守捉，仍充防禦使。尋兼御史大夫，充南陽節度使，以嶺南、黔中、山南東道子弟五萬人屯葉縣北，滍水之南，築柵，四面掘壕以自固。至五月，賊將武令珣、畢思琛等來擊之，衆欲出戰，炅不許。賊於營西順風燒煙，營內坐立不得，橫門扇及木爭出，賊矢集如雨，炅與中使薛道等挺身遁走，餘衆盡沒。嶺南節度使何履光、黔中節度使趙國珍、襄陽太守徐浩未至，裨將嶺南、黔中、荆襄子弟半在軍，多懷金銀爲資糧，軍資器械盡棄於路如山積。至是賊徒不勝其富。

炅收合殘卒，保南陽郡，爲賊所圍。尋而潼關失守，賊使哥舒翰招之，不從。又使僞將豫州刺史武令珣等攻之，累月不能克。武令珣死〔二〕，又令田承嗣攻之。潁川太守來瑱、襄陽太守魏仲犀合勢救之。犀使弟孟馴爲將，領兵至明府橋，望賊而走，衆遂大敗。炅城中食盡，煑牛皮筋角而食之，米斗至四五十千，有價無米，鼠一頭至四百文，餓死者相枕藉。肅宗使中官將軍曹日昇來宣慰，路絶不得入。日昇請單騎入致命，仲犀曰：「不可，賊若擒吾敕使，我亦何安！」顔眞卿適自河北次于襄陽，謂仲犀曰：「曹使旣果決，不顧萬死之地，何得沮之！縱爲賊所獲，是亡一使者；苟得入城，則萬人之心固矣。公何愛焉？」中官馮廷瓌曰：「將軍必能入，我請以兩騎助之。」日昇又自有傔騎數人，仲犀又以數騎共十人同行。賊徒望見，知其驍鋭，不敢逼。日昇旣入城，炅衆初以爲望絶，忽有使來宣命，皆踴躍一心。日昇以其十人至襄陽取糧，賊雖追之，不敢擊，遂以一千人取音聲路運糧而入，賊亦不能遏，又得相持數月。

炅在圍中一年，救兵不至，晝夜苦戰，人相食。至德二年五月十五日，率衆持滿傅矢突圍而出南陽，投襄陽。田承嗣來追，苦戰二日，殺賊甚衆。賊又知其決死，遂不敢逼。朝廷因除御史大夫、襄陽節度使。時賊志欲南侵江、漢，賴炅奮命扼其衝要，南夏所以保全。十月，王師收兩京，承嗣、令珣等奔於河北。南陽遭大亂之後，距鄧州二百里，人煙斷絕，遺骸委積於牆塹間。十二月，策勳行賞，詔曰：「特進、太僕卿、南陽郡守〔三〕、兼御史大夫、權知襄陽節度事、上柱國、金鄉縣公魯炅，蘊是韜略，副茲節制，竭節保邦，悉心陷敵。表之旗幟，分以土田。可開府儀同三司、兼御史大夫，封岐國公，食實封二百戶，兼京兆尹。」

乾元元年，兼鄭州刺史，充鄭、陳、潁、亳等州節度使。上元二年，爲淮西襄陽節度使、鄧州刺史。十月，與朔方節度使司徒郭子儀、河東節度使太尉李光弼等九節度同圍安慶緒於相州。炅領淮西、襄陽節度行營步卒萬人、馬軍三百，以李抱玉爲兵馬使，炅分界知東面之北。二年六月六日，賊將史思明自范陽來救，戰於安陽河北，王師不利，炅中流矢奔退。時諸節度以迴紇戰敗，因而退散，盡棄軍糧器械，所過虜掠，炅兵士剽奪尤甚，人因驚怨。五日，至新鄭縣，聞郭子儀已整衆屯穀水，李光弼還太原，炅憂懼，仰藥而卒。

裴茙，以門蔭入仕，累遷京兆府司錄參軍。來瑱鎮陝州，引爲判官；瑱移襄州，又爲瑱行軍司馬，瑱遇之甚厚。及瑱淮西之敗，逗留不行，茙密表聞奏。朝廷以瑱掌重兵，惡之，密詔以莪代瑱爲襄州刺史，充防禦使。莪本鎮穀城，及受密命，乃率麾下二千人赴襄陽。時瑱亦奉詔依舊任，瑱遂設具於江津以俟之。莪初聲言假道入朝，及見瑱，卽云奉代，且欲視事。瑱報曰：「瑱已奉恩命復任此。」莪惶惑，喻其麾下曰：「此言必妄。」遂引射瑱軍，因與瑱兵交戰，莪大敗，士卒死傷殆盡。莪走還穀城舊營，瑱追擒之。朝旨務安漢南，乃歸咎於莪。寶應元年七月，敕曰：「前襄州刺史裴莪，性本頑疏，行惟狂悖。頃因試用，爰委軍戎，守在要衝，無聞方略。所以申命來瑱，重撫漢南，卽宜奔赴闕廷，謝其曠職。而乃顧惜名位，輕圖異端，誣構忠良，妄興兵甲。遽令追召，敢欲逗留，是有無君之心，不唯罔上之罪。又轉輸之物，軍國所資，擅爲費用，其數甚廣。據其抵犯，合置嚴誅。但自朕登極已來，屢施恩宥，肆諸朝市，所未忍爲。宜寬殊死之刑，俾就投荒之謫，宜除名，長流費州。」

莪器局輕褊，初興師徒，給用無節。及敗撓，遲迴赴召，將至京師，會有是命。既行，至藍田驛，賜自盡。

來瑱，邠州永壽人也。父曜，起於卒伍。開元十八年，爲鴻臚卿同正員、安西副都護、持節磧西副大使、四鎮節度使，後爲右領軍大將軍、仗內五坊等使，名著西陲。寶應元年，以子貴，贈太子太保。

瑱少尙名節，慷慨有大志，頗涉書傳。天寶初，四鎭從職。十一載，爲左贊善大夫、殿中侍御史，充伊西、北庭行軍司馬。玄宗詔朝臣舉智謀果決、才堪統衆者各一人。拾遺張鎬薦瑱有縱横之略，臨事能斷，堪當禦侮之任。丁母憂，以孝聞。

安祿山反，張垍復薦之，起復兼汝南郡太守，未行，改潁川太守。賊攻之。城中積粟素多，瑱繕修有備。賊繼至城下，瑱親射之，無不應弦而斃。賊使降將畢思琛招瑱，琛即瑱父曜故將，城下拜泣弔瑱，瑱不應。前後殺賊頗衆，咸呼瑱爲「來嚼鐵」。以功加銀青光祿大夫，攝御史中丞、本郡防禦使及河南淮南遊奕逐要招討等使。魯炅敗於葉縣，退守南陽，乃以瑱爲南陽太守、兼御史中丞，充山南東道節度防禦處置等使以代炅。尋以嗣虢王巨爲御史大夫、河南節度使，因奏炅能守南陽，詔各復本位。賊攻圍南陽累月，瑱分兵與襄陽節度使魏仲犀救之。犀遣弟孟馴將兵至明府橋，望風敗走，賊追蹙，大敗而還。兵素少，遇敗，人情恟懼，瑱綏撫訓練，賊不能侵。詔爲淮南西道節度使。收復兩京，與魯炅同制加開府儀同三司、兼御史大夫，封潁國公，食實封二百戶，餘如故。

乾元元年，召爲殿中監。二年，初除涼州刺史、河南節度經略副大使〔三〕。未行，屬相州官軍爲史思明所敗，東京震駭。元帥司徒郭子儀鎭穀水，乃以瑱爲陝州刺史，充陝、虢等州節度，幷潼關防禦、團練、鎮守使。乾元三年四月十三日，襄州軍將張維瑾、曹玠率衆謀亂，殺刺史史翽〔四〕。以瑱爲襄州刺史、兼御史大夫，充山南東道襄、鄧、均、房、金、商、隨、郢、復十州節度觀察處置使。

上元三年，肅宗召瑱入京。瑱樂襄州，將士亦慕瑱之政，因諷將吏、州牧、縣宰上表請留之，身赴詔命，行及鄧州，復詔歸鎮。肅宗聞其計而惡之。後呂諲、王仲昇及中官皆言瑱布恩惠，懼其得士心，以瑱爲鄧州刺史，充山南東道襄、鄧、唐、復、郢、隨等六州節度，餘並如故。俄而淮西節度王仲昇與賊將謝欽讓戰於申州城下，爲賊所虜。初，仲昇被圍累月，呂諲病於江陵，瑱在襄州，又恐仲昇構己，遂顧望不救。及師出，仲昇已沒。裴茙頻表陳瑱之狀，謀奪其位，稱「瑱善謀而勇，崛強難制，宜早除之，可一戰而擒也」。肅宗然之，遂以瑱檢校戶部尚書、兼御史大夫、安州刺史，充淮西申、安、蘄、黃、光、沔節度觀察，兼河南陳、豫、許、鄭、汴、曹、宋、潁、泗十五州節度觀察使，外示尊崇，實奪其權也。加裴茙兼御史中丞、襄鄧等七州防禦使以代之。瑱懼不自安，上表稱「淮西無糧饋軍，臣去秋種得麥，請待收麥畢赴上」，復諷屬吏請留之。裴茙於商州召募，以窺去就。

寶應元年五月，代宗卽位，因復授瑱襄州節度、奉義軍渭北兵馬等使，官如故，潛令裴茙圖之。其月十九日，裴茙率衆浮漢江而下。日暮，候者白瑱，謀於帳下，副使薛南陽曰：

「尙書奉詔留鎭，裴莪以兵代，是無名也。且莪之智勇，非尙書敵也，衆心歸尙書，不歸於莪。彼若乘我之不虞，今夕而至，直燒城市，我衆必懼而亂，彼乘亂而擊，則可憂也。若及明而至，尙書破之必矣。」翌日平明，莪督軍士五千列于穀水北，瑱以兵逆之，登高而陣，呼莪將士告之曰：「爾何事來？」曰：「尙書不受命，謹奉中丞伐罪人。若尙書受替，謹當釋兵。」瑱曰：「恩制復除瑱此州。」乃取告身敕書以示，莪軍皆曰：「僞也。承命討君，豈千里空歸，富貴在於今日。」遂爭射之。瑱奔歸旗下，薛南陽曰：「事急矣，請以三百騎爲奇兵，尙書勿與之戰。」兩軍相見，遂以麾下旁萬山而出其背，表裏夾擊，莪軍大敗，投水而死，殺獲殆盡。莪及弟薦脫身北走，妻子並爲瑱所擒，瑱甚厚撫之。因抗表謝罪。擒莪於申口，送至京師，長流費州，賜死於藍田故驛。

八月，瑱入朝謝罪，代宗特寵異之，遷兵部尙書、同中書門下平章事，依前山南東道節度、觀察等使，代左僕射裴冕充山陵使。時中官驃騎大將軍程元振居中用事，發瑱言涉不順，王仲昇賊平來歸，證瑱與賊合，故令仲昇陷賊三年〔五〕。代宗含怒久之，因是下詔曰：

春秋之義，貴在於必書；君臣之間，法存於無赦。沮勸式遵於前典，進退莫匪於至公，惡稔旣彰，明罰難貸。開府儀同三司、行兵部尙書、中書門下平章事、充山南東道節度觀察處置等使、上柱國、潁國公來瑱，謬當任用，素乏器能，亟歷班榮，累經節制。

莅職蔑聞於成績，登朝虛美於崇名。瑱者分閫頒條，久淹江、漢。或頻徵不至，或移鎮遲留，實乖堂陛之儀，爰及干戈之忿。朕以舊臣宿將，道在含弘，會其來庭，用甄後効。超登宰輔，光拜夏卿，列在三台，掩其一眚。山陵先遠，事委近臣，謀謨素闕於大猷，卜祝頗聞於私議。實虧周慎，且間樞言，何以輔弼鼎司，儀刑簪紱？據其所犯，合置殊科。以嘗侍軒闈，用存寬免之辜；緬範舊章，兼膺黜削之譴。其身官爵，一切削除。寶應二年正月，貶播州縣尉員外置。翌日，賜死於鄠縣，籍沒其家。瑱之被刑也，門客四散，掩于坎中。校書郎殷亮後至，獨哭於屍側，貨所乘驢以備棺衾，夜詣縣令長孫演以情告之，演義而從之。亮夜葬而祭，走歸京師。代宗既悟元振之誣構，積其過而配流溱州。先是，瑱行軍司馬龐充統兵二千人赴河南，至汝州，聞瑱死，將士魚目等迴兵襲襄州，左兵馬使李昭禦之，奔房州。昭及薛南陽與右兵馬使梁崇義不叶相圖，爲崇義所殺。朝廷授崇義節度使、兼御史中丞以代瑱。崇義爲瑱立祠，四時拜饗，不居瑱廳及正堂視事，於東廂下搆一小室而寢止，抗疏哀請收葬，優詔許之。廣德元年，追復官爵。

周智光，本以騎射從軍，常有戎捷，自行間登偏裨。宦官魚朝恩爲觀軍容使，鎮陝州，與之昵狎。朝恩以扈從功，恩渥崇厚，奏請多允，屢於上前賞拔智光，累遷華州刺史、同華二州節度使及潼關防禦使，加檢校工部尚書、兼御史大夫。

永泰元年，吐蕃、迴紇、党項羌、渾、奴剌十餘萬衆寇奉天、醴泉等縣，智光邀戰，破於澄城，收駝馬軍資萬計，因逐賊至鄜州。智光與杜冕不協，遂殺鄜州刺史張麟，坑杜冕家屬八十一人，焚坊州廬舍三千餘家。懼罪，召不赴命。朝廷外示優容，俾杜冕使梁州，實避讎也。

永泰二年十二月，智光專殺前虢州刺史、兼御史中丞龐充。充方居縗絰，潛行，智光追而斬之。又劫諸節度使進奉貨物及轉運米二萬石，據州反。智光自鄜坊專殺，朝廷患之，遂聚亡命不逞之徒，衆至數萬，縱其剽掠，以結其心。初，與陝州節度使皇甫溫不協，監軍張志斌自陝入奏，智光館給禮慢，志斌責其不肅。智光大怒曰：「僕固懷恩豈有反狀！皆由爾鼠輩作福作威，懼死不敢入朝。我本不反，今爲爾作之。」因叱下斬之，臠其肉以飼從者。時淮南節度使、檢校右僕射崔圓入覲，方物百萬，智光強留其半。舉選之士竦駭，或竊同州路以過，智光使部將邀斬於乾坑店，橫死者衆。優詔以智光爲尚書左僕射，遣中使余元仙持告身以授之。智光受詔慢罵曰：「智光有數子，皆彎弓二百斤，有萬人敵，堪出將入相。只如挾天子令諸侯，天下只有周智光合作。」因歷數大臣之過。元仙股慄，智光贈絹百匹遣之。於州郭置生祠，俾將吏百姓祈禱。

大曆二年正月，密詔關內河東副元帥、中書令郭子儀率兵討智光，許以便宜從事。時同、華路絕，上召子儀女婿工部侍郎趙縱受口詔付子儀，縱裂帛寫詔置蠟丸中，遣家童間道達焉。子儀奉詔將出師，華州將士相顧攜貳。智光大將李漢惠自同州以其所管降子儀。貶智光爲澧州刺史，散官勳封如故。乃聽將一百人隨身，便路赴任，其所部將士官吏，一無所問。乃以兵部侍郎張仲光爲華州刺史、兼御史大夫、潼關防禦使；又以大理卿敬括爲同州刺史、兼御史大夫、長春宮等使。是日，智光爲帳下將斬首，并子元耀、元幹等二人來獻。丁卯，梟智光首于皇城之南街，二子腰斬以示衆。判官監察御史邵賁、都虞候蔣羅漢並伏誅，餘黨各以親疏准法定罪。命有司具儀奏告太清宮、太廟、七陵。

時淮西節度使李忠臣入覲，次潼關，聞智光阻兵，駐所部將往禦之。及智光死，忠臣進兵入華州大掠，自赤水至潼關二百里間，畜產財物殆盡，官吏至有著紙衣或數日不食者。

史臣曰：嘗讀李陵傳，戰敗不能死，屈節降虜庭，君不得爲忠臣，母不得爲孝子，每長歎久之。炅收湍水敗衆，守南陽孤城，每蹈危機，竟効死節，料敵雖非其良將，事君不失爲忠臣。莪浮躁無行，狂悖用兵，宜其死矣。瑱善軍政，得士心，庶幾干城禦侮者哉！始固名位，爲裴莪巧言；終歸朝廷，遭元振誣構。賜死之辜匪辨，用刑之道不明。致舊將立祠，門吏偷葬，出將入相，一至於斯，惜哉！智光狂悖，不足與論。

贊曰：魯炅竭節，來瑱枉死。裴莪兇人，智光逆子。

校勘記

〔一〕武令珣死　新書卷一四七魯炅傳同。按通鑑卷二二〇考異云：「舊魯炅傳云：『炅保南陽，賊使武令珣攻之。令珣死，又令田承嗣攻之。』下又云：『王師收兩京，承嗣、令珣奔河北。』唐曆：『慶緒據鄴，武令珣自唐、鄧至。』炅傳云武令珣死，誤也。」

〔二〕南陽郡守　「郡守」，各本原作「郡公」，據合鈔卷一六五魯炅傳改。按魯炅爲南陽太守見上文，下文又稱其爲「金鄉縣公」，則作「郡公」非。

〔三〕河南節度　合鈔卷一六五來瑱傳「河南」作「河西」。

〔四〕殺刺史史翽　「刺史」下各本原脫「史」字，據新書卷一四四來瑱傳、合鈔卷一六五來瑱傳補。

〔五〕故令仲昇陷賊三年　按上文仲昇於上元三年被虜，至此似未足一年。合鈔卷一六五來瑱傳「上元三年」作「上元二年」，此處作「陷賊二年」。校勘記卷四三引張宗泰說，疑「三年」二字衍文。

舊唐書卷一百一十五

列傳第六十五

崔器 趙國珍 崔瓘 敬括 韋元甫 魏少遊 衞伯玉 李承

崔器，深州安平人也。曾祖恭禮，狀貌豐碩，飲酒過斗。貞觀中，拜駙馬都尉，尚神堯館陶公主。父肅然，平陰丞。

器有吏才，性介而少通，舉明經，歷官淸謹。天寶六載，爲萬年尉，踰月拜監察御史。中丞宋渾爲東畿採訪使，引器爲判官；渾坐贓流貶嶺南，器亦隨貶。十三年，量移京兆府司錄，轉都官員外郎，出爲奉先令。逆胡陷西京，器沒於賊，仍守奉先。居無何，屬賊黨同羅叛賊，長安守將安守忠、張通儒並亡匿。又渭上義兵起，一朝聚徒數萬。器懼，所受賊文牒符敕，一時焚之，牓召義師，欲應渭上軍。及渭上軍破，賊將崔乾祐先鎭蒲、同，使麾下騎三十人捉器，器遂北走靈武。

器素與呂諲善，諲引爲御史中丞、兼戶部侍郎。從肅宗至鳳翔，加禮儀使。克復二京，爲三司使。器草儀注，駕入城，令陷賊官立於含元殿前，露頭跣足，撫膺頓首請罪，以刀杖環衞，令扈從羣官宰臣已下視之。及收東京，令陳希烈已下數百人如西京之儀。器性陰刻樂禍，殘忍寡恩，希旨奏陷賊官準律並合處死。肅宗將從其議，三司使、梁國公李峴執奏，固言不可，乃六等定罪，多所原宥，唯陳希烈、達奚珣斬於獨柳樹下。後蕭華自相州賊中仕賊官歸闕，奏云：「賊中仕官等重爲安慶緒所驅，脅至相州，初聞廣平王奉宣恩命，釋放陳希烈已下，皆相顧曰：『我等國家見待如此，悔恨何及。』及聞崔器議刑太重，衆心復搖。」肅宗曰：「朕幾爲崔器所誤。」

呂諲驟薦器爲吏部侍郎、御史大夫。上元元年七月，器病脚腫，月餘疾亟，瞑目則見達奚珣，叩頭曰：「大尹不自由。」左右問之，器答曰：「達奚大尹嘗訴寃於我，我不之許。」如是三日而器卒。

趙國珍，牂柯之苗裔也。天寶中，以軍功累遷黔府都督，兼本管經略等使。時南蠻閤羅鳳叛，宰臣楊國忠兼劍南節度，遙制其務，屢喪師徒。中書舍人張漸薦國珍有武略，習知南方地形，國忠遂奏用之。在五溪凡十餘年，中原興師，唯黔中封境無虞。代宗踐祚，特嘉之，召拜工部尚書。大曆三年九月，以疾終，贈太子太傅。

崔瓘，博陵人也。以士行聞，莅職清謹。累遷至澧州刺史，下車削去煩苛，以安人爲務。居二年，風化大行，流亡襁負而至，增戶數萬。有司以聞，優詔特加五階，至銀青光祿大夫，以甄能政。遷潭州刺史、兼御史中丞，充湖南都團練觀察處置使。瓘到官，政在簡肅，恭守禮法。將吏自經時艱，久不奉法，多不便之。大曆五年四月，會月給糧儲，兵馬使臧玠與判官達奚覯忿爭，覯曰：「今幸無事。」玠曰：「有事何逃？」厲色而去。是夜，玠遂搆亂，犯州城，以殺達奚覯爲名。瓘惶遽走，逢玠兵至，遂遇害。代宗聞其事，悼惜久之。

敬括，河東人也。少以文詞稱。鄉舉進士，又應制登科，再遷右拾遺、內供奉、殿中侍御史。天寶末，宰臣楊國忠出不附己者，括以例爲果州刺史。累遷給事中、兵部侍郎、大理卿。性深厚，志尚簡淡，在職不務求名，因循而已。大曆初，叛臣周智光伏誅，詔選循良爲近輔，以括爲同州刺史。歲餘，入爲御史大夫。遲重推誠於下，未嘗以私害公，士頗稱焉；而從容養望，不舉綱紀，士亦以此少之。大曆六年三月卒。

韋元甫，少修謹，敏於學行。初任滑州白馬尉，以吏術知名。本道採訪使韋涉深器之，奏充支使，與同幕判官員錫齊名。元甫精於簡牘，錫詳於訊覆，涉推誠待之，時謂「員推韋狀」。元甫有器局，所莅有聲，累遷蘇州刺史、浙江西道都團練觀察等使。大曆初，宰臣杜鴻漸首薦之，徵爲尚書右丞。會淮南節度使缺，鴻漸又薦堪當重寄，遂授揚州長史、兼御史大夫〔二〕、淮南節度觀察等使。在揚州三年，政尚不擾，事亦粗理。大曆六年八月，以疾卒於位。

魏少遊，鉅鹿人也。早以吏幹知名，歷職至朔方水陸轉運副使。肅宗幸靈武，杜鴻漸等奉迎，留少遊知留後，備宮室掃除之事。少遊以肅宗遠離宮闕，初至邊藩，故豐供具以悅之。將至靈武，少遊整騎卒千餘，干戈耀日，於靈武南界鳴沙縣奉迎，備威儀振旅而入。肅宗至靈武，殿宇御幄，皆象宮闈，諸王、公主各設本院，飲食進御，窮其水陸。肅宗曰：「我至此本欲成大事，安用此爲！」命有司稍去之。累遷衞尉卿。乾元二年十月，議率朝臣馬以助軍，少遊與漢中郡王瑀沮其議，上知之，貶渠州長史。後爲京兆尹，請中書門下及兩省五品已上、尙書省四品已上、諸司正員三品已上、諸王、駙馬中期周已上親及女壻外甥，不得任京兆府判官、畿令、赤縣丞簿尉，勑從之。遷刑部侍郎。

大曆二年四月，出爲洪州刺史，兼御史大夫，充江南西道都團練觀察等使。四年六月，封趙國公。賈明觀者，本萬年縣捕賊小胥，事劉希暹〔二〕，恃魚朝恩之勢，恣行兇忍，毒甚豺虺。朝恩、希暹旣誅，元載當權，納明觀姦謀，容之，特令江西効力。明觀未出城，百姓萬衆聚於城外，皆懷塼石候之，期投擊以快意。載聞之，特令所由吏擁百姓入城內，由是獲免。在洪州二年，少遊爲觀察使，承元載意苟容之。及路嗣恭代少遊，到州，卽日杖殺，識者以是減魏之名，多路之政。大曆六年三月己未卒於官，贈太師〔三〕。

少遊居職，緣飾成務，有規檢，善任人，果於集事。前後四領京尹，雖無赫赫之名，而齪齪廉謹，有足稱者。

衞伯玉，有膂力，幼習藝。天寶中杖劍之安西，以邊功累遷至員外諸衞將軍。肅宗卽位，興師靖難，伯玉激憤，思立功名，自安西歸長安。初爲神策軍兵馬使出鎭。乾元二年十月，逆賊史思明遣僞將李歸仁鐵騎三千來犯，伯玉以數百騎於彊子坂擊破之，積尸滿野，虜馬六百匹，歸仁與其黨東走。以功遷右羽林軍大將軍，知軍事。轉四鎭、北庭行營節度使。獻俘百餘人至闕下，詔解縛而赦之，遷伯玉神策軍節度。上元二年二月，史思明領衆西下圖長安，史朝義率其黨夜襲陝州。伯玉以兵逆擊，大破賊於永寧。賊退，進位特進，封河東郡公。

廣德元年冬，吐蕃寇京師，乘輿幸陝。以伯玉有幹略，可當重寄，乃拜江陵尹、兼御史大夫，充荆南節度觀察等使。尋加檢校工部尚書，封城陽郡王。大曆初，丁母憂，朝廷以王昂代其任，伯玉潛諷將吏不受詔，遂起復以本官爲荆南節度等使，時議醜之。大曆十一年二月入覲，以疾卒於京師。

李承，趙郡高邑人，吏部侍郎至遠之孫，國子司業畬之第二子也。承幼孤，兄曅鞠養之。既長，事兄以孝聞。舉明經高第，累至大理評事，充河南採訪使郭納判官。尹子奇圍汴州，陷賊，拘承送洛陽。承在賊庭，密疏姦謀，多獲聞達。兩京克復，例貶撫州臨川尉。數月除德淸令，旬日拜監察御史。淮南節度使崔圓請留充判官，累遷檢校刑部員外郎、兼侍御史。圓卒，歷撫州、江州二刺史，課績連最。遷檢校考功郎中兼江州刺史，徵拜吏部郎中。尋爲淮南西道黜陟使，奏於楚州置常豐堰以禦海潮，屯田瘠鹵，歲收十倍，至今受其利。

時梁崇義縱恣倨慢，朝廷將加討伐。李希烈揣知之，上表數崇義過惡，請率先誅討。上悅之，每對朝臣多稱希烈忠誠。承自黜陟迴，因奏之曰：「希烈將兵討伐，必有微勳，但恐立功之後，縱恣跋扈，不稟朝憲，必勞王師問罪。」上初未之信。無幾，希烈既平崇義，果有不順之跡，上思承言，故驟加擢用。建中二年七月，拜同州刺史、河中尹、晉絳都防禦觀察使。九月，轉襄州刺史、山南東道節度觀察鹽鐵等使。希烈既破崇義，擁兵襄州，遂有其地。朝廷慮不受命，欲以禁兵送承，承請單騎徑行。既至，希烈處承於外館，迫脅萬態，承恬然自安，誓死王事。希烈不能屈，遂剽虜闔境所有而去，襄、漢爲之空。承治之一年，頗得完復。

初，希烈雖歸蔡州，留將校等於襄州守當時所掠得財帛什物等，後使襄、漢，往來不絕。承亦使腹心臧叔雅往來許、蔡，厚結希烈腹心周曾、王玢、姚憺等。及曾等謀殺希烈，以衆歸朝，多承首建謀也。累賜密詔褒美之。承尋改檢校工部尚書，兼潭州刺史、湖南都團練觀察使。建中四年七月，卒於位，年六十二，贈吏部尚書。承少有雅望，至其從官，頗以貞廉才術見稱於時。

史臣曰：自古酷吏濫刑，幸免者多矣，苟無強魂爲祟，沮議者惑焉。器深文樂禍，居官令終，非達奚訴冤，無以顯其陰責矣。國珍守黔溪，瓘修禮法，括推誠馭下，元甫爲政寬簡，少遊規檢集事，皆可稱者。伯玉破敵立功，足爲猛士，丁憂冒寵，終是武夫。承忠慤謀議，勤勞盡瘁，方之者鮮矣。

贊曰：崔器深文，達奚作祟。七子伊何？李承爲最。

校勘記

〔一〕兼御史大夫　「大夫」二字各本原無，據冊府卷三二四補。

〔二〕事劉希暹　「事」字各本原無，據葉校本補。

〔三〕太師　新書卷一四一魏少游傳作「太子太師」。

舊唐書卷一百一十六

列傳第六十六

肅宗代宗諸子 肅宗十三子 代宗二十子

越王係 承天皇帝倓 衞王佖 彭王僅 兗王僩 涇王侹
鄆王榮 襄王僙 杞王倕 召王偲 恭懿太子佋 定王侗
淮陽王僖 昭靖太子邈 均王遐 睦王述 丹王逾
恩王連 韓王迥 簡王遘 益王迺 隋王迅 荆王選
蜀王遡 忻王造 韶王暹 嘉王運 端王遇 循王遹
恭王通 原王逵 雅王逸

肅宗皇帝十四子：章敬皇后生代宗皇帝，宮人孫氏生越王係，張氏生承天皇帝，王氏生衞王佖，陳婕妤生彭王僅，韋妃生兗王僴，張美人生涇王侹，裴昭儀生襄王僙，段婕妤生杞王倕，崔妃生召王偲，張皇后生恭懿太子佋、定王侗，宮人生鄆王榮、宋王僖。

越王係，本名儋，肅宗第二子也。天寶中，封南陽郡王，授特進。至德二年十二月，進封趙王。乾元二年三月，九節度之兵潰於河北，史思明僭號於相州，王師未集，朝廷震駭。詔以李光弼握兵關東以代子儀。光弼請以親賢統師，七月，詔曰：

握兵之要，古先爲重；命帥之道，心膂攸憑。是知靖難夷兇，必資於金革；總戎授律，實仗於親賢。蓋將底寧邦家，保息黎獻者矣。朕以薄德，纘承鴻緒，往屬元兇暴亂，中夏不寧。上憑宗社之靈，下藉熊羆之力，由是廓清咸、洛，拯此生人。頃以河朔殘妖，尙稽天討，蛇豕竊依於城堡，塗炭久被於齊甿。朕爲人父母，寧忘閔念。雖好生息戰，每冀其歸降；而餘孽昧恩，靡聞于悔禍。所以軒后親征於獯鬻，周文致役於昆夷，古之用兵，蓋非獲已。

趙王係幼稟異操〔二〕，夙懷韜略，負東平之文學，蘊任城之智勇。性惟忠孝，持愛敬以立身；志尙權謀，有經通之遠智。知子者父，方有屬於維城；擇能而授，俾克申於戎律。且兇徒嘯聚，頗歷歲時，惡旣貫盈，理當撲滅。君親有命，可不敬乎！俾展龍豹之韜，永清梟獍之類。可充天下兵馬元帥，仍令司空、兼侍中、蓟國公光弼副知節度行營事。應緣軍司署置，所司準式。

九月，史思明陷洛陽，光弼以副元帥董兵守河陽，王不出京師。十月，下詔車駕親征，諫官論奏乃止；王請行，不許。三年四月，改封越王。

寶應元年四月，肅宗寢疾彌留。皇后張氏與中官李輔國有隙，因皇太子監國，謀誅輔國，使人以肅宗命召太子入宫。皇后謂太子曰：「賊臣輔國，久典禁軍，四方詔令，皆出其口。頃矯制命，逼徙聖皇。今聖體彌留，心懷怏怏，常忌吾與汝。又聞射生內侍程元振結託黃門，將圖不軌，若不誅之，禍在頃刻。」太子泣而對曰：「此二人是陛下勳舊內臣，今聖躬不康，重以此事驚撓聖慮，情所難任。若決行此命，當出外徐圖之。」后知太子難與共事，乃召係謂之曰：「皇太子仁惠，不足以圖平禍難。」復以除輔國謀告之，曰：「汝能行此事乎？」係曰：「能。」后令內謁者監段恆俊與越王謀，召中官有武勇者二百餘人，授甲於長生殿。是月乙丑，皇后矯詔召太子，程元振伺知之，告輔國。元振握兵於凌霄門候之，太子既至，以難告。太子曰：「必無此事。聖恙危篤，吾豈懼死不赴召乎？」元振曰：「爲社稷計，行則禍及矣。」遂以兵護太子匿於飛龍廐。丙寅夜，元振、輔國勒兵於三殿前，收捕越王及同謀內侍朱光輝、段恆俊等百餘人禁繫，幽皇后於別殿，侍者十數人隨之。是日，皇后、越王俱爲輔國所害。

係子：建、迺、遂。建，建中元年十一月，封武威郡王，授殿中監同正員；迺封興道郡王，授殿中監同正員；遂封齊國公，光祿卿同正員。

承天皇帝倓，肅宗第三子也。天寶中，封建寧郡王，授太常卿同正員。英毅有才略，善射。祿山之亂，玄宗幸蜀，倓兄弟典親兵扈從。車駕渡渭，百姓遮道乞留太子，太子諭之曰：「至尊奔播，吾不忍違離左右，俟吾見上奏聞。」倓於行宮謂太子曰：「逆胡犯順，四海分崩，不因人情，何以興復？夫有國家者，大孝莫若存社稷。今從至尊入蜀，則散關已東，非皇家所有，何以維屬人情？殿下宜購募豪傑，暫往河西，收拾戎馬，點集防邊將卒，不下十萬人，光弼、子儀，全軍河朔，謀爲興復，計之上也。」廣平王亦贊成之，於是令李輔國奏聞。玄宗欣然聽納，乃分從官、士卒以遣之。

時敗卒膽破，兵仗不完，太子既北上，渡渭，一日百戰。倓自選驍騎數百衞從，每蒼黃顚沛之際，血戰在前。太子或過時不得食，倓涕泗不自勝，上尤憐之〔三〕，軍士屬目歸於倓。至靈武，太子即帝位。廣平既爲元子，欲以倓爲天下兵馬元帥。侍臣曰：「廣平王冢嗣，有君人之量。」上曰：「廣平地當儲貳，何假更爲元帥？」左右曰：「廣平今未册立，艱難時人尤屬望於元帥。況太子從曰撫軍，守曰監國。今之元帥，撫軍也，廣平爲宜。」遂以廣平爲元帥，倓典親軍，李輔國爲元帥府司馬。

時張良娣有寵，倓性忠謇，因侍上屢言良娣頗自恣，輔國連結內外，欲傾動皇嗣。自是，日爲良娣、輔國所構，云：「建寧恨不得兵權，頗畜異志。」肅宗怒，賜倓死。既而省悟，悔之。

明年冬，廣平王收復兩京，遣判官李泌入朝獻捷。泌與上有東宮之舊，從容語及建寧事，肅宗改容謂泌曰：「倓於艱難時實得氣力，無故爲下人之所間，欲圖害其兄，朕以社稷大計，割愛而爲之所也。」泌對曰：「爾時臣在河西，豈不知其故。廣平兄弟，天倫篤睦，至今廣平言及建寧，則嗚咽不已。陛下之言，出於讒口也。」帝因泣下曰：「事已及此，無如之何！」泌因奏曰：「臣幼稚時念黃臺瓜辭，陛下嘗聞其說乎？高宗大帝有八子，睿宗最幼。天后所生四子〔三〕，自爲行第，故睿宗第四。長曰孝敬皇帝，爲太子監國，而仁明孝悌。天后方圖臨朝，乃鴆殺孝敬，立雍王賢爲太子。賢每日憂惕，知必不保全，與二弟同侍於父母之側，無由敢言。乃作黃臺瓜辭，令樂工歌之，冀天后聞之省悟，即生哀愍。辭云：『種瓜黃臺下，瓜熟子離離。一摘使瓜好，再摘令瓜稀，三摘猶尚可，四摘抱蔓歸。』而太子賢終爲天后所逐，死于黔中。陛下有今日運祚，已一摘矣，愼無再摘。」上愕然曰：「公安得有是言！」時廣平王立大功，亦爲張皇后所忌，潛構流言，泌因事諷動之。

及代宗卽位，深思建寧之冤，追贈齊王。大曆三年五月，詔曰：「故齊王倓，承天祚之慶，保鴻名之光。降志尊賢，高才好學，藝文博洽，智略宏通。斷必知來，謀皆先事，識無不達，理至逾精。乃者寇盜橫流，鑾輿南幸。先聖以宸扆之戀，將侍君親；惟王以宗廟之重，誓寧家國。克協朕志，載符天時，立辨羣議之非，同獻五原之計。中興之盛，實藉奇功。景命不融，早從厚夜，天倫之愛，震惕良深。流涕追封，胙于東海，頃加表飾，未極哀榮。夫以參舊邦再造之勳，成天下一家之業，而存未峻其等，歿未尊其稱，非所以旌徽烈，明至公也。朕以眇身，纘膺大寶，不及讓王之禮，莫申太弟之嗣，所懷靡殫，邈想逾切，非常之命，寵錫攸宜。敬用追謚曰承天皇帝，與興信公主第十四女張氏冥婚，謚曰恭順皇后。有司準式，擇日册命，改葬于順陵，仍祔于奉天皇帝廟，同殿異室焉。」

衛王佖，肅宗第四子。天寶中，封西平郡王，授殿中監同正員。早薨。寶應元年五月，追贈衛王。

彭王僅，肅宗第五子。天寶中，封新城郡王，授鴻臚卿同正員。至德二年十二月，進封彭王。乾元二年冬，史思明再陷河洛，關東用兵，人情震懼，羣臣請以親王遙統兵柄。三年四月詔曰：

古之哲王，宅中御宇，莫不內封子弟，外建藩維。故周稱百代，抑聞麟趾之美；漢命六官，亦樹犬牙之制。歷考前載，率由舊章。朕以薄德，纘承鴻緒，屬豺狼未殄，金革猶虞。賴文武藎臣，協心同德，庶克清於玄祲，期永保於皇圖。且授鉞分符，義已先於用武；又維城作翰，道方弘於建親。咨爾分閫之崇，成予磐石之固。彭王僅等，銀潢毓慶，璿萼分輝，忠孝稟於天成，文武稱其備用。今三秦之地，萬國來庭，誠宜列皇子以建封，崇懿藩而制勝，是資固本，委以臨戎。彭王僅可充河西節度大使，兗王僴可充北庭節度大使，涇王侹可充隴右節度大使，杞王倕可充陝西節度大使，興王佋可充鳳翔節度大使。

僅，是歲薨。

子鎭，授太僕卿同正員，封常山郡王。

兗王僴，肅宗第六子。母韋妃，刑部尚書堅之妹。肅宗在東宮，選爲太子妃，生僴及永和公主。堅後爲李林甫誣構被誅，太子懼，奏請與妃離異，於別宮安置。僴，天寶中封潁川郡王，授太子詹事同正員。至德二年十二月，進封兗王。乾元三年，領北庭節度大使。寶應元年薨。

涇王侹，肅宗第七子。天寶中，封東陽郡王，授光祿卿同正員。至德二載十二月，進封涇王。乾元三年，領隴右節度大使。興元元年薨。

鄆王榮，肅宗第八子。天寶中，封靈昌郡王。早世。寶應元年五月，追贈鄆王。

襄王僙，肅宗第九子。至德二載十二月，封襄王。貞元七年正月薨。

杞王倕，肅宗第十子。母段婕妤，貞元六年六月贈爲昭儀。倕，至德二載封，貞元十四年薨。

召王偲，肅宗第十一子。至德二載十二月封，元和元年薨。

恭懿太子佋，肅宗第十二子。至德二載封興王。上元元年六月薨。佋，皇后張氏所生，上尤鍾愛。后屢危太子，欲以興王爲儲貳，會薨而止。七月丁亥，詔曰：

厚禮所以飾終，易名所以表行。況情鍾天屬，寵及褒封，載疇加等之美，式備元儲之贈，永懷軫念，有惻彝章。第十二子故興王佋，毓慶璿源，分華若木，天資純孝，神假聰明。河間聚書，幼聞樂善之旨；延陵聽樂，早得知音之妙。頃以暫嬰沉瘵，殆積旬時，而資敬益彰，穎晤逾爽。愛親之戀，言不間於斯須；告訣之辭，事先符於夢寐。顧惟至性，實切深哀。將胙土析珪，載崇藩翰，聞詩對易，爰就琢磨。方冀成立，豈期夭喪。璐英始茂，遽摧於當春；隙駟俄遷，忽沉於厚夜。興言痛悼，閔惜良深。宜賁寵於青宮，俾哀榮於玄穸。可贈太子，謚曰恭懿。應緣喪葬，所司準式，仍令京兆尹劉晏充監護使。

詔宰臣李揆持節册命。十一月，葬于高陽原。其哀册曰：

維上元元年，太歲庚子，六月己未朔，二十六日甲申，皇第十二子持節鳳翔等四州節度觀察大使興王佋，薨于中京内邸，殯于寢之西階。粤八月丁亥，册贈皇太子，廟號恭懿。冬十一月庚寅，詔葬于長安之高陽原，禮也。燕隧開封，龍輴進轍，陳祖載而就位，儼塗芻以成列。皇帝哀玉林之閟景，憫瑤萼之罹霜〔四〕，瞻龍綍而增思，懷雁池而永傷。考謚惟古，褒崇有式。爰詔史司，恭宣懿德。其辭曰：

惟天祚唐，累葉重光，中興宸景，再紐乾綱。本枝建國，磐石疏疆，克開龍胤，實曰賢王。驪源孕彩，日幹騰芳，深仁廣孝，藴藝含章。秀發童年，惠彰齔齒，蹈禮知方，承尊叶旨。對日流辯，占鳳擅美，魯、衞後塵，閒、平絶軌。胡孽初構，王師未班，爰從襁褓，載歷險艱。愛備中掖，名崇懿藩，居常稟訓，動不違顔。禮及佩觽，朝加分器，胙土延渥，登壇受帥。玉質金聲，文經武緯，樂善爲寶，崇儒是貴。濬哲外朗，温文内深，閱書成誦，觀樂表音。五經在口，六律諧心，才優藝洽，絶古超今。蛇豕猶梗，寰區未乂。滌慮祈真，焚香演偈。食去葷血，心依定惠。庶福邦家，俾清兇穢。霧露嬰疾，聰明害神，沉痾始遘，彌曠盈旬。止慮無擾，發言有倫，在膏方亟，問膳逾勤。雲物告徵，星辰變象，楚藥無救，秦醫莫仗。靈儀窅而上賓，徽音邈其長往。違舊邸於青社，卽幽陵於黃壤。嗚呼哀哉！

魂氣奪兮去何之，精靈存兮孝有思。念君親之永隔，託夢寐而來辭。延桂宮而震悼，貫椒壼而纏悲。旌遺芳於碣館，賁新命於儲闈。嗚呼哀哉！先遠戒候，占龜獻吉。指鶉野而西臨，背鳳城而右出。天慘慘而苦霧，山蒼蒼而曀日。望馳道而長辭，赴幽塗而永畢。嗚呼哀哉！生爲寵王兮宸愛所鍾，歿追上嗣兮朝典斯崇。升玉笙於洞府，閟銀棨於泉宮〔五〕。金石誰固，人生有終，簡册攸記兮德音無窮。敢直詞於篆美，庶永代而成風。嗚呼哀哉！

佋薨時年八歲。既薨之夕，肅宗、張后俱夢佋有如平昔，拜辭流涕而去。帝方寢疾，追念過深，故特以儲闈之贈寵之。上疾累月方平。

定王侗，肅宗第十三子。亦張后所生，佋之母弟。至德二載，封定王。寶應初薨，時年甚幼。

宋王僖，肅宗第十四子。初封淮陽王，早夭，追封宋王。

代宗皇帝二十子：睿眞皇后沈氏生德宗皇帝，崔妃生昭靖太子，獨孤皇后生韓王迥；餘十七王，舊史不載母氏所出。

昭靖太子邈，代宗第二子。寶應元年〔六〕，封鄭王。大曆初，代皇太子爲天下兵馬元帥。王好讀書，以儒行聞。大曆九年薨，廢朝三日，由是罷元帥之職。上惜其才早夭，册贈昭靖太子，葬於萬年縣界。

均王遐，代宗第三子。早夭，貞元八年追封。

睦王述，代宗第四子。大曆九年冬，田承嗣謀亂河朔，時鄭王居長，典兵師，不幸薨落，諸王皆幼，多未封建。大臣奏議請封親王，分領戎師，以威天下。十年二月，詔曰：

虞、夏之制，諸子疏封；漢、魏以還，十連授律。是用錫珪班瑞，盤石開疆，信通邑之紀綱，爲中都之屛翰。然則旌鉞之寄，推擇攸難，因親之任，各膺其命。第四子述、第五子逾、第六子連、第七子迥、第八子遘、第十三子造、第十四子暹、第十五子運、第十六子遇、第十七子遹、第十八子通、第十九子逵、第二十子逸等，並敏茂純懿，稟於衷誠，溫良孝恭，形於進對，動皆合義，居必有常。可以理衆靖人，撫封宣化，而總列城之賦，繕分閫之謀，克勤公家，允輔王室。今則均茅社之寵，盛槐庭之儀，授鉞登車，嗣茲朝典，維城之固，爾其懋哉。述可封睦王，充嶺南節度支度營田、五府經略觀察處置等大使；逾可封郴王，充渭北鄜、坊等州節度大使；連可封恩王；迥可汴、宋等節度觀察處置等大使；遘可封鄜王；造可封忻王，充昭義軍節度觀察處置等大使；暹可封韶王，運可封嘉王，遇可封端王，遹可封循王，通可封恭王，逵可封原王，逸可封雅王；仍並可封開府儀同三司。

是時，皇子勝衣者盡加王爵，不出閤。德宗朝，述爲諸王之長。時分命中使周行天下，求訪沈太后，詔以睦王爲奉迎太后使，以工部尙書喬琳副之。貞元七年薨。

丹王逾，代宗第五子。大曆十年，封郴王，領渭北鄜坊節度大使。建中四年，改丹王。元和十五年薨。

恩王連，代宗第六子。大曆十年封，元和十二年薨。

韓王迥，代宗第七子。以母寵，既生而受封，雖沖幼，恩在鄭王之亞。寶應元年，封韓王。

貞元十二年薨，時年四十七。

簡王遘，代宗第八子。大曆十年，封鄜王，建中四年，改封簡王。元和四年薨。

益王迺，代宗第九子。大曆四年封。

隋王迅，代宗第十子。大曆十年封，興元元年薨。

荆王選，代宗第十一子，早世。建中二年正月，追封荆王，贈開府儀同三司。

蜀王遡，代宗第十二子。大曆十四年封。本名遂，建中二年改今名。

忻王造，代宗第十三子。大曆十年封，仍領昭義軍節度觀察大使。元和六年薨。

韶王暹，代宗十四子。大曆十年封，貞元十二年薨。

嘉王運，代宗十五子。大曆十年封，貞元十七年薨。

端王遇，代宗十六子。大曆十年封，貞元七年薨。

循王遹，代宗第十七子。大曆十年封。

恭王通，代宗第十八子。大曆十年封。

原王逵，代宗第十九子。大曆十年封，大和六年薨。

雅王逸，代宗第二十子。大曆十年封，貞元十五年薨。

史臣曰：豔妻破國，孽子敗宗。前代英傑之君，率不免於斯累者，何也？良以愛惡不由於義斷，毀譽遽逐於情移。雖申生孝己之仁，卒不能迴君父之愛，悲哉！孝宣皇帝當屯剝之運，收忠義之心，忍行愛子之刑，終有姦閹之罪，大雅君子，爲之痛心。張后卒以凶終，固其宜矣。

贊曰：牀簀之愛，人情易惑。以義制情，哲王令德。李侯悟主，韻諧金石。褒謚建寧，良堪太息。

校勘記

〔一〕趙王係　「趙」字各本原作「越」，按彼時係猶未封越王，而爲趙王，今據唐大詔令集卷三六改。

〔二〕上尤憐之　「上」字冊府卷二九一作「太子」，是時肅宗未即位，當以「太子」於意較洽。

〔三〕天后所生四子　「四子」，各本原作「三子」，據御覽卷一四九、通鑑卷二二〇改。

〔四〕憫璿蕚之罹霜　「罹」字局本作「摧」，餘各本均作「惟」，據英華卷八三九、唐大詔令集卷三二一改。

〔五〕閟銀粲於泉宮　「閟」字各本原作「閱」，據英華卷八三九改。

〔六〕寶應元年　「寶應」，各本原作「寶曆」，據新書卷八二十一宗諸子傳改。

舊唐書卷一百一十七

列傳第六十七

嚴武 郭英乂 崔寧 弟寬 從孫蠡 蠡子蕘 從孫翳 嚴震 嚴礪

嚴武，中書侍郎挺之之子也。神氣儁爽，敏於聞見。幼有成人之風，讀書不究精義，涉獵而已。弱冠以門蔭策名，隴右節度使哥舒翰奏充判官，遷侍御史。至德初，肅宗興師靖難，大收才傑，武杖節赴行在。宰相房琯以武名臣之子，素重之，及是，首薦才略可稱，累遷給事中。既收長安，以武爲京兆少尹、兼御史中丞，時年三十二。以史思明阻兵不之官，優游京師，頗自矜大。出爲綿州刺史，遷劍南東川節度使；入爲太子賓客、兼御史中丞。

上皇誥以劍兩川合爲一道，拜武成都尹、兼御史大夫，充劍南節度使；入爲太子賓客，遷京兆尹、兼御史大夫。二聖山陵，以武爲橋道使。無何，罷兼御史大夫，改吏部侍郎，尋遷黃門侍郎。與宰臣元載深相結託，冀其引在同列。事未行，求爲方面，復拜成都尹，充劍南節度等使。廣德二年，破吐蕃七萬餘衆，拔當狗城。十月，取鹽川城，加檢校吏部尚書，封鄭國公。

前後在蜀累年，肆志逞欲，恣行猛政。梓州刺史章彝初爲武判官，及是小不副意，赴成都杖殺之〔一〕，由是威震一方。蜀土頗饒珍產，武窮極奢靡，賞賜無度，或由一言賞至百萬。蜀方閭里以徵斂殆至匱竭，然蕃虜亦不敢犯境。而性本狂蕩，視事多率胸臆，雖慈母言不之顧。初爲劍南節度使，舊相房琯出爲管內刺史，琯於武有薦導之恩，武驕倨，見琯略無朝禮，甚爲時議所貶。永泰元年四月，以疾終，時年四十。

郭英乂，先朝隴右節度使、左羽林軍將軍知運之季子也。少以父業，習知武藝，策名河、隴間，以軍功累遷諸衞員外將軍。至德初，肅宗興師朔野，英乂以將門子特見任用，遷隴右節度使、兼御史中丞。既收二京，徵還闕下，掌禁兵。遷羽林軍大將軍，加特進。以家艱去職。

朝廷方討史思明，選任將帥，乃起英乂爲陝州刺史，充陝西節度、潼關防禦等使，尋加御史大夫，兼神策軍節度。代宗即位，加檢校戶部尚書、兼御史大夫。元帥雍王自陝統諸軍討賊洛陽，留英乂在陝爲後殿。東都平，以英乂權爲東都留守。既至東都，不能禁暴，縱麾下兵與朔方、迴紇之衆大掠都城，延及鄭、汝等州，比屋蕩盡。廣德元年，策勳加實封二百戶，徵拜尙書右僕射，封定襄郡王。恃富而驕，於京城創起甲第，窮極奢靡。與宰臣元載交結，以久其權。

會劍南節度使嚴武卒，載以英乂代之，兼成都尹，充劍南節度使。既至成都，肆行不軌，無所忌憚。玄宗幸蜀時舊宮，置爲道士觀，內有玄宗鑄金眞容及乘輿侍衞圖畫。先是，節度使每至，皆先拜而後視事。英乂以觀地形勝，乃入居之，其眞容圖畫，悉遭毀壞。見者無不憤怒，以軍政苛酷，無敢發言。又頗恣狂蕩，聚女人騎驢擊毬，製鈿驢鞍及諸服用，皆侈靡裝飾，日費數萬，以爲笑樂。未嘗問百姓間事，人頗怨之。又以西山兵馬使崔旰得衆心，屢抑之。旰因蜀人之怨，自西山率麾下五千餘衆襲成都，英乂出軍拒之，其衆皆叛，反攻英乂。英乂奔於簡州，普州刺史韓澄斬英乂首以送旰，并屠其妻子焉。

崔寧，衞州人，本名旰。雖儒家子，喜縱橫之術。衞州刺史茹璋授旰符離令，既罷，久不調，遂客遊劍南，從軍爲步卒，事鮮于仲通。又隨李宓討雲南，宓戰敗，旰歸成都。行軍司馬崔論見旰，悅其狀貌，又以其宗姓厚遇，薦爲衙將。歷事崔圓、裴冕。冕遭流謗，朝廷將遣使推按，旰部下截耳稱冤，中使奏之。旰亦赴京師，授司戈，歷司階、折衝郎將軍等官。

寶應初，蜀中亂，山賊擁絕縣道，代宗憂之。嚴武薦旰爲利州刺史，既至，山賊遁散，由是知名。嚴武爲劍南節度，赴鎮過利州，心欲辟旰爲部將，以利非屬部，旰難輒去，俾旰籌之。旰曰：「節度使張獻誠見忌，且又好利，誠能重賂之，旰可以從大夫矣。」武至劍南，遺獻誠奇錦珍貝，價兼百金，獻誠大悅。武乃遺獻誠書求旰，獻誠然之，令旰移疾去郡。旰乃之劍南，武奏爲漢州刺史。

久之，吐蕃與諸雜羌戎寇陷西山柘、靜等州，詔嚴武收復。武遣旰統兵西山，旰善撫士卒，皆願致死命。始次賊城，周圍皆石礫，攻具無所設。唯東南隅環丈之地，壤土可穴，諜知之以告。旰晝夜穿地道攻之，再宿而拔其城。因拓地數百里，下城寨數四。番衆相語曰：「崔旰，神兵也。」將更前進，以糧盡還師。武大悅，裝七寶輿迎旰入成都，以誇士衆，賞賚過厚。

永泰元年五月，嚴武卒，杜濟爲西川行軍司馬，權知軍府事。時郭英幹爲都知兵馬使，郭嘉琳爲都虞候，皆請英幹兄英乂爲節度使。旰時爲西山都知兵馬使，與軍衆共請大將王崇俊爲節度使。二奏俱至京師，會朝廷已除英乂，旰使因見英乂陳其事。英乂至成都，數日，誣殺王崇俊，又召旰還成都。英乂減將健糧賜，人心怨怒。旰在西山聞之，大恐，乃託備吐蕃，未赴成都。英乂怒，出兵聲言助旰討吐蕃，其實襲之也。旰家在漢州，英乂遷之成都，通其妾媵。旰知之，轉入深山。英乂自率師攻旰，値天大寒，雪深數尺，英乂士馬凍死者數百人，衆心離叛。旰遂出兵拒敵，英乂與之接戰，英乂軍大敗而還，收餘兵纔千人，歸成都，將卒因多逃散。

初，天寶中，劍南節度使鮮于仲通嘗建一使院，院宇甚華麗。及玄宗幸蜀，嘗居之，因爲道觀，兼寫玄宗眞容，置之正室。英乂因入觀行香，悅其竹樹，遂奏請以仲通舊院爲軍營，乃移去眞容自居之。旰聞之，謂將士曰：「英乂反矣！不然，何得除毀玄宗眞容而自居之？」乃率兵攻成都。英乂出兵於城西門，令柏茂琳爲前軍，郭英幹爲左軍，郭嘉琳爲後軍，與旰戰。茂琳等軍累敗，軍人多投旰。旰令降將統兵與英乂轉戰，大敗之。兵至子城，英乂單騎奔簡州，爲普州刺史韓澄所殺。時邛、劍所在起兵相攻，劍南大亂。

永泰二年二月，乃以黃門侍郎平章事杜鴻漸兼成都尹、山南西道劍南東川西川邛南等道副元帥〔三〕、劍南西川節度使。鴻漸出駱谷，有謀者曰：「相公駐車閬州，遙制劍南，數移牒述英乂過失，言旰有方略；旰腹心攝諸州刺史者皆奏正之，令旰及將校不疑怨。然後與東川節度使張獻誠及諸賊帥合議，數出兵攻旰。既數道連兵，未經一年，兵勢減耗，旰窮，必束身歸朝。此上策也。」鴻漸畏懦，計疑未決。會旰使至，卑辭厚禮，送繒錦數千匹。鴻漸貪其利，遂至成都，日與判官杜亞、楊炎將吏等高會縱觀，軍州政事悉委旰，仍連表聞薦。

先時，張獻誠數與旰戰，獻誠屢敗，旌節皆爲旰所奪。朝廷因鴻漸之請，加成都尹，兼西山防禦使、西川節度行軍司馬，仍賜名曰寧。大曆二年，鴻漸歸朝，遂授寧西川節度使。恃地險人富，乃厚斂財貨，結權貴，令弟寬留京師。元載及諸子有所欲，寬恣與之，故寬驟歷御史知雜事、御史中丞。寬兄審亦任郎中、諫議大夫、給事中。寧在蜀十餘年，地險兵強，肆侈窮欲，將吏妻妾，多爲所淫汚，朝廷患之而不能詰。累加尚書左僕射。

大曆十四年入朝，遷司空、平章事，兼山陵使，尋代喬琳爲御史大夫、平章事。寧以爲選擇御史當出大夫，不謀及宰相，乃奏請以李衡、于結等數人爲御史。楊炎大怒，其狀遂寢。炎又數讒毀劉晏，寧又救解之。寧既厚結元載已久，楊炎又出自載門，寧初附炎，炎因此大怒。

其年十月，南蠻大下，與吐蕃三道合進：一出茂州，過文川及灌口；一出扶、文，過方維、白垻；一出黎垻、雅，過邛、郲。戎酋誡其衆曰：「吾要蜀川爲東府，凡伎巧之工皆送邏婆，平歲賦一縑而已。」是蠻之入，連陷郡邑，士庶奔亡山谷。屬寧在朝，軍中無帥，德宗促寧還鎭。炎懼寧怨己，入蜀難制，謂德宗曰：「蜀川天下奧壤，自寧擅置其中，朝廷失其外府十四年矣。今寧來朝，尙有全師守蜀。貨利之厚，適中奉給，貢賦所入，與無地同。始寧與諸將等夷，獨因叛亂得位，不敢自有，以恩柔煦育，威令不行。今雖歸之，必無功，是徒遣也；若有功，義不可奪。則西川之奧，敗固失之，勝亦非國家所有。陛下熟察。」帝曰：「卿策何從？」炎曰：「請無歸寧。今朱泚所部范陽勁兵，戍在近甸，促令與禁兵雜往，舉無不捷。因是役得置親兵內其腹中，蜀將必不敢動。然後換授他帥，以收其權，得千里肥饒之地，是因小禍受大福也。」帝曰「善」，即止寧不行。乃發禁兵四千、范陽兵五千，赴援東川。出軍自江油趣白垻，與山南兵合擊，蠻兵敗走。范陽軍又擊破於七盤，遂拔新城，戎、蠻大敗。凡斬馘六千，生擒六百，傷者殆半，饑寒隕於崖谷者八九萬。

寧遂罷西川節度使，制授檢校司空、同中書門下平章事、御史大夫、京畿觀察使，兼靈州大都督、單于鎭北大都護、朔方節度等使，兼鄜坊丹延都團練觀察使。託以重臣綏靖北邊，但令居鄜州。雖以寧爲節度，每道皆置留後，自得奏事，炎悉諷令伺寧過犯。杜希全爲靈州，王翃爲振武，李建徽爲鄜州，及戴休顏、杜從政、呂希倩等，皆炎署置也。寧巡邊至夏州，刺史呂希倩與寧同力招撫党項，歸降者甚多。炎惡之，因奏希倩撫綏之功，才堪委任。召歸朝，除右僕射知省事，以神武將軍時常春代之。

朱泚之亂，上卒迫行幸，百僚諸王鮮有知者。寧後數日自賊中來，上初喜甚。寧私謂所親曰：「聖上聰明英邁，從善如轉規，但爲盧杞所惑至此爾。」杞聞之，潛與王翃圖議陷之。初，涇原兵作亂之夕，寧與翃及御史大夫于頎俱出延平門而西，數下馬便液，每下輒良久。翃等促之，不敢前。又懼賊兵追及，翃乃大聲而言曰：「已至此，不必顧望。」至奉天，翃具以事聞。會朱泚行反間，僞除柳渾宰相，署寧中書令。寧朔方掌書記康湛時爲盩厔尉，翃逼湛作寧遺朱泚書，使寧無以自辯，翃遂獻之。杞因誣奏曰：「崔寧初無葵藿向日之心，聞於城中與朱泚堅爲盟約，所以後於百辟。今事果驗。使兇渠外逼，姦臣內謀，則大事去矣。」因俯伏歔欷曰：「臣備位宰相，危不能持，顚不能扶，宜當萬死，伏待斧鉞。」上命左右扶起之。既還，俄有中人引寧於幕後，二力士自後縊殺之，時年六十一。初，將誅寧，召至朝堂，云令江淮宣慰。尋命翰林學士陸贄草誅寧制；贄求寧與泚書，將以狀生之。復亂言云，其書已失。寧既得罪，籍沒其家。中外稱其冤，乃赦其家，歸其資產。貞元十二年六月，寧故將夏綏銀節度使韓潭奏請以新加禮部尚書恩制以雪寧之罪。詔從之，任其家收葬。

初，寧入朝，留弟寬守成都。瀘州楊子琳乘間以精騎數千突入成都，據城守之。寬屢戰力屈，子琳威聲頗盛。寧妾任氏魁偉果幹，乃出其家財十萬募勇士，信宿間得千人，設隊伍將校，手自麾兵，以逼子琳。子琳懼，城內糧盡，乃拔城自潰。子琳素有妖術，其夕致大雨，引舟至庭除，登之而遁。

寧季弟密，密子繪，父子皆以文雅稱，歷使府從事。繪生四子：蠡、黯、確、顏，皆以進士擢第。

蠡字越卿，元和五年擢第，累辟使府。寶曆中，入朝監察御史。大和初，爲侍御史，三遷戶部郎中，出爲汝州刺史。開成初，以司勳郎中徵，尋以本官知制誥。明年，正拜舍人。三年，權知禮部貢舉。四年，拜禮部侍郎，轉戶部。上疏論國忌日設僧齋，百官行香，事無經據。詔曰：「朕以郊廟之禮，嚴奉祖宗，備物盡誠，庶幾昭格。恭惟忌日之感，所謂終身之憂。而近代以來，歸依釋、老，徵二教以設食，會百辟以行香。將以有助聖靈，冥資福祚。有異皇王之術，頗乖教義之宗。昨得崔蠡奏論，遂遣討尋本末，禮文令式，曾不該明，習俗因循，雅當整革。其兩京、天下州府，以國忌日爲寺觀設齋焚香，從今已後，並宜停罷。」

蠡尋爲華州刺史、鎭國軍等使，再歷方鎭。子蕘。

蕘字野夫。大中二年，擢進士第，累官至尙書郎、知制誥。正拜中書舍人、戶部侍郎。

乾符中，自尚書右丞遷吏部侍郎。蕘美文詞，善談論，而馭事簡率，銓管非所長。出爲陝州觀察使，以器韻自高，不屑細故，權移僕下。時河南寇盜蜂起，王仙芝亂漢南，朝綱不振，而蕘自恃淸貴，不恤人之疾苦。百姓訴旱，蕘指庭樹曰：「此尙有葉，何旱之有？」乃笞之，吏民結怨。旣而爲軍人所逐，飢渴甚，投民舍求水，民以溺飲之。初爲軍人所俘，翦其髭髮，拜而獲免。以失守貶端州司馬，復入爲左散騎常侍，卒。

子居敬、居儉。居敬終尙書郎，居儉中興終戶部尙書。

黯字直卿，大和二年，進士擢第。開成初，爲靑州從事。入爲監察御史，奏郊廟祭器不虔，請敕有司。文宗謂宰臣曰：「宗廟之事，朕合親奉其禮，但以千乘萬騎，動費國用，每有司行事之日，被衣冠坐以俟旦。比聞主者不虔，祭器勞敝，非事神蠲潔之義。卿宜嚴敕有司，道吾此意。」黯具條奏以聞。尋遷員外郞。會昌中，爲諫議大夫。

確字岳卿，顏字希卿，位皆至尙書郎。

嚴震，字遐聞，梓州鹽亭人。世爲田家，以財雄於鄉里。至德、乾元已後，震屢出家財以助邊軍，授州長史、王府諸議參軍。東川節度判官韋收薦震才用於節度使嚴武，遂授合州長史。及嚴武移西川，署爲押衙，改恆王府司馬。嚴武以宗姓之故，軍府之事多以委之。又歷試衞尉、太常少卿。嚴武卒，乃罷歸。東川節度使又奏爲渝州刺史，以疾免。山南西道節度使又奏爲鳳州刺史，加侍御史，丁母憂罷。起復本官，仍充興、鳳兩州團練使，累加開府儀同三司、兼御史中丞。爲政清嚴，興利除害，遠近稱美。建中初，司勳郎中韋楨爲山、劍黜陟使，薦震理行爲山南第一，特賜上下考，封鄖國公。在鳳州十四年，能政不渝。

建中三年，代賈耽爲梁州刺史、兼御史大夫、山南西道節度觀察等使。及朱泚竊據京城，李懷光頓軍咸陽，又與之連結。泚令腹心穆庭光、宋瑗等齎白書誘震同叛，震集衆斬庭光等。時李懷光連賊，德宗欲移幸山南。震既聞順動，遣吏馳表往奉天迎駕，仍令大將張用誠領兵五千至盩厔已東迎護，上聞之喜。既而用誠爲賊所誘，欲謀背逆，朝廷憂之。會震又遣牙將馬勛奉表迎候，上臨軒召勛與之語，勛對曰：「臣請計日至山南取節度使符召用誠，即不受召，臣當斬其首以復。」上喜曰：「卿何日當至？」勛刻日時而奏，帝勉勞之。勛既得震符，乃請壯丁五人偕行。既出駱谷，用誠以勛未知其謀，乃以數百騎迎勛，勛與俱之傳舍，用誠左右森然。勛先聚草發火於驛外，軍士爭附火。勛乃從容出懷中符示之曰：「大夫召君。」用誠惶懼起走，壯士自背束手而擒之。不虞用誠子居後，引刀斫勛，勛左右遽承其臂，刀下不甚，微傷勛首。遂格殺其子，而仆用誠於地。壯士跨其腹，以刃擬其喉曰：「出聲卽死！」勛卽其營，軍士已被甲執兵矣。勛大言曰：「汝等父母妻子皆在梁州，一朝棄之，欲從用誠反逆，有何利也？但滅汝族耳！大夫使我取張用誠，不問汝輩，欲何爲乎？」衆皆讋服。於是縛用誠送州，震杖殺之，拔其副將，使率其衆迎駕。勛以檠封首馳赴行在，愆約半日，上頗憂之，及勛至，上喜動顏色。翌日，車駕發奉天，及入駱谷，李懷光遣數百騎來襲，賴山南兵擊之而退，輿駕無警急之患。尋加震檢校戶部尚書，賜實封二百戶。

三月，德宗至梁州。山南地貧，糧食難給，宰臣議請幸成都府。震奏曰：「山南地接京畿，李晟方圖收復，藉六軍聲援。如幸西川，則晟未見收復之期也。幸陛下徐思其宜。」議未決，李晟表至，請車駕駐驆梁、洋，以圖收復，羣議乃止。梁、漢之間，刀耕火耨，民以採稆爲事，雖節察十五郡，而賦額不敵中原三數縣。自安、史之後，多爲山賊剽掠，戶口流散大半。洎六師駐驆，震設法勸課，鳩聚財賦，以給行在，民不至煩，供億無闕。其年六月，收復京城，車駕將還京師，進位檢校尚書左僕射。詔曰：「朕遭罹寇難，播越梁、岷，蒸庶煩於供億，武旅勤於扞衞。凡百執事，各奉厥司，眷于是邦，復我興運，宜加崇大，以示將來。宜改梁州爲興元府，官名品制，同京兆、河南府；鄭縣升爲赤，諸縣升爲畿。見任州縣官，考滿日放選，百姓給復一年。洋州宜升爲望，見任州縣官，考滿減兩選。山南西道將士，並與甄敍。」以震爲興元尹，賜實封二百戶。

貞元元年十一月，德宗親祀昊天上帝于南郊，震入朝陪祭。十一年二月，加同平章事。貞元十五年六月卒，時年七十六，廢朝三日，册贈太保，賻布帛米粟有差。及喪將至，令百官以次赴宅弔哭。

嚴礪，震之宗人也。性輕躁，多姦謀，以便佞在軍，歷職至山南東道節度都虞候、興州刺史，兼監察御史。貞元十五年，嚴震卒，以礪權留府事，兼遺表薦礪才堪委任。七月，超授興元尹，兼御史大夫，山南西道節度、支度營田、觀察使。詔下，諫官御史以爲除拜不當。是日，諫議、給事、補闕、拾遺並歸門下省共議：礪資歷甚淺，人望素輕，遽領節旄，恐非允當。既兼雜話，發論喧然。拾遺李繁獨奏云：「昨除拜嚴礪，衆以爲不當。諫議大夫苗拯云：『已三度表論，未見聽允。』給事中許孟容曰：『誠如此，不曠職矣。』」又云：「李元素、陳京、王舒並見拯及孟容言議。」上遣三司使詰之。拯狀云：「實於衆中言曾論奏，不言三度。」繁證之不已。孟容等又云：「拯實言兩度。」拯請依衆狀。翌日，貶拯萬州刺史，李繁播州參軍，並同正。礪在位貪殘，士民不堪其苦。素惡鳳州刺史馬勛，誣奏貶賀州司戶。縱情肆志，皆此類也。元和四年三月卒。卒後，御史元稹奉使兩川按察，糾劾礪在任日贓罪數十萬。詔徵其贓，以死恕其罪。

史臣曰：爵人於朝，與衆共之；刑人於市，與衆棄之。縊崔寧，除嚴礪，時君之政可知矣，輔相之才可見矣！武不稟父風，有違母誨，凡爲人子者，得不戒哉！雖有周、孔之才，不足稱也，況狂夫乎！英乂失政，其死也宜哉。嚴震立功，其道也顯矣。

贊曰：英乂失政，崔寧發身。武爲士子，震作純臣。

校勘記

〔一〕赴成都杖殺之　冊府卷四四八「赴」上有「召」字。

〔二〕邛南等道　「邛南」，各本原作「南邛」，據新書卷六七方鎮表及卷一四四崔寧傳、通鑑卷二二四改。

舊唐書卷一百一十八

列傳第六十八

元載 王昂 李少良 郇謨附　王縉　楊炎　黎幹 劉忠翼附　庾準

元載，鳳翔岐山人也，家本寒微。父景昇，任員外官，不理產業，常居岐州。載母攜載適景昇，冒姓元氏。載自幼嗜學，好屬文，性敏惠，博覽子史，尤學道書。家貧，徒步隨鄉賦，累上不升第。天寶初，玄宗崇奉道教，下詔求明莊、老、文、列四子之學者。載策入高科，授邠州新平尉。監察御史韋鎰充使監選黔中，引載爲判官，載名稍著，遷大理評事。東都留守苗晉卿又引爲判官，遷大理司直。

肅宗卽位，急於軍務，諸道廉使隨才擢用。時載避地江左，蘇州刺史、江東採訪使李希言表載爲副，拜祠部員外郎，遷洪州刺史。兩京平，入爲度支郎中。載智性敏悟，善奏對，肅宗嘉之，委以國計，俾充使江、淮，都領漕輓之任，尋加御史中丞。數月徵入，遷戶部侍郎、度支使幷諸道轉運使。既至朝廷，會肅宗寢疾。載與倖臣李輔國善，輔國妻元氏，載之諸宗，因是相昵狎。時輔國權傾海內，舉無違者，會選京尹，輔國乃以載兼京兆尹。載意屬國柄，詣輔國懇辭京尹，輔國識其意，然之。翌日拜載同中書門下平章事，度支轉運使如故。

旬日，肅宗晏駕，代宗卽位，輔國勢愈重，稱載於上前。載能伺上意，頗承恩遇，遷中書侍郎、同中書門下平章事，加集賢殿大學士，修國史。又加銀青光祿大夫，封許昌縣子。載以度支轉運使職務繁碎，負荷且重，慮傷名，阻大位，素與劉晏相友善，乃悉以錢穀之務委之，薦晏自代，載自加營田使。李輔國罷職，又加判天下元帥行軍司馬。廣德元年，與宰臣劉晏、裴遵慶同扈從至陝。及輿駕還宮，遵慶皆罷所任，載恩寵彌盛。輔國死，載復結內侍董秀，多與之金帛，委主書卓英倩潛通密旨。以是上有所屬，載必先知之，承意探微，言必玄合，上益信任之。妻王氏狠戾自專，載出朝謁，縱子伯和等遊于外，上封人顧繇奏之，上方任載以政，反罪繇而已。

內侍魚朝恩負恃權寵，不與載協，載常憚之。大曆四年冬，乘間密奏朝恩專權不軌，請除之。朝恩驕橫，天下咸怒，上亦知之，及聞載奏，適會於心。載遂結北軍大將同謀，以防萬慮。五年三月，朝恩伏法，度支使第五琦以朝恩黨坐累，載兼判度支，志氣自若，謂己有除惡之功，是非前賢，以爲文武才略，莫己之若。外委胥吏，內聽婦言。城中開南北二甲第，室宇宏麗，冠絕當時。又於近郊起亭榭，所至之處，帷帳什器，皆於宿設，儲不改供。城南膏腴別墅，連疆接畛，凡數十所，婢僕曳羅綺一百餘人，恣爲不法，侈僭無度。江、淮方面，京輦要司，皆排去忠良，引用貪猥。士有求進者，不結子弟，則謁主書，貨賄公行，近年以來，未有其比。

與王縉同列，縉方務聚財，遂睦於載，二人相得甚歡，日益縱橫。代宗盡察其跡，以載任寄多年，欲全君臣之分，載嘗獨見，上誡之，不悛。

初，扈駕自陝還，與縉上表，請以河中府爲中都，秋杪行幸，春首還京，以避蕃戎侵軼之患。帝初納之，遣條奏以聞。自魚朝恩就誅，志頗盈滿，遂抗表請建中都，文多不載。大略以關輔、河東等十州戶稅入奉京師，創置精兵五萬，管在中都，以威四方，辭多開闔。自以爲表入事行，潛遣所由吏於河中經營。

節度寄理於涇州〔二〕。大曆八年，蕃戎入邠寧之後，朝議以爲三輔已西，無襟帶之固，而涇州散地，不足爲守。載嘗爲西州刺史，知河西、隴右之要害，指畫於上前曰：「今國家西境極于潘源，吐蕃防戍在摧沙堡，而原州界其間。原州當西塞之口，接隴山之固，草肥水甘，舊壘存焉。吐蕃比毀其垣墉，棄之不居。其西則監牧故地，皆有長濠巨塹，重複深固。

原州雖早霜，黍稷不藝，而有平涼附其東，獨耕一縣，可以足食。請移京西軍戍原州，乘間築之，貯粟一年。戎人夏牧多在青海，羽書覆至，已逾月矣。今運築並作，不二旬可畢。移子儀大軍居涇，以爲根本，分兵守石門、木峽，隴山之關。北抵于河，皆連山峻嶺，寇不可越。稍置鳴沙縣、豐安軍爲之羽翼，北帶靈武五城爲之形勢。然後舉隴右之地以至安西，是謂斷西戎之脛，朝廷可高枕矣。」兼圖其地形以獻。載密使人踰隴山，入原州，量井泉，計徒庸，車乘畚鍤之器皆具。檢校左僕射田神功沮之曰：「夫興師料敵，老將所難。陛下信一書生言，舉國從之，聽誤矣。」上遲疑不決，會載得罪乃止。

初，六年，載條奏應緣別敕授文武六品以下，敕出後望令吏部、兵部便附甲團奏，不得檢勘，從之。時功狀奏擬，結銜多謬，載欲權歸於己，慮有司駁正。會有上封人李少良密以載醜跡聞，載知之，奏於上前，少良等數人悉斃於公府。由是道路以目，不敢議載之短。門庭之內，非其黨與不接，平素交友，涉於道義者悉疏棄之。

代宗寬仁明恕，審其所由，凡累年，載長惡不悛，衆怒上聞。大曆十二年三月庚辰，仗下後，上御延英殿，命左金吾大將軍吳湊收載、縉于政事堂，各留繫本所，幷中書主事卓英倩〔三〕、李待榮及載男仲武、季能並收禁，命吏部尚書劉晏訊鞫。晏以載受任樹黨，布于天下，不敢專斷，請他官共事。敕御史大夫李涵、右散騎常侍蕭昕、兵部侍郎袁傪、禮部侍郎常袞、諫議大夫杜亞同推究其狀。辯罪問端，皆出自禁中，仍遣中使詰以陰事，載、縉皆伏罪。是日，宦官左衞將軍、知內侍省事董秀與載同惡，先載於禁中杖殺之。敕曰：「任直去邪，懸於帝典；獎善懲惡，急於時政。和鼎之寄，匪易其人。中書侍郎、同中書門下平章事元載，性頗姦回，跡非正直。寵待踰分，早踐鈞衡。亮弼之功，未能經邦成務；挾邪之志，常以罔上面欺。陰託妖巫，夜行解禱，用圖非望，庶逭典章。納受贓私，貿鬻官秩。凶妻忍害，暴子侵牟，曾不隄防，恣其凌虐。行僻辭矯，心狠貌恭，使沈抑之流，無因自達，賞罰差謬，罔不由兹。頃以君臣之間，重於去就，冀其遷善，掩而不言。曾無悔非，彌益凶戾，年序滋遠，釁惡貫盈。將肅政於朝班，俾申明於憲網，宜賜自盡。朕涉道猶淺，知人不明，理績未彰，遺闕斯衆，致兹刑辟，慚愧良深。僶俛行之，務申沮勸，凡在中外，悉朕懷焉。」

又制曰：「門下侍郎、同中書門下平章事王縉，附會姦邪，阿諛讒佞。據兹犯狀，罪至難容，矜以耋及，未忍加刑。俾申屈法之恩，貸以岳牧之秩。可使持節括州諸軍事，守括州刺史，宜即赴任。於戲！朕恭己南面，推誠股肱，勲求哲人，將弼予理。昧於任使，過在朕躬，無曠厥官，各慎厥職。」初，晏等承旨，縉亦處極法，晏謂涵曰：「重刑再覆，國之常典，況誅大臣，豈得不覆奏！又法有首從，二人同刑，亦宜重取進止。」涵等咸聽命。及晏等覆奏，上乃減縉罪從輕。

載長子伯和，先是貶在揚州兵曹參軍，載得罪，命中使馳傳於揚州賜死。次子仲武，祠部員外郎，次子季能，祕書省校書郎，幷載妻王氏並賜死。女資敬寺尼眞一，收入掖庭。王氏，開元中河西節度使忠嗣之女也，素以兇戾聞，恣其子伯和等爲虐。伯和恃父威勢，唯以聚斂財貨，徵求音樂爲事。

載在相位多年，權傾四海，外方珍異，皆集其門〔三〕，資貨不可勝計，故伯和、仲武等得肆其志。輕浮之士，奔其門者，如恐不及。名姝、異樂，禁中無者有之。兄弟各貯妓妾于室，倡優偎褻之戲，天倫同觀，略無愧恥。及得罪，行路無嗟惜者。中使董秀、主書卓英倩、李待榮及陰陽人李季連，以載之故，皆處極法。遣中官於萬年縣界黃臺鄉毀載祖及父母墳墓，斲棺棄柩，及私廟木主；幷載大寧里、安仁里二宅，充修百司廨宇。以載籍沒鍾乳五百兩分賜中書門下御史臺五品已上、尚書省四品已上。

王昂者，出自戎旅，以軍功累遷河中尹，充河中節度使。貪縱不法，務於聚斂，以貨藩身。永泰元年正月，檢校刑部尙書知省事，改殿中少監。元載秉政，與載深相結託。大曆五年六月，爲江陵尹、兼御史大夫，充荆南節度觀察使，代衞伯玉。昂既行，伯玉諷大將楊鉌等拒昂，乞留伯玉，詔許之。昂復檢校刑部尙書，知省事。專事奢靡，廣修第宅，多畜妓妾，以逞其志。在刑部，雖公務有程，昂耽徇私宴，連日不視曹事。性貪吝，無愧苟得，乃鬻公廨園菜，收其錢以潤屋，甚爲時論所醜。元載誅，貶連州刺史，遣中使監至萬州，過硤江，墜江而卒。

李少良者，以吏用，早從使幕，因職遷殿中侍御史。罷，遊京師，干謁權貴。時元載專政，所居第宅崇侈，子弟縱橫，貨賄公行，士庶咸嫉之。少良怨不見用，乘衆怒以抗疏上聞。留少良於禁內客省，少良友人韋頌因至禁門訪少良，少良漏其言；頌不愼密，遂爲載備知之，乃奏少良狂妄，詔下御史臺訊鞫。是時御史大夫缺，載以張延賞爲之，屬意焉。少良以泄禁中奏議，制使陸珽同伏罪。初，韋頌及珽俱與少良友善，與載子弟親黨款狎。頌得少良徽旨，漏於載所親，遂達於載。載密召珽問之，珽具白其狀及禁中語。載得之，奏于上前，上大怒，並付京兆府決殺。珽，國子司業善經之子也，少傳父業，頗通經史，性浮躁而疏，故及于累。

大曆中，元載弄權自恣，人皆惡之。八年七月，晉州男子郇謨以麻辮髮，持竹筐及葦席哭於東市。人問其故，對曰：「有三十字請獻於上。若無堪，便以竹筐貯屍，棄之于野。」京兆府以聞。上卽召見，賜衣，館於禁內客省。其獻三十字，各論一事。其要者：「團」字、

「監」字。團者，請罷諸州團練使；監者，請罷諸道監軍使。殿中御史楊護職居左巡，郇謨哭市，護不聞奏，上以爲蔽匿，貶連州桂陽縣丞員外置。元載當承寵得志，每改張朝政，出於載手，中外共怒，當時歸咎於載，故少良封事於前，郇謨哭市於後。凡百有位，宜爲明誡。

王縉字夏卿，河中人也。少好學，與兄維早以文翰著名。縉連應草澤及文辭清麗舉，累授侍御史、武部員外。祿山之亂，選爲太原少尹，與李光弼同守太原，功效謀略，衆所推先，加憲部侍郎，兼本官。時兄維陷賊，受僞署，賊平，維付吏議，縉請以己官贖維之罪，特爲減等。

縉尋入拜國子祭酒，改鳳翔尹、秦隴州防禦使，歷工部侍郎、左散騎常侍。撰玄宗哀册文，時稱爲工。改兵部侍郎。屬平殄史朝義，河朔未安，詔縉以本官河北宣慰，奉使稱旨。廣德二年，拜黃門侍郎、同平章事、太微宮使、弘文崇賢館大學士。其年，河南副元帥李光弼薨於徐州，以縉爲侍中、持節都統河南、淮西、山南東道諸節度行營事。縉懇讓侍中，從之，加上柱國，兼東都留守。歲餘，遷河南副元帥，請減軍資錢四十萬貫修東都殿宇。大曆三年，幽州節度使李懷仙死，以縉領幽州、盧龍節度。縉赴鎭而還，委政於燕將朱希彩。又屬河東節度辛雲京卒，遂兼太原尹、北都留守、河東節度營田觀察等使。縉又讓河南副元帥、東都留守，從之。太原舊將王無縱、張奉璋等恃功，且以縉儒者易之，每事多違約束。縉一朝悉召斬之，將校股慄。

二歲，罷河東歸朝，授門下侍郎、中書門下平章事。時元載用事，縉卑附之，不敢與忤，然恃才與老，多所傲忽。載所不悅，心雖希載旨，然以言辭凌詬，無所忌憚。時京兆尹黎幹者，戎州人也，數論事，載甚病之，而力不能去也。幹嘗白事於縉，縉曰：「尹，南方君子也，安知朝禮！」其慢而侮人，率如此類。

縉弟兄奉佛，不茹葷血，縉晚年尤甚。與杜鴻漸捨財造寺無限極。妻李氏卒，捨道政里第爲寺，爲之追福，奏其額曰寶應，度僧三十人住持。每節度觀察使入朝，必延至寶應寺，諷令施財，助己修繕。初，代宗喜祠祀，未甚重佛，而元載、杜鴻漸與縉喜飯僧徒。代宗嘗問以福業報應事，載等因而啓奏，代宗由是奉之過當，嘗令僧百餘人於宮中陳設佛像，經行念誦，謂之內道場。其飲膳之厚，窮極珍異，出入乘廄馬，度支具廩給。每西蕃入寇，必令羣僧講誦仁王經，以攘虜寇。苟幸其退，則橫加錫賜。胡僧不空，官至卿監，封國公，通籍禁中，勢移公卿，爭權擅威，日相凌奪。凡京畿之豐田美利，多歸於寺觀，吏不能制。僧之徒侶，雖有贓姦畜亂，敗戮相繼，而代宗信心不易，乃詔天下官吏不得箠曳僧尼。又見縉等施財立寺，窮極瓌麗，每對揚啓沃，必以業果爲證。以爲國家慶祚靈長，皆福報所資，業力已定，雖小有患難，不足道也。故祿山、思明毒亂方熾，而皆有子禍；僕固懷恩將亂而死；西戎犯闕，未擊而退。此皆非人事之明徵也。帝信之愈甚。公卿大臣既挂以業報，則人事棄而不修，故大曆刑政，日以陵遲，有由然也。

五臺山有金閣寺，鑄銅爲瓦，塗金於上，照耀山谷，計錢巨億萬。縉爲宰相，給中書符牒，令臺山僧數十人分行郡縣，聚徒講說，以求貨利。代宗七月望日於內道場造盂蘭盆，飾以金翠，所費百萬。又設高祖已下七聖神座，備幡節、龍傘、衣裳之制，各書尊號于幡上以識之，舁出內，陳於寺觀。是日，排儀仗，百僚序立於光順門以俟之，幡花鼓舞，迎呼道路。歲以爲常，而識者嗤其不典，其傷教之源始於縉也。

李氏，初爲左丞韋濟妻，濟卒，奔縉。縉嬖之，冒稱爲妻，實妾也。又縱弟妹女尼等廣納財賄，貪猥之跡如市賈焉。元載得罪，縉連坐貶括州刺史，移處州刺史。大曆十四年，除太子賓客，留司東都。建中二年十二月卒，年八十二。

楊炎字公南，鳳翔人。曾祖大寶，武德初爲龍門令，劉武周陷晉、絳，攻之不降，城破被害，褒贈全節侯。祖哲，以孝行有異，旌其門閭。父播，登進士第，隱居不仕，玄宗徵爲諫議大夫，棄官就養，亦以孝行禎祥，表其門閭。肅宗就加散騎常侍，賜號玄靖先生，名在逸人傳。

炎美鬚眉，風骨峻峙，文藻雄麗，汧、隴之間，號爲小楊山人。釋褐，辟河西節度掌書記。神烏令李大簡嘗因醉辱炎，至是與炎同幕，率左右反接之，鐵棒撾之二百，流血被地，幾死。節度使呂崇賁愛其才，不之責。後副元帥李光弼奏爲判官，不應，徵拜起居舍人，辭祿就養岐下。丁憂，廬於墓前，號泣不絕聲，有紫芝白雀之祥，又表其門閭。孝著三代，門樹六闕，古未有也。服闋久之，起爲司勳員外郎，改兵部，轉禮部郎中、知制誥。遷中書舍人，與常衮並掌綸誥，衮長於除書，炎善爲德音，自開元已來，言詔制之美者，時稱常、楊焉。

炎樂賢下士，以汲引爲己任，人士歸之。嘗爲李楷洛碑，辭甚工，文士莫不成誦之。遷吏部侍郎，修國史。元載自作相，常選擢朝士有文學才望者一人厚遇之，將以代己。初，引禮部郎中劉單；單卒，引吏部侍郎薛邕；邕貶，又引炎。載親重炎，無與爲比。載敗，坐貶道州司馬。德宗即位，議用宰相，崔祐甫薦炎有文學器用，上亦自聞其名，拜銀青光祿大夫、門下侍郎、同平章事。炎有風儀，博以文學，早負時稱，天下翕然，望爲賢相。

初，國家舊制，天下財賦皆納於左藏庫，而太府四時以數聞，尚書比部覆其出入，上下相轄，無失遺。及第五琦爲度支、鹽鐵使，京師多豪將，求取無節，琦不能禁，乃悉以租賦進入大盈內庫，以中人主之意，天子以取給爲便，故不復出。是以天下公賦，爲人君私藏，有司不得窺其多少，國用不能計其贏縮，殆二十年矣。中官以冗名持簿書，領其事者三百人，皆奉給其間，連結根固不可動。及炎作相，頓首於上前，論之曰：「夫財賦，邦國之大本，生人之喉命，天下理亂輕重皆由焉。是以前代歷選重臣主之，猶懼不集，往往覆敗，大計一失，則天下動搖。先朝權制，中人領其職，以五尺宦豎操邦之本，豐儉盈虛，雖大臣不得知，則無以計天下利害。臣愚待罪宰輔，陛下至德，惟人是恤，參校蠹弊，無斯之甚。請出之以歸有司，度宮中經費一歲幾何，量數奉入，不敢虧用。如此，然後可以議政。惟陛下察焉。」詔曰：「凡財賦皆歸左藏庫，一用舊式，每歲於數中量進三五十萬入大盈，而度支先以其全數聞。」炎以片言移人主意，議者以爲難，中外稱之。

初定令式，國家有租賦庸調之法。開元中，玄宗修道德，以寬仁爲理本，故不爲版籍之書，人戶寖溢，隄防不禁。丁口轉死，非舊名矣；田畝移換，非舊額矣；貧富升降，非舊第矣。戶部徒以空文總其故書，蓋得非當時之實。舊制，人丁戍邊者，蠲其租庸，六歲免歸。玄宗方事夷狄，戍者多死不返，邊將怙寵而諱，不以死申，故其貫籍之名不除。至天寶中，王鉷爲戶口使，方務聚斂，以丁籍且存，則丁身焉往，是隱課而不出耳。遂案舊籍，計除六年之外，積徵其家三十年租庸。天下之人苦而無告，則租庸之法弊久矣。迨至德之後，天下兵起，始以兵役，因之饑癘，徵求運輸，百役並作，人戶凋耗，版圖空虛。軍國之用，仰給於度支、轉運二使；四方征鎭，又自給於節度、都團練使。賦斂之司數四，而莫相統攝，於是綱目大壞，朝廷不能覆諸使，諸使不能覆諸州，四方貢獻，悉入內庫。權臣猾吏，因緣爲姦，或公託進獻，私爲贓盜者動萬萬計。河南、山東、荆襄、劍南有重兵處，皆厚自奉養，王賦所入無幾。吏職之名，隨人署置；俸給厚薄，由其增損。故科斂之名凡數百，廢者不削，重者不去，新舊仍積，不知其涯。百姓受命而供之，瀝膏血，鬻親愛，旬輸月送無休息。吏因其苛，蠶食于人。凡富人多丁者，率爲官爲僧，以色役免；貧人無所入則丁存。故課免於上，而賦增於下。是以天下殘瘁，蕩爲浮人，鄉居地著者百不四五，如是者殆三十年。

炎因奏對，懇言其弊，乃請作兩稅法，以一其名，曰：「凡百役之費，一錢之斂，先度其數而賦於人，量出以制入。戶無主客，以見居爲簿；人無丁中，以貧富爲差。不居處而行商者，在所郡縣稅三十之一，度所與居者均〔四〕，使無僥利。居人之稅，秋夏兩徵之，俗有不便者正之。其租庸雜徭悉省，而丁額不廢，申報出入如舊式。其田畝之稅，率以大曆十四年墾田之數爲準而均徵之。夏稅無過六月，秋稅無過十一月。逾歲之後，有戶增而稅減輕，及人散而失均者，進退長吏，而以尚書度支總統焉。」德宗善而行之，詔諭中外。而掌賦者沮其非利，言租庸之令四百餘年，舊制不可輕改。上行之不疑，天下便之。人不土斷而地著，賦不加斂而增入，版籍不造而得其虛實，貪吏不誡而姦無所取。自是輕重之權，始歸於朝廷。

炎救時之弊，頗有嘉聲。莅事數月，屬崔祐甫疾病，多不視事，喬琳罷免，炎遂獨當國政。祐甫之所制作，炎隳之。初減薄護作元陵功優，人心始不悅。又專意報恩復讎。道州錄事參軍王沼有微恩於炎，舉沼爲監察御史。感元載恩，專務行載舊事以報之。初，載得罪，左僕射劉晏訊劾之，元載誅，炎亦坐貶，故深怨晏。晏領東都、河南、江淮、山南東道轉運、租庸、青苗、鹽鐵使，炎作相數月，欲貶晏，先罷其使，天下錢穀皆歸金部、倉部。又獻議開豐州陵陽渠，發京畿人夫於西城就役，閭里騷擾，事竟無成。

初，大曆末，元載議請城原州，以遏西番入寇之衝要，事未行而載誅。及炎得政，建中二年二月，奏請城原州。先牒涇原節度使段秀實，令爲之具。秀實報曰：「凡安邊卻敵之長策，宜緩以計圖之，無宜草草興功也。又春事方作，請待農隙而緝其事。」炎怒，徵秀實爲司農卿。以邠寧別駕李懷光居前督作，以檢校司空平章事朱泚、御史大夫平章事崔寧各統兵萬人以翼後。三月，詔下涇州爲具。涇軍怒而言曰：「吾曹爲國西門之屛，十餘年矣！始治于邠，纔置農桑，地著之安；而徙于此，置榛莽之中，手披足踐，纔立城壘；又投之塞外，吾何罪而置此乎！」李懷光監朔方軍，法令嚴峻，頻殺大將。涇州裨將劉文喜因人怨怒，拒不受詔，上疏復求段秀實爲帥，否則朱泚。於是以朱泚代懷光，文喜又不奉詔。涇有勁兵二萬，閉城拒守，令其子入質吐蕃以求援。時方炎旱，人情騷動，羣臣皆請赦文喜，上皆不省。德宗減服御以給軍人，城中軍士當受春服，賜與如故。命朱泚、李懷光等軍攻之，乃築壘環之。涇州別將劉海賓斬文喜首，傳之闕下。苟非海賓效順，必生邊患，皆因炎以喜怒易帥，涇帥結怨故也〔五〕。原州竟不能城。

炎既構劉晏之罪貶官，司農卿庾準與晏有隙，乃用準爲荆南節度使，諷令誣晏以忠州叛，殺之，妻子徙嶺表，朝野爲之側目。李正己上表請殺晏之罪，指斥朝廷。炎懼，乃遣腹心分往諸道：裴冀，東都、河陽、魏博；孫成，澤潞、磁邢、幽州；盧東美，河南、淄靑；李舟，山南、湖南；王定，淮西。聲言宣慰，而意實說謗。且言「晏之得罪，以昔年附會姦邪，謀立獨孤妃爲皇后，上自惡之，非他過也」。或有密奏「炎遣五使往諸鎭者，恐天下以殺劉晏之罪歸己，推過於上耳」。乃使中人復炎辭於正己，還報信然。自此德宗有意誅炎矣，待事而發。乃擢用盧杞爲門下侍郎、平章事，炎轉中書侍郎，仍平章事。二人同事秉政，杞無文學，儀貌寢陋，炎惡而忽之，每託疾息於他閤，多不會食，杞亦銜恨之。舊制，中書舍人分押尙書六曹，以平奏報，開元初廢其職，杞請復之，炎固以爲不可。杞益怒，又密啓中書主書過，逐之。炎怒曰：「主書，吾局吏也，有過吾自治之，奈何而相侵？」

屬梁崇義叛換，德宗欲以淮西節度使李希烈統諸軍討之。炎諫曰：「希烈始與李忠臣爲子，親任無雙，竟逐忠臣而取其位，背本若此，豈可信也！居常無尺寸功，猶強不奉法，異日平賊後，恃功邀上，陛下何以馭之？」初，炎之南來，途經襄、漢，固勸崇義入朝，崇義不能從，已懷反側。尋又使其黨李舟使馳說，崇義固而拒命，遂圖叛逆，皆炎迫而成之。至是，德宗欲假希烈兵勢以討崇義，然後別圖希烈。炎又固言不可，上不能平，乃曰：「朕業許之矣，不能食言。」遂以希烈統諸軍。

會德宗嘗訪宰相羣臣中可以大任者，盧杞薦張鎰、嚴郢，而炎舉崔昭、趙惠伯。上以炎論議疏闊，遂罷炎相，爲左僕射。後數日中謝，對於延英，及出，馳歸，不至中書，盧杞自是益怒焉。杞尋引嚴郢爲御史大夫。初，郢爲京兆尹，不附炎，炎怒之，諷御史張著彈郢，郢罷兼御史中丞。炎又夙聞源休與郢有隙，乃拔休自流人爲京兆尹，令伺郢過。休莅官後，與郢友善，炎大怒。張光晟方謀議殺迴紇酋帥，炎乃以休爲入迴紇使，休幾爲虜所殺。郢尋坐以度田不實，改爲大理卿，時人惜之。至是，杞因羣情所欲，又知郢與炎有隙，故引薦之。

炎子弘業不肖，多犯禁，受賂請託，郢按之，兼得其他過。初，炎將立家廟，先有私第在東都，令河南尹趙惠伯貨之，惠伯爲炎市爲官廨。時惠伯自河中尹、都團練觀察等使初受代，郢奏追捕惠伯詰案。御史以炎爲宰相，抑吏貨市私第，貴估其宅，賤入其幣，計以爲贓。杞召大理正田晉評罪，晉曰：「宰臣於庶官，比之監臨，官市賈有羨利，計其利以乞取論罪，當奪官。」杞怒，謫晉衡州司馬。更召他吏繩之，曰：「監主自盜，罪絞。」開元中，蕭嵩將於曲江南立私廟，尋以玄宗臨幸之所，恐置廟非便，乃罷之。至是，炎以其地爲廟，有飛語者云：「此地有王氣，炎故取之，必有異圖。」語聞，上愈怒。及臺司上具獄，詔三司使同覆之。建中二年十月，詔曰：「尚書左僕射楊炎，託以文藝，累登清貫，雖謫居荒服，而虛稱猶存。朕初臨萬邦，思弘大化，務擢非次，招納時髦。拔自郡佐，登于鼎司，獨委心膂，信任無疑。而乃不思竭誠，敢爲奸蠹，進邪醜正，旣僞且堅，黨援因依，動涉情故。隳法敗度，罔上行私，苟利其身，不顧於國。加以內無訓誡，外有交通，縱恣詐欺，以成贓賄。詢其事跡，本末乖謬，蔑恩棄德，負我何深！考狀議刑，罪在難宥。但以朕於將相，義切始終，顧全大體，特有弘貸，俾從遠謫，以肅具僚。可崖州司馬同正，仍馳驛發遣。」去崖州百里賜死，年五十五。

炎早有文章，亦勵志節，及爲中書舍人，附會元載，時議已薄之。後坐載貶官，憤恚益甚，歸而得政，睚眦必讎，險害之性附於心，唯其愛憎，不顧公道，以至於敗。惠伯亦坐炎貶費州多田尉，尋亦殺之。

黎幹者，戎州人。始以善星緯數術進，待詔翰林，累官至諫議大夫。尋遷京兆尹，以嚴肅爲理，人頗便之，而因緣附會，與時上下。大曆二年，改刑部侍郎。魚朝恩伏誅，坐交通出爲桂州刺史、本管觀察使。至江陵，丁母憂。久之，會京兆尹缺，人頗思幹。八年，復拜京兆尹、兼御史大夫。幹自以得志，無心爲理，貪暴益甚，徇於財色。十三年，除兵部侍郎。幹性險，挾左道，結中貴，以希主恩，代宗甚惑之。時中官劉忠翼寵任方盛，幹結之素厚，嘗通其姦謀。及德宗初卽位，幹猶以詭道求進，密居輿中詣忠翼第。事發，詔曰：「兵部侍郎黎幹，害若豺狼，特進劉忠翼，掩義隱賊，並除名長流。」旣行，市里兒童數千人譟聚，懷瓦礫投擊之，捕賊尉不能止，遂皆賜死於藍田驛。

忠翼，宦官也，本名淸潭，與董秀皆有寵於代宗。天憲在口，勢迴日月，貪饕納賄，貨產巨萬。大曆中，德宗居東宮，幹及淸潭嘗有姦謀動搖。及是，積前罪以誅之。

庾準，常州人。父光先，天寶中文部侍郎。準以門蔭入仕，昵於宰相王縉，縉驟引至職方郎中、知制誥，遷中書舍人。準素寡文學，以柔媚自進，既非儒流，甚爲時論所薄。尋改御史中丞，遷尚書左丞。縉得罪，出爲汝州刺史。復入爲司農卿，與楊炎厚善。炎欲殺劉晏，知準與晏有隙，乃用爲荆南節度。準乃上言得晏與朱泚書，且有怨望，又召補州兵以拒命。於是先殺晏，然後下詔賜自盡，海內冤之。炎以殺晏徵準爲尚書左丞。建中三年六月丁巳卒，時年五十一。贈工部尚書。

史臣曰：仲尼云，富與貴是人之欲，不以道得之不處。反乎是道者小人。載諂輔國以進身，弄時權而固位，衆怒難犯，長惡不悛，家亡而誅及妻兒，身死而殃及祖禰。縉附會姦邪，以至顛覆。炎隳崔祐甫之規，怒段秀實之直，酬恩報怨，以私害公。三子者咸著文章，殊乖德行。「不常其德，或承之羞」，大易之義也。富貴不以其道，小人之事哉！觀庾準之險，遭王縉之復；徇楊炎之意，曲致劉晏之冤。積惡而獲令終者，其在餘殃乎！

贊曰：載、縉、炎、準，交相附會。左傳有言，貪人敗類。

校勘記

〔一〕節度寄理於涇州　新書卷一四五元載傳作「初，四鎮北庭行營節度使寄治涇州」。

〔二〕中書主事　本卷上下文、合鈔卷一六九元載傳均作「中書主書」。

〔三〕皆集其門　「門」下各本原有「如恐不及名姝異樂」八字，校勘記卷四三云：「如恐不及八字又見下，此必衍文。」據刪。

〔四〕度所與居者均　新書卷一四五楊炎傳「所」下有「取」字。

〔五〕涇師　合鈔卷一六九楊炎傳作「涇師」。

舊唐書卷一百一十九

列傳第六十九

楊綰　崔祐甫 子植　植再從兄倰　常衮

楊綰字公權，華州華陰人也。祖温玉，則天朝爲戶部侍郎、國子祭酒。父侃，開元中醴泉令，皆以儒行稱。綰生聰惠，年四歲，處羣從之中，敏識過人。嘗夜宴親賓，各舉坐中物以四聲呼之，諸賓未言，綰應聲指鐵燈樹曰：「燈盞柄曲。」衆咸異之。及長，好學不倦，博通經史，九流七略，無不該覽，尤工文辭，藻思清贍。而宗尚玄理，沉靜寡欲，常獨處一室，左右經書，凝塵滿席，澹如也。含光晦用，不欲名彰，每屬文，恥於自白，非知己不可得而見。早孤家貧，養母以孝聞，甘旨或闕，憂見于色。親友諷令干祿，舉進士，調補太子正字。天寶十三年，玄宗御勤政樓，試博通墳典、洞曉玄經、辭藻宏麗、軍謀出衆等舉人，命有司供食，既暮而罷。取辭藻宏麗外，別試詩賦各一首。制舉試詩賦，自此始也。時登科者三人，綰爲之首，超授右拾遺。

天寶末，安祿山反，肅宗即位於靈武。綰自賊中冒難，披榛求食，以赴行在。時朝廷方急賢，及綰至，衆心咸悅，拜起居舍人、知制誥。歷司勳員外郎、職方郎中，掌誥如故。遷中書舍人，兼修國史。故事，舍人年深者謂之「閣老」，公廨雜料，歸閣老者五之四。綰以爲品秩同列，給受宜均，悉平分之，甚爲時論歸美。

再遷禮部侍郎，上疏條奏貢舉之弊曰：

國之選士，必藉賢良。蓋取孝友純備，言行敦實，居常育德，動不違仁。體忠信之資，履謙恭之操，藏器則未嘗自伐，虛心而所應必誠。夫如是，故能率己從政，化人鎭俗者也。自叔葉澆詐，茲道浸微，爭尙文辭，互相矜衒。馬卿浮薄，竟不周於任用；趙壹虛誕，終取擯於鄉閭。自時厥後，其道彌盛，不思實行，皆徇空名，敗俗傷教，備載前史，古人比文章於鄭、衞，蓋有由也。

近煬帝始置進士之科，當時猶試策而已。至高宗朝〔二〕，劉思立爲考功員外郎，又奏進士加雜文，明經塡帖，從此積弊，浸轉成俗。幼能就學，皆誦當代之詩；長而博文，不越諸家之集。遞相黨與，用致虛聲，六經則未嘗開卷，三史則皆同挂壁。況復徵以孔門之道，責其君子之儒者哉！祖習旣深，奔競爲務。矜能者曾無愧色，勇進者但欲凌人，以毁讟爲常談，以向背爲己任。投刺干謁，驅馳於要津；露才揚己，喧騰於當代。古之賢良方正，豈有如此者乎！朝之公卿，以此待士，家之長老，以此垂訓。欲其返淳朴，懷禮讓，守忠信，識廉隅，何可得也！譬之於水，其流已濁，若不澄本，何當復清。方今聖德御天，再寧寰宇，四海之內，顒顒向化，皆延頸舉踵，思聖朝之理也。不以此時而理之，則太平之政又乖矣。

凡國之大柄，莫先擇士。自古哲后，皆側席待賢；今之取人，令投牒自舉，非經國之體也。望請依古制，縣令察孝廉，審知其鄉閭有孝友信義廉恥之行，加以經業，才堪策試者，以孝廉爲名，薦之於州。刺史當以禮待之，試其所通之學，其通者送名於省。自縣至省，不得令舉人輒自陳牒。比來有到狀保辯識牒等，一切並停。其所習經，取左傳、公羊、穀梁、禮記、周禮、儀禮、尚書、毛詩、周易，任通一經，務取深義奧旨，通諸家之義。試日，差諸司有儒學者對問，每經問義十條，問畢對策三道。其策皆問古今理體及當時要務，取堪行用者。其經義并策全通爲上第，望付吏部便與官；其經義通八、策通二爲中第，與出身；下第罷歸。其明經比試帖經，殊非古義，皆誦帖括，冀圖僥倖。并近有道舉，亦非理國之體，望請與明經、進士並停。其國子監舉人，亦請準此。如有行業不著，所由妄相推薦，請量加貶黜。所冀數年之間，人倫一變，既歸實學，當識大猷。居家者必修德業，從政者皆知廉恥，浮競自止，敦龐自勸，教人之本，實在茲焉。事若施行，卽別立條例。

詔左右丞、諸司侍郎、御史大夫、中丞、給、舍同議奏聞。給事中李廙、給事中李栖筠、尚書左丞賈至、京兆尹兼御史大夫嚴武所奏議狀與綰同。尚書左丞賈至議曰：

謹按夏之政尚忠，殷之政尚敬，周之政尚文，然則文與忠敬，皆統人之行也。且夫謚號述行，美極人文，人文興則忠敬存焉。是故前代以文取士，本文行也，由辭以觀行，則及辭也。宣父稱顏子不遷怒，不貳過，謂之好學。至乎修春秋，則游、夏之徒不能措一辭，不亦明乎！間者禮部取人，有乖斯義。易曰：「觀乎人文以化成天下。」關雎之義曰：「先王以是經夫婦，成孝敬，厚人倫，美教化，移風俗，蓋王政之所由廢興也。」故延陵聽詩，知諸侯之存亡。今試學者以帖字爲精通，不窮旨義，豈能知遷怒貳過之道乎？考文者以聲病爲是非，唯擇浮豔，豈能知移風易俗化天下之事乎？是以上失其源而下襲其流，波蕩不知所止，先王之道，莫能行也。夫先王之道消，則小人之道長；小人之道長，則亂臣賊子生焉。臣弒其君，子弒其父，非一朝一夕之故，其所由來者漸矣。漸者何？謂忠信之凌頹，恥尚之失所，末學之馳騁，儒道之不舉，四者皆取士之失也。

夫一國之事，繫一人之本謂之風。贊揚其風，繫卿大夫也，卿大夫何嘗不出於士乎？今取士試之小道，而不以遠者大者，使千祿之徒，趨馳末術，是誘導之差也。夫以蝸蚓之餌雜垂滄海，而望吞舟之魚，不亦難乎！所以食垂餌者皆小魚，就科目者皆小藝。四人之業，士最關於風化。近代趨仕，靡然向風，致使祿山一呼而四海震蕩，思明再亂而十年不復。向使禮讓之道弘，仁義之道著，則忠臣孝子比屋可封，逆節不得而萌也，人心不得而搖也。

且夏有天下四百載，禹之道喪而殷始興焉；殷有天下六百祀，湯之法棄而周始興焉；周有天下八百年，文、武之政廢而秦始幷焉。觀三代之選士任賢，皆考實行，故能風化淳一，運祚長遠。秦坑儒士，二代而亡。漢興，雜三代之政，弘四科之舉，西京始振經術之學，東都終持名節之行。至有近戚竊位，強臣擅權，弱主孤立，母后專政，而社稷不隕，終彼四百，豈非興學行道、扇化於鄉里哉？厥後文章道弊，尙於浮侈，取士術異，苟濟一時。自魏至隋，僅四百載，三光分景，九州阻域，竊號僭位，德義不修，是以子孫速顚，享國咸促。國家革魏、晉、梁、隋之弊，承夏、殷、周、漢之業，四隩既宅，九州攸同，覆燾亭育，合德天地。安有捨皇王舉士之道，蹤亂代取人之術？此公卿大夫之辱也。楊綰所奏，實爲正論。

然自典午覆敗，中原版蕩，戎狄亂華，衣冠遷徙，南北分裂，人多僑處。聖朝一平區宇，尚復因循，版圖則張，閭井未設，士居鄉土，百無一二，因緣官族，所在耕築，地望繫之數百年之外，而身皆東西南北之人焉。今欲依古制鄉舉里選，猶恐取士之未盡也，請兼廣學校，以弘訓誘。今京有太學，州縣有小學，兵革一動，生徒流離，儒臣師氏，祿廩無向。貢士不稱行實，胄子何嘗講習，獨禮部每歲擢甲乙之第，謂弘獎擢，不其謬歟？祇足長浮薄之風，啓僥倖之路矣。其國子博士等，望加員數，厚其祿秩，選通儒碩生，間居其職。十道大郡，量置太學館，令博士出外，兼領郡官，召置生徒。依乎故事，保桑梓者鄉里舉焉，在流寓者庠序推焉。朝而行之，夕見其利。如此則青青不復興刺，擾擾由其歸本矣。人倫之始，王化之先，不是過也。

李廙等議與綰協，文多不載。宰臣等奏以舉人舊業已成，難於速改，其今歲舉人，望且許應舊舉，來歲奉詔，仍敕禮部卽具條例奏聞。代宗以廢進士科問翰林學士，對曰：「進士行來已久，遽廢之，恐失人業。」乃詔孝廉與舊舉兼行。綰又奏歲貢孝悌力田及童子科等，其孝悌力田，宜有實狀，童子越衆，不在常科，同之歲貢，恐長僥倖之路。詔停之。再遷吏部侍郎，歷典舉選，精覈人物，以公平稱。

時元載秉政，公卿多附之，綰孤立中道，淸貞自守，未嘗私謁。載以綰雅望素高，外示尊重，心實疏忌。會魚朝恩死，載以朝恩嘗判國子監事，塵污太學，宜得名儒，以清其秩，乃奏爲國子祭酒，實欲以散地處之。載貪冒日甚，天下淸議，亦歸於綰，上深知之，以載久在樞衡，未卽罷遣。仍遷綰爲太常卿，充禮儀使，以郊廟禮久廢，藉綰振起之也，亦以觀其效用。是年三月，載伏誅，上乃拜綰中書侍郎、同中書門下平章事、集賢殿崇文館大學士，兼修國史。綰久積公輔之望，及詔出，朝野相賀。綰累表懇讓，上屬意稍重，綰不敢辭。

綰素以德行著聞，質性貞廉，車服儉朴，居廟堂未數月，人心自化。御史中丞崔寬，劍南西川節度使寧之弟，家富於財，有別墅在皇城之南，池館臺榭，當時第一，寬卽日潛遣毀拆。中書令郭子儀在邠州行營，聞綰拜相，座內音樂減散五分之四。京兆尹黎幹以承恩，每出入騶馭百餘，亦卽日減損車騎，唯留十騎而已。其餘望風變奢從儉者，不可勝數，其鎭俗移風若此。

綰有宿痼疾，居職旬日，中風，優詔令就中書省攝養，每引見延英殿，特許扶入。時釐革舊弊，唯綰是瞻，恩遇莫二。綰累抗疏辭位，頻詔敦勉不許。及綰疾亟，上日發中使就第存問，尙藥御醫，旦夕在側，上聞其有間，喜見容色。數日而薨，中使在門，馳奏於上，代宗震悼久之，輟朝三日。詔曰：

王者之於大臣也，存則寄其腹心，均於肢體，參於軍國之重，敍以陰陽之和；歿則誄其事功，加之命數，告於宗廟之祭，縱以紱冕之章，則九原可歸，百辟知勸。故朝議大夫、守中書侍郎、同中書門下平章事、集賢殿崇文館大學士、監修國史、上柱國、賜紫金魚袋楊綰，性合元和，身齊律度，道匡雅俗，器重宗彝。寬柔敬恭，協於九德；文行忠信，弘於四教。內無耳目之役，以孝悌傳於家；外無車服之容，以貞實形於代。西掖專宥密之地，南宮領選舉之源。以儒術首於國庠，以禮度掌於高廟，簡廉其質，條職同休。頃以任非其才，毒流于政，爰登清淨之輔，庶諧至理之期。道風既穆於朝班，儉德已行於海內。雖賢人之業，冀於可久；而夫子之命，末如之何。方有憑依，遽此淪謝，屏予之歎，震悼良深。所懷莫從，長想何及。況歷官有素絲之節，居家無匹帛之餘，故飾以華衮，增其法賻，備膺典策，載賁朝經。可贈司徒。

又詔文武百僚臨於其第，遣內常侍吳承倩會弔，贈絹千匹、布三百端。上深惜之，顧謂朝臣曰：「天不使朕致太平，何奪我楊綰之速也！俯及大斂，與卿等悲悼同之。」宰輔賻贈恩遇哀榮之盛，近年未有其比。太常初謚曰「文貞」。詔曰：「褒德勸善，春秋之舊章；考行易名，禮經之通典。垂範作則，存乎格言。朝議大夫、中書侍郎、同中書門下平章事、集賢殿崇文館大學士、修國史、上柱國、賜紫金魚袋、贈司徒楊綰，履道居貞，含和毓德，行爲人紀，文合典謨。清而晦名，無自伐之善；約以師儉，有不矜之謙。方册直書，秩宗相禮，辭稱良史，學茂醇儒。委在樞衡，掌茲密命，彌契沃心之道，累陳造膝之誠。將以布天下五行之和，同君臣一德之運，遽軫藏舟之歎，未展濟川之才。素業久而彌彰，清風歿而可尚。自古飾終之義，皆錫以美名。謚法曰：『忠信愛人曰文，平易不懈曰簡。』宜謚曰文簡。」比部郎中蘇端，性疏狂，嫉其賢，乃肆毀黷，異同其議。上怒，貶端爲廣州員外司馬。

綰儉薄自樂，未嘗留意家產，口不問生計，累任清要，無宅一區，所得俸祿，隨月分給親故。清識過人，至如往哲微言，五經奧義，先儒未悟者，綰一覽究其精理。雅尚玄言，宗釋道二教，嘗著王開先生傳以見意，文多不載。凡所知友，皆一時名流。或造之者，清談終日，未嘗及名利。或有客欲以世務干者，見綰言必玄遠，不敢發辭，內愧而退。大曆中，德望日崇，天下雅正之士爭趨其門，至有數千里來者。以清德坐鎮雅俗，時比之楊震、邴吉、山濤、謝安之儔也。

崔祐甫字貽孫。祖晊，懷州長史。父沔，黃門侍郎，謚曰孝公。家以清儉禮法，爲士流之則。祐甫舉進士，歷壽安尉。安祿山陷洛陽，士庶奔迸，祐甫獨崎危於矢石之間，潛入私廟，負木主以竄。歷起居舍人、司勳吏部員外郎，累拜兼御史中丞、永平軍行軍司馬，尋知本軍京師留後。性剛直，無所容受，遇事不回。累遷中書舍人。時中書侍郎闕，祐甫省事〔三〕，數爲宰相常衮所侵，祐甫不從；衮怒之，奏令分知吏部選，每有擬官，衮多駁下，言數相侵。

時朱泚上言，隴州將趙貴家貓鼠同乳，不相爲害，以爲禎祥。詔遣中使以示於朝，衮率百僚慶賀，祐甫獨否。中官詰其故，答曰：「此物之失常也，可弔不可賀。」中使徵其狀，祐甫上奏言：

臣聞天生萬物，剛柔有性，聖人因之，垂訓作則。禮記郊特牲曰：「迎貓，爲其食田鼠也。」然則貓之食鼠，載在禮典，以其除害利人，雖微必錄。今此貓對鼠不食，仁則仁矣，無乃失於性乎！鼠之爲物，晝伏夜動，詩人賦之曰：「相鼠有體，人而無禮。」又曰：「碩鼠碩鼠，無食我黍。」其序曰：「貪而畏人，若大鼠也。」臣旋觀之，雖云動物，異於麋鹿麏兔，彼皆以時殺獲，爲國之用。貓受人養育，職既不修，亦何異於法吏不勤觸邪，疆吏不勤扞敵。又按禮部式具列三瑞，無貓不食鼠之目，以茲稱慶，臣所未詳。伏以國家化洽理平，天符洊至，紛綸雜沓，史不絕書。今茲貓鼠，不可濫廁。若以劉向五行傳論之，恐須申命憲司，察聽貪吏，誡諸邊候，無失儆巡。貓能致功，鼠不爲害。

代宗深嘉之。衮益惡祐甫。

代宗初崩，發哀於西宮，衮以獨受任遇，哀踰等禮。例，晨夕臨者，皆十五舉音，而衮輒哀慟涕泗，或中塲返哭，顧慕若不能去，同列者皆不悅。及衮與禮司議羣臣喪服，曰：「案禮，爲君斬衰三年。漢文權制，猶三十六日。國家太宗崩，遺詔亦三十六日，而羣臣延之，既葬而除，約四月也。高宗崩，服絶輕重〔三〕，如漢故事，武太后崩亦然。及玄宗、肅宗崩，始變天子喪爲二十七日。且當時遺詔雖曰『天下吏人三日釋服』，在朝羣臣實服二十七日而除，則朝臣宜如皇帝之制。」祐甫執曰：「伏準遺詔，無朝臣庶人之別，但言『天下人吏，敕到後出臨，三日皆釋服』，則朝野中外，何非天下？凡百執事，誰非吏職？則皇帝宜二十七日而羣臣當三日也。」衮曰：「案賀循注義，吏者，謂官長所署，則今胥吏耳，非公卿百僚之例。」祐甫曰：「左傳云：『委之三吏。』則三公也。史稱循吏、良吏者，豈胥徒歟？」衮曰：「禮，非天降地出，人情而已。且公卿大臣，榮受殊寵，故宜異數。今與黔首同制，信宿而除之，於爾安乎？」祐甫曰：「若遺詔何？詔旨可改，孰不可？」衮堅諍不服，而聲色甚厲，不爲禮節。又衮方哭於鉤陳之前，而衮從吏或扶之，祐甫指示於衆曰：「臣哭於君前，有扶禮乎？」衮聞之，不堪其怒。乃上言祐甫率情變禮，輕議國典，請謫爲潮州刺史。內議太重，改爲河南少尹。

初，肅宗時天下事殷，而宰相不減三四員，更直掌事。若休沐各在第，有詔旨出入，非大事不欲歷抵諸第，許令直事者一人假署同列之名以進，遂爲故事。是時，中書令郭子儀、檢校司空平章事朱泚，名是宰臣，當署制敕，至於密勿之議，則莫得聞。時德宗踐祚未旬日，居不言之際，衮循舊事，代署二人之名進。貶祐甫敕出，子儀及泚皆表明祐甫不當貶謫，上曰：「向言可謫，今言非罪，何也？」二人皆奏實未嘗有可謫之言，德宗大駭，謂衮誣罔。是日，百僚苴經序立於月華門，立貶衮爲河南少尹，以祐甫爲門下侍郎、平章事，兩換其職。祐甫出至昭應縣，徵還。尋轉中書侍郎，修國史，仍平章事。

上初卽位，庶務皆委宰司。自至德、乾元中，天下多戰伐，啓奏塡委，故官賞柰雜。及永泰之後，四方既定，而元載秉政，公道隘塞，官由賄成。中書主書卓英倩、李待榮輩用事，勢傾朝列，天下官爵，大者出元載，小者自倩、榮。四方齎貨賄求官者，道路相屬，靡不稱遂而去，於是綱紀大壞。及元載敗，楊綰尋卒，常衮當國，杜絕其門，四方奏請，莫有過者，雖權勢與匹夫等。非以辭賦登科者，莫得進用。雖賄賂稍絕，然無所甄異，故賢愚同滯。及祐甫代衮，薦延推舉，無復疑滯，日除十數人，作相未逾年，凡除吏幾八百員，多稱允當。上嘗謂曰：「有人謗卿所除擬官，多涉親故，何也？」祐甫奏曰：「臣頻奉聖旨，令臣進擬庶官，進擬必須諳其才行。臣若與其相識，方可粗諳，若素不知聞，何由知其言行？獲謗之由，實在於此。」上以爲然。

神策軍使王駕鶴掌禁兵十餘年，權傾中外，德宗初登極，將令白琇珪代之，懼其生變。祐甫召駕鶴與語，留連之，琇珪已赴軍視事矣。時李正己畏懼德宗威德，乃表獻錢三十萬貫。上欲納其奏，慮正己未可誠信，以計逗留止之，未有其辭，延問宰相。祐甫對曰：「正己姦詐，誠如聖慮。臣請因使往淄青，便令宣慰將士，因以正己所獻錢錫賚諸軍人，且使深荷聖德，又令外藩知朝廷不重財貨。」上悅從之，正己大慚，而心畏服焉。祐甫謀猷啓沃，多所弘益，天下以爲可復貞觀、開元之太平也。

至冬被疾，肩輿入中書，臥而承旨，或休假在第，大事必令中使咨決。薨時年六十，上甚悼惜之，廢朝三日，册贈太傅，賻布帛米粟有差，謚曰文貞。無子，遺命猶子植爲嗣。有文集三十卷。故事，門下侍郎未嘗有贈三師者，德宗以祐甫謇謇有大臣節，故特寵異之。朱泚之亂，祐甫妻王氏陷於賊中，泚以嘗與祐甫同列，雅重其爲人，乃遺王氏繒帛菽粟，王氏受而緘封之，及德宗還京，具陳其狀以獻。士君子益重祐甫家法，宜其享令名也。

植字公修，祐甫弟廬江令嬰甫子。植既爲相，上言出繼伯父胤，推恩不及於父，詔贈嬰甫吏部侍郎。植潛心經史，尤精易象。累歷清要，爲給事中，時稱舉職。時皇甫鎛以宰相判度支，請減內外官俸祿，植封還敕書，極諫而止。鎛復奏諸州府鹽院兩稅、榷酒、鹽利、匹段等加估定數，及近年天下所納鹽酒利擡估者一切徵收，詔皆可之。植抗疏論奏，令宰臣召植宣旨嘉諭之，物議罪鑄而美植。尋除御史中丞，入閤彈事，頗振綱紀。

長慶初，拜中書侍郎、同中書門下平章事。穆宗嘗謂侍臣曰：「國家貞觀中，文皇帝躬行帝道，治致昇平。及神龍、景龍之間，繼有內難，玄宗平定，興復不易，而聲明最盛，歷年長久，何道而然？」植對曰：「前代創業之君，多起自人間，知百姓疾苦。初承丕業，皆能厲精思理。太宗文皇帝特稟上聖之資，同符堯、舜之道，是以貞觀一朝，四海寧晏。有房玄齡、杜如晦、魏徵、王珪之屬爲輔佐股肱，君明臣忠，事無不理，聖賢相遇，固宜如此。玄宗守文繼體，嘗經天后朝艱危，開元初得姚崇、宋璟，委之爲政。此二人者，天生俊傑，動必推公，夙夜孜孜，致君於道。璟嘗手寫尚書無逸一篇，爲圖以獻。玄宗置之內殿，出入觀省，咸記在心，每歎古人至言，後代莫及，故任賢戒慾，心歸冲漠。開元之末，因無逸圖朽壞，始以山水圖代之。自後既無座右箴規，又信姦臣用事，天寶之世，稍倦于勤，王道于斯缺矣。建中初，德宗皇帝嘗問先臣祐甫開元、天寶治亂之殊，先臣具陳本末。臣在童丱，即聞其說，信知古人以韋、弦作戒，其益弘多。陛下既虛心理道，亦望以無逸爲元龜，則天下幸甚。」穆宗善其對。

他日，復謂宰臣曰：「前史稱漢文帝惜十家之産而罷露臺。又云身衣弋綈，履革舄，集上書囊以爲殿帷，何太儉也！信有此乎？」植對曰：「良史所記，必非妄言。漢興，承亡秦殘酷之後，項氏戰爭之餘，海內凋弊，生人力竭。漢文仁明之主，起自代邸，知稼穡之艱難，是以卽位之後，躬行儉約。繼以景帝，猶遵此風。由是海內黔首，咸樂其生，家給戶足。迨至武帝，公私殷富，用能出師征伐，威行四方，錢至貫朽，穀至紅腐。上務侈靡，資用復竭，末年稅及舟車六畜，人不聊生，戶口減半，乃下哀痛之詔，封丞相爲富人侯。皆漢史明徵，用爲事實。且耕蠶之勸，出自人力，用旣無度，何由以至富強！據武帝嗣位之初，物力阜殷，前代無比，固當因文帝儉約之致也。」上曰：「卿言甚善，患行之爲難耳。」

憲宗皇帝削平羣盜，河朔三鎭復入提封。長慶初，幽州節度使劉總表以幽、薊七州上獻，請朝廷命帥。總仍懼部將構亂，乃籍其豪銳者先送京師。時朱克融在籍中。植與同列杜元穎素不知兵，且無遠慮。克融等在京羈旅窮餓，日詣中書乞官，殊不介意。及張弘靖赴鎭，令克融等從還。不數月，克融因弘靖，害賓佐，結王廷湊，國家復失河朔，職植兄弟之由。乃罷知政事，守刑部尚書，出爲華州刺史。大和三年正月卒，年五十八。植雖器量謹厚，而無開物成務之才，及喪師異方〔四〕，天下尤其失策。

倰字德長。祖濤，大理卿孝公沔之弟也。濤生儀甫，終大理丞，卽倰之父。以門蔭由太廟齋郎調授太平、東陽二主簿。李衡廉察湖南、江西，辟爲賓佐，坐事沈廢。久之，復以選授宣州錄事參軍。觀察使崔衍奇其才，奏加章服，倰辭而不受。李巽鎭江西，奏爲副使，得監察裏行，又從巽領使，爲河陰院鹽鐵留後。入爲侍御史，尋改膳部員外，充轉運判官。入爲膳部郎中，充荆襄十道兩稅使，賜金紫。遷蘇州刺史，理行爲第一。轉潭州刺史、湖南都團練觀察使。湖南舊法，豐年貿易不出境，隣部災荒不相恤。倰至，謂屬吏曰：「此非人情也，無宜閉糴，重困於民也。」自是商賈通流。入爲戶部侍郎、判度支。

時倰再從弟植爲宰相，倰性剛褊，恃其權寵，與奪任情。時朝廷以王承元歸國，命田弘正移帥鎭州。弘正之行，以魏卒二千爲帳下，又以常山之人久隔朝化，人情易爲變擾，累表請留魏卒爲綱紀，其糧賜請度支歲給。穆宗下宰臣議，倰固言魏、鎭各有鎭兵，朝廷無例支給，恐爲事例，不可聽從。弘正不獲已，遣魏卒還藩，不數日而鎭州亂，弘正遇害。穆宗失德，倰黨方盛，人不敢糾其罪。罷領度支，檢校禮部尚書，出爲鳳翔節度等使。不期歲，召爲河南尹，時年七十，抗疏致仕，詔以戶部尚書歸第。明年暴卒，輟朝一日，贈太子少保，諡曰肅。倰居官淸嚴，所至必理，然性介急，待僚屬不以禮節，恃已之廉，見贓汙者如讎焉。

子巖，登進士第，辟襄陽掌書記、監察御史，方雅有父風。

常衮，京兆人也。父無爲，三原縣丞，以衮累贈僕射。衮，天寶末舉進士，歷太子正字，累授補闕、起居郎。寶應二年，選爲翰林學士、考功員外郎中、知制誥，依前翰林學士。永泰元年，遷中書舍人。衮文章俊拔，當時推重，與楊炎同爲舍人，時稱爲常楊。性清直孤潔，不妄交遊。內侍魚朝恩恃權寵，兼領國子監事，衮上疏以爲不可。時朝廷多事，西北邊虜，連爲寇盜，衮累上章陳其利害，代宗甚顧遇之，加集賢院學士。大曆元年，遷禮部侍郎，仍爲學士。時中官劉忠翼權傾內外，涇原節度馬璘又累著功勳，恩寵莫二，各有親戚干貢部及求爲兩館生，衮皆執理，人皆畏之。

元載之得罪，令衮與劉晏、李涵等鞫之，獄竟，拜衮門下侍郎、同平章事，太清、太微宮使，崇文、弘文館大學士，與楊綰同掌樞務。代宗尤信重綰。綰弘通多可，衮頗務苛細，求清儉之稱，與綰之道不同。先是，百官俸料寡薄，綰與衮奏請加之。時韓滉判度支，衮與滉各騁私懷，所加俸料，厚薄由己。時少列各定月俸爲三十五千，滉怒司業張參，唯止給三十千；衮惡少詹事趙惎，遂給二十五千。太子洗馬，實司經局長官，文學爲之貳，衮有親戚任文學者給十二千，而給洗馬十千。其輕重任情，不通時政，多如此類。

無幾，楊綰卒，衮獨當政。故事，每日出內廚食以賜宰相，饌可食十數人，衮特請罷之，迄今便爲故事。又將故讓堂廚〔五〕，同列以爲不可而止。議者以爲厚祿重賜，所以優賢崇國政也，不能，當辭位，不宜辭祿食。政事堂有後門，蓋宰相時到中書舍人院，咨訪政事，以自廣也，衮又塞絕其門，以示尊大，不相往來。旣懲元載爲政時公道梗澁，賄賂朋黨大行，不以財勢者無因入仕。衮一切杜絕之，中外百司奏請，皆執不與，權與匹夫等，尤排擯非文辭登科第者。雖窒賣官之路，政事大致壅滯。

代宗旣素重楊綰，欲以政事委之。綰尋卒，衮與綰志尚素異，嫉而怒之。有司議謚綰爲文貞，衮㣲諷比部郎中蘇端令駁之，毀綰過甚，端坐黜官。時旣無中書侍郎，舍人崔祐甫領省事，衮以爲同中書門下平章事兼得總中書省，遂管綜中書胥吏、省事去就及其案牘，祐甫不能平之，累至忿競。遂令祐甫分知吏部選事，所擬官又多駁下。時衮散官尚朝議，又無封爵，郭子儀因入朝奏之，遂特加銀青光祿大夫，封河內郡公。及代宗崩，與祐甫爭論喪服輕重，代相署奏。初換祐甫河南少尹，再貶爲潮州刺史。楊炎入相，素與衮善，建中元年，遷福建觀察使。四年正月卒，時年五十五。久之，贈左僕射。有文集六十卷。

史臣曰：善人爲邦百年，卽可勝殘去殺，楊綰入相數日，遽致移風易俗。周、召、伊、傅，蕭、張、房、杜，歷代爲相之顯者，蔑聞斯道也。嘗讀諸集，賞善多溢美，書罪多溢惡；如楊綰拜相之厤，贈官之制，改謚之詔，則當時秉筆者無媿色矣。昔趙文子薦士七十，古爲美談；崔祐甫除吏八百，人無間言。開物成務之才，滅私徇公之道可知也。噫！公權餘旬日而薨，貽孫未期年而逝，邃古已來，理世少而亂世多，其義在茲矣。常袞之輩，不足云爾。

贊曰：公權儒道，貽孫相才。命乎不永，時哉可哀。

校勘記

〔一〕高宗　各本原作「高祖」，據本書卷一九〇中劉憲傳、冊府卷六四〇改。

〔二〕祐甫省事　本卷常袞傳「省」上有「領」字。

〔三〕服絕輕重　合鈔卷一七〇崔祐甫傳「絕」字作「紀」。

〔四〕異方　合鈔卷一七〇崔祐甫傳作「冀方」。

〔五〕堂廚　各本原作「堂封」，據唐會要卷五三、御覽卷八四八改。